古典文獻研究輯刊

八　編

潘美月・杜潔祥　主編

第 **17** 冊

宋以前《孔子家語》流傳考述（下）

林 保 全 著

國家圖書館出版品預行編目資料

宋以前《孔子家語》流傳考述（下）／林保全 著 — 初版 — 台
北縣永和市：花木蘭文化出版社，2009〔民98〕

目 10+210 面；19×26 公分
（古典文獻研究輯刊 八編；第 17 冊）

ISBN：978-986-6528-44-6（精裝）
1. 孔子家語 2. 研究考訂
121.2   98000084

ISBN - 978-986-6528-44-6

9 789866 528446

古典文獻研究輯刊
八 編 第十七冊   ISBN：978-986-6528-44-6

宋以前《孔子家語》流傳考述（下）

作　　者　林保全
主　　編　潘美月　杜潔祥
總 編 輯　杜潔祥
企劃出版　北京大學文化資源研究中心
出　　版　花木蘭文化出版社
發 行 所　花木蘭文化出版社
發 行 人　高小娟
聯絡地址　台北縣永和市中正路五九五號七樓之三
　　　　　電話：02-2923-1455／傳眞：02-2923-1452
網　　址　http://www.huamulan.tw 信箱 sut81518@ms59.hinet.net
印　　刷　普羅文化出版廣告事業
初　　版　2009 年 3 月
定　　價　八編 20 冊（精裝）新台幣 31,000 元

宋以前《孔子家語》流傳考述（下）

林保全　著

第四章　魏晉南北朝時期《家語》流傳考述

　　魏晉南北朝之際，可視爲《家語》王肅注本於流傳史上之重要時期。蓋《家語》透過王肅作注後方使其流傳於世，於是《四庫全書總目》遂有「是此本自肅始傳」之稱。然即使認定今本《家語》爲王肅始傳，亦未代表《家語》之流傳問題已然解決。反之，其所衍生之問題正接踵而來。舉例而言，如王肅之始傳時間點爲何？始傳之過程又爲何？始傳之後，學者又如何看待《家語》一書？凡此重要之衍生問題，《四庫全書總目》與今之學者皆未嘗論及，實有探討之必要，故以下遂就上述相關問題，論述於各節之下。

第一節　《家語》「自肅始傳」相關問題考論

一、王肅獲得《家語》時間斷限

　　《家語》一書附有王肅〈序〉與〈後序〉，以〈後序〉而言，其內容提及《家語》一書之性質與成書過程，及其在秦漢之際所流傳之情形。至於王肅〈序〉之內容，則大致可分爲三部分，第一部份即：

> 鄭氏學行五十載矣。自肅成童，始志于學，而學鄭氏學矣。然尋文責實，考其上下，義理不安，違錯者多，是以奪而易之。然世未明其歉情，而謂其苟駁前師，以見異于人，乃慨然而歎曰：「予豈好難哉？予不得已也！」聖人之門，方壅不通；孔氏之路，枳棘充焉，豈得不開而辟之哉！若無由之者，亦非予之罪也。是以撰經禮申明

其義，及朝論制度，皆據所言而言。

此段乃王肅自言其幼治經，本由鄭注入手，然學識既長後，每覺鄭注多有未當之處，因而加以改易。然其改易鄭學，並非有心苟異於他人，而是王肅透過對經文「尋文責實」、「考其上下」之研究方式後所體會者，並對鄭注於義理有未安之處，進行改易。第二部分即：

> 孔子二十二世孫有孔猛者，家有其先人之書，昔相從學，頃還家，方取以來，與予所論，有若重規疊矩。昔仲尼曰：「文王既殁，文不在茲乎？天之將喪斯文也，後死者不得與於斯文也。天之未喪斯文也，匡人其如予何？」言天未喪斯文，故今已傳斯文於天下。今或者天未欲亂斯文，故今從予學，而予從猛得斯論，以明相與孔氏之無違也。斯皆聖人實事之論，而恐其將絕，故特爲解，以貽好事之君子。

此段王肅先言獲得《家語》一書之經過，乃由孔子二十二世孫孔猛處取得。次言書中所記載之相關資料，與王肅治經意旨有重規疊矩之處，故爲此書作解，企圖平息他人「苟駁前師」之非難，以證明其說有本。第三部分即：

> 《語》云：「牢曰：『子云吾不試故藝』」談者不知爲誰，多妄爲之說。《孔子家語》弟子有琴張，一名牢，字子開，亦字張，衛人也。宗魯死將往弔，孔子止焉。《春秋外傳》曰：「昔堯臨民以五」說者曰：「堯五載一巡狩」，「五載一巡狩」不得稱臨民以五，經曰：「五載一巡狩」此乃說舜之文，非說堯。孔子說論五帝，各道其異事，於舜云「巡狩天下五載一始」，則堯之巡狩年數未明，周十二歲一巡，寧可言周臨民以十二乎？孔子曰：「堯以土德王天下而色尚黃，黃，土德，五，土之數，故曰：『臨民以五』」此其義也。

此段主旨乃王肅舉證說明《家語》所記載資料，有其優越之處，並舉《家語·七十二弟子解》「琴張名牢，字子開，亦字張，衛人也，宗魯死將往弔，孔子止焉」數句，指出《論語》「牢曰」之「牢」爲「琴張」。又引《家語·五帝德》說明《春秋外傳》「昔堯臨民以五」，當解「五」字爲「尚黃」、「尚土德」。

　　此三段爲王肅〈序〉主要之內容大意，然細繹序中之文意，實亦隱含幾點重要訊息值得探究，此即「王肅獲得《家語》（或今最早可見《家語》爲王肅所引用）之時間斷限」、「孔子二十二世孫孔猛交予王肅先人之書（《家語》）可能性爲何」？

（一）《漢晉學術編年》繫王肅解《家語》時間斷限疑義

　　《四庫全書總目》「子部」、「儒家類」之「《孔子家語》」一書解題中，指出《家語》爲「自肅始傳」，即：

> 是書肅自序云：「鄭氏學行五十載矣，義理不安，違錯者多，是以奪而易之。孔子二十二世孫有孔猛者，家有其先人之書，昔相從學，頃還家方取以來，與予所論，有若重規疊矩。」云云。是此本自肅始傳也。〔註1〕

就此處引文而言，實爲四庫館臣隳括王肅〈序〉原文之第一、二部分，然《四庫全書總目》論斷《家語》一書爲王肅所僞，故言「自肅始傳」，又特言「是此本」三字，皆意謂今本《家語》並非先秦兩漢之舊本。四庫館臣以爲《家語》非先秦兩漢之舊本，其說可商，然「是此本自肅始傳」一點則無疑義，但未進一步斷定王肅始傳《家語》之時間斷限爲何，今人劉汝霖《漢晉學術編年》中則有進一步之推斷。

　　劉汝霖根據王肅〈序〉中所云「鄭氏學行五十載矣」一句，進而推論出王肅始傳《家語》之時間爲何，以下先就其說稍加說明。然敘述其說之前，因涉及鄭玄卒年與王肅生卒年，故於此先簡略說明鄭玄之卒年與王肅之生卒年。

1. 鄭玄卒年、王肅生卒年

　　鄭玄卒年載於《後漢書》中，即：

> （建安）五年（200A.D.）春，……其年六月卒，年七十四。〔註2〕

至於王肅生卒年，今於晉陳壽（233～297）《三國志》及宋裴松之注之中，皆有相關史料，其文如下：

〔註1〕〔清〕紀昀（1724～1805）等著，四庫全書研究所整理點校：《四庫全書總目》（北京：中華書局出版社，1997年），頁1194。

〔註2〕〔宋〕范曄（398～445）著、〔唐〕李賢（651～684）注：《後漢書・張曹鄭列傳》，卷35，頁1211。清人所編鄭玄年譜，亦主建安五年卒爲主，如〔清〕陳鱣（1753～1817）編、〔清〕袁鈞訂正《鄭君紀年》，〔清〕孫星衍（1753～1818）編、〔清〕阮元（1764～1849）增補《鄭司農年譜》，〔清〕沈可培編《鄭康成年譜》，〔清〕丁晏（1794～1875）編《漢鄭君年譜》等，皆同《後漢書》之說，惟〔清〕沈可培《鄭康成年譜》作「建康五年」，當爲「建安五年」之誤。另外，〔清〕侯登岸編《漢大司農康成鄭公年譜》則以爲建安六年卒，與《後漢書》及清人諸家年譜異，今不取之，蓋《後漢書》已有明指，侯登岸年譜蓋誤。上引諸家年譜可參見國家圖書館編：《漢晉名人年譜》（北京：北京圖書館，2004年），第1冊。

　　　　肅年六十二，疾篤，……而肅竟卒。〔註3〕

　　　　（肅）甘露元年薨，……。〔註4〕

前段史料云王肅六十二年病篤，後段史料言王肅於甘露元年薨（256A.D.），據
此上推六十二，則王肅當生於漢獻帝興平二年（195A.D.）。

2. 《漢晉學術編年》推定王肅注解《家語》時間

　　劉汝霖於《漢晉學術編年》「嘉平二年庚午（250）／（延熙）十三年／
（赤烏）十三年」一條下云：

　　　　魏王肅作《家語解》　肅自稱得孔氏《家語》於孔子二十二世孫猛
　　　　之手，遂作《家語》解詁。……

　　　　【出處】毛晉倣北宋本〈孔子家語序〉

　　　　【考證】按序言鄭氏學行五十載，此年正爲其死後五十年。且何晏
　　　　注《論語》，常採王肅之說。而〈牢曰〉一節，則引鄭曰：「牢弟子
　　　　子牢也」可知晏未見及《孔子家語》，則《家語》之出，常在其死後
　　　　矣。故誌之於此。又按《孔子家語》一書，後人多疑其僞。蓋王氏
　　　　欲搤擊鄭玄，不得不僞託古人以自重也。〔註5〕

劉汝霖以爲魏何晏（190～249）《論語集解》常引王肅之說，而於「牢曰」一
處，惟引鄭玄之說，因此推論何晏未見及《家語》，故此書之出，當在何晏死
後（即249A.D.後）。又王肅〈序〉言「鄭氏學行五十載矣」，而鄭玄卒於建安
五年（200A.D.），若據此下推五十年，即爲魏齊王芳嘉平二年（250A.D.），故
劉汝霖將王肅解《家語》及此書之出，繫於此年。

3. 《漢晉學術編年》推定王肅注解《家語》時間疑義

　　「鄭氏學行五十載」一句，意味鄭學至此（王肅作此序時）已五十年，
今劉汝霖以鄭玄之卒年下推，實爲保守估計，且易引起疑義。今稍作論述如
下：

　　其一，王肅所謂「鄭學」乃泛指鄭注之學，然鄭注當於鄭玄生時即有，
其有門人亦於生時即有，故鄭學之行當在鄭玄生時即可算之，若以鄭玄死後

〔註3〕〔晉〕陳壽著、〔宋〕裴松之注：《三國志‧魏書‧方技傳》，卷29，頁809
　　　～810。

〔註4〕同前註，〈鍾繇華歆王朗傳〉，卷13，頁419。

〔註5〕劉汝霖：《漢晉學術編年》（臺北：長安出版社，1979年），下冊，卷7，頁1
　　　～3。

而據以推之，雖屬保守作法，然仍屬猜測。再者，古人用語不盡精準，王肅所言「五十載」，以何時起算仍有討論空間。

其二，何晏等人所獻上《論語集解》之時間，據自序所言，乃在正始六年（245A.D.），而劉汝霖以爲《論語集解》常引及王肅之說，卻於「牢曰」一節，未引《家語》獨有之說法入注，而仍因循鄭注之說，遂推斷《家語》一書，當於何晏死後，方才傳出。〔註6〕然值得思考者，何晏注中確實未有明指「《家語》」二字之處，且「牢曰」一節雖爲《家語》特有之說法，然何晏不必然定捨鄭從王，此其一。再者，何晏《論語集解》「牢曰」雖採鄭說，然亦未能正面證成《家語》王注於此時未成，此其二。換言之，王肅《家語》注是否已成，與何晏《論語集解》是否定引王肅《家語》注二事，兩者可同時不相涉，亦可不同時不相涉。

然而，劉汝林之說雖有上述幾項疑義，且未能直接斷定《家語》始傳之時間即如其說，卻可轉而考察《家語》爲王肅所獲之時間斷限爲何？或最早可見《家語》爲王肅引用之時間斷限爲何？

（二）王肅獲得《家語》時間斷限

1. 今《家語》之文首見徵引於王肅《聖證論》

判斷王肅獲得《家語》之時間斷限，主要方式即考察《家語》爲其引用時正處於何年。蓋《家語》由王肅始傳，若王肅引及《家語》，則代表王肅已獲得《家語》，如此方能徵引。

今考《三國志》記載王肅集《聖證論》以譏短鄭玄：

> 及撰定父朗所作《易傳》，皆列於學官。其所論駁朝廷典制、郊祀、宗廟、喪紀輕重，凡百餘篇。時樂安孫叔然，受學鄭玄之門，人稱東州大儒。徵爲祕書監，不就。肅集《聖證論》以譏短玄，叔然駁而釋之，……。〔註7〕

據上述所言，王肅集《聖證論》之用意在譏短鄭玄，時在王肅撰定其父王朗所作《易傳》注列於學官之後。考王肅撰定其父之《易傳》注時間，於《三國志》之中已有提及，其文如下：

〔註6〕劉汝霖繫何晏上《論語集解》之時間爲魏齊王芳正始六年（245A.D.），見劉汝霖：《漢晉學術編年》，下冊，卷6，頁166～168。

〔註7〕〔晉〕陳壽著、〔宋〕裴松之注：《三國志・魏書・鍾繇華歆王朗傳》，卷13，頁419～420。

（正始）六年春二月丁卯，……十二月辛亥，詔故司徒王朗所作《易傳》，令學者得以課試。〔註8〕

是知魏齊王正始六年（245A.D.）十二月，詔已故王朗所作之《易傳》注，以爲學官課試之本。因此，王肅編定其父王朗之《易傳》注，至遲當在正始六年（245A.D.）已成，是《聖證論》之成亦當成於此時左右。

今又考《聖證論》中有引及《家語》者，如《禮記‧祭法》「埋少至不祭」疏：

案《聖證論》王肅「六宗」之説用《家語》之文……。〔註9〕

又如《禮記‧樂記》「昔者至諸侯」疏：

案《聖證論》引《尸子》及《家語》難鄭云……。〔註10〕

是王肅《聖證論》引及《家語》之明證。今試將《漢晉學術編年》繫王肅解《家語》之時間，與王肅集成《聖證論》時間，繪製如下：

【圖 4-1】王肅獲得《家語》最遲之時間點

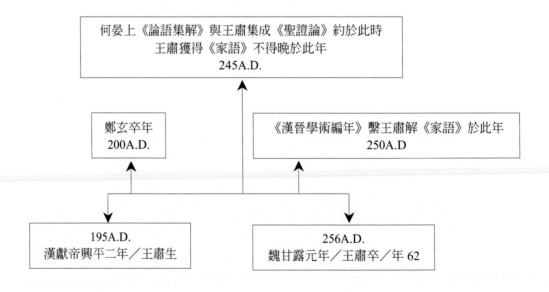

　　就上表觀之，《聖證論》集成時間，約與何晏上《論語集解》相等，皆為正始六年（245A.D.），而《聖證論》已引及《家語》，因此王肅最晚於此時已獲得《家語》，如此方能徵引於《聖證論》之中。且王肅〈序〉既云此《家語》之書為孔猛家傳，故於王肅初獲之際，若尚未公布，卻見其中有能難鄭學之說者，於是先集《聖證論》之說用以難鄭，則「《家語》之文」或於此時首現，而何晏未能引及，仍屬合理範圍。

　　要之，今《家語》之文，首見徵引於王肅所集之《聖證論》中，其時間約於 245A.D.。換言之，王肅至遲當於此時已獲得《家語》。

2. 王肅獲得《家語》時間上限

　　《家語》既首見徵引於王肅之《聖證論》中，意味《家語》至遲當於《聖證論》集成時已獲得，否則無法徵引。然今據唐虞世南（558～638）《北堂書鈔》載云：

> 《聖證論》云：「魏明帝詔王肅：『六宗之神，意有幾乎？』對曰：『坎為水，離為火，震為雷，巽為風，艮為山，兌為澤。先師所說曰六宗，此乾坤六子也。』」〔註11〕

又據唐賈公彥《周禮·大宗伯》「以禋至雨師」疏云：

> 至魏明帝時詔令王肅議六宗取《家語》：宰我問六宗，孔子曰：「所宗者六，埋少牢於大昭祭時，相近於坎壇祭寒暑，王宮祭日，夜明祭月，幽禜祭星，雩禜祭水旱。〔註12〕

則知王肅議「六宗」時，正於魏明帝之際。然此兩段當指一事，而王肅議六宗之說雖前後不同，並非誤載。蓋王肅集《聖證論》旨在反駁前師之說，故《聖證論》追載魏明帝詔議六宗時，則首舉先師所說乾坤六子答之，而後方據《家語》六宗之文正之。〔註13〕此事《聖證論》明載於魏明帝之時，今檢魏明帝即位時間為太和元年（227A.D.）至景初三年（239A.D.），則王肅至少當於魏明帝在位間已獲得《家語》，亦即當於 227～239A.D. 之間。今將上述結果，繪製如下：

〔註11〕〔唐〕虞世南等編：《北堂書鈔》，收入董治安編：《唐代四大類書》（北京：清華大學出版社，2003年，據清光緒十四年南海孔廣陶三十有三萬卷堂校注重刻陶宗儀傳鈔宋本景印），卷90，總頁377b。

〔註12〕〔漢〕鄭玄注、〔唐〕賈公彥疏：《周禮·大宗伯》「以禋至雨師」疏，卷18，總頁272b。

〔註13〕此先師之說，即指王莽、劉歆之說。

【圖 4-2】王肅獲得《家語》最早可溯及之時間點

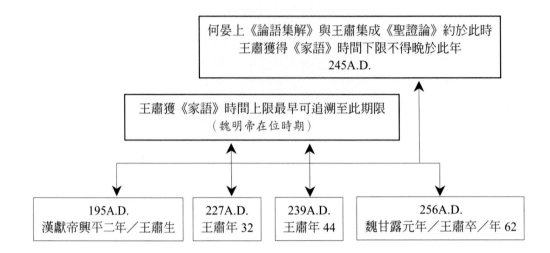

要之，王肅議六宗時所據者爲《家語》之文，而此時正爲魏明帝在位期間，是王肅至少於魏明帝在位期間（227～239A.D.）內，已獲得《家語》。

3. 《家語》至晚於兩晉時已流傳

魏馬昭雖爲王肅之論敵，然未有相關資料，可供考察馬昭是否已見《家語》，亦未能斷定《家語》王注是否魏時已然流傳開。然相關文獻表明，至晚於兩晉時《家語》已流傳開。

晉杜預（222～284）《春秋經傳集解》雖未指出《家語》之名，然實有引及《家語》之文而未言出於《家語》者。如杜預於「琴張聞宗魯死」下注云：

> 琴張，孔子弟子，字子開，名牢。

孔疏云：

> 《家語》云：「孔子弟子琴張，與宗魯友。」〈七十子篇〉云：「琴牢衛人，字子開，一字張」則以字配姓爲琴張，即「牢曰子云」是也。賈逵、鄭眾皆以爲子張，即顓孫師。服虔云：「案〈七十子傳〉云：『子張少孔子四十餘歲』孔子是時四十一，未有子張，鄭、賈之說不知所出。」〔註14〕

杜預未明言此注乃引《家語》之文，孔疏則進步指明此注爲杜預引《家語》

〔註14〕〔晉〕杜預集解、〔唐〕孔穎達等疏：《左傳‧昭公傳二十年》，「注琴張至名牢」疏，卷49，總頁855d。

之文。然此處是否眞爲《家語》之文？

　　據王肅〈序〉云「《語》云：「牢曰：「子云『吾不試，故藝。』」談者不知爲誰，多妄爲之説。《孔子家語》弟子有琴張一名牢，字子開，亦字張，衞人也。宗魯死，將往弔，孔子止焉」，此段「談者不知爲誰，多妄爲之說」爲王肅針對諸家解說《論語》中「牢曰」之「牢」爲何人所發之批評。亦即王肅以爲前人之解說，由於未見《家語》之文，故妄說紛起。王肅於此雖未直接點明「談者」爲誰，然今存可見王肅之前對「牢曰」之解釋，較具代表者計有賈逵、鄭衆、服虔與鄭玄四人爲主。賈、鄭、服三人之說，皆據《史記・仲尼弟子列傳》「顓孫師，陳人，字子張。少孔子四十八歲」一句之記載作注解，然賈、鄭以爲「牢」當爲「子張」即「顓孫師」，而服虔則據此指出「子張少孔子四十餘歲，孔子是時四十，知未有子張」，則服說不同意賈、鄭之說。鄭玄則以爲「牢」爲弟子「子牢」，與「琴張（牢）」字「子開（張）」無涉。〔註15〕王肅則據《家語・七十二弟子解》一篇之記載，亦即上述所引一段加以反駁，此亦孔疏所引大致之內容。王肅據《家語》之說以琴張（琴牢）及其字子開（張），確爲《家語》獨有之文，故杜預引及者只能出自《家語》。

　　此外，郭璞（276～324）《爾雅》注亦有引及《家語》者，如「鱦小魚」下注云：

　　　　《家語》曰：「其小者鱦」，魚也。今江東亦呼魚子未成者爲鱦，音繩。〔註16〕

又如張湛《列子・湯問》「引盈車之魚」下，注云：

　　　　《家語》曰：鯤魚，其大盈車。〔註17〕

以上爲郭、張二家注引及《家語》之文者。杜、郭、張皆爲晉人，而杜預《集解》之成，舊說於平吳後，郭注、張注則至少於東晉時已成書，此三人所處之地域互有不同，所存之時間先後各異，且所引《家語》之文，並非三者間轉相傳錄，則知至少《家語》於兩晉時，已流傳開。

〔註15〕以上賈、鄭、服與鄭玄諸家之說，可參考程樹德（1877～1944）著，程俊英、蔣見元點校：《論語集釋》（北京：中華書局，1997年），頁584。

〔註16〕〔晉〕郭璞注、〔宋〕邢昺疏：《爾雅・釋魚》，「鱦，小魚」注，卷9，總頁165d。

〔註17〕〔晉〕張湛注，楊伯峻集釋：《列子集釋》（北京：中華書局，1997年），卷5，頁172。

二、王肅從孔猛處取得《家語》之可能性蠡測

　　一般學者以爲，王肅取得《家語》之情形，具在其自序之中，即「孔子二十二世孫有孔猛者，家有其先人之書，昔相從學，頃還家，方取以來，與予所論，有若重規疊矩。」就此段而言，實透露出幾點重要訊息：其一，此書爲王肅由孔猛處取來。其二，此書爲孔猛家傳之書。其三，孔猛世系爲二十二世。

　　然王肅既云孔猛爲孔子二十二世孫，則據其世系加以推算其所處之年代，果能與王肅年代並存？進而能發生「孔猛交予王肅先人所傳之書」一事？

（一）孔猛世系考辨

　　今學界研究《孔子家語》者，引及王肅〈序〉所謂「孔子二十二世孫孔猛者」一段不知凡幾，然對孔猛之世系均加忽略，以致對此書由「孔猛處取得」一事，多採信王肅之說。甚而以此段作爲王肅無法作僞之絕佳例證，如王志平於《中國學術史・三國兩晉南北朝卷》云：

　　　但如果人們以此爲王肅所僞造，那麼王肅所舉的孔猛史有其人，王肅難道不怕別人戳穿嗎？其次，如果說王肅與孔猛串通作僞，那麼難道又不怕孔氏家學中的其他傳人揭穿嗎？〔註18〕

王志平之說實根據孔猛著手，其所提出之疑問，正是反駁《家語》由王肅僞造，或由王肅、孔猛二人僞造可能性極低之絕佳反證。然而，孔猛世系果眞惟有二十二世一說？實則不然，今檢閱諸書，孔猛世系共有四種說法，以下轉論此四說。

1. 以孔猛爲二十二世

　　以孔猛爲孔子二十二世孫者，主要見於景宋蜀本所附之王肅〈序〉，亦即上引「孔子二十二世孫有孔猛者」一段，此說廣爲學界所引用，且學者亦未曾在此說以外，檢閱出孔猛世系尚有其他三種說法者。

　　至於清朝以前引及孔猛世系爲二十二世者，尚有以下幾處：

　　如北魏酈道元（？～527）撰《水經注》於「又東過當塗縣北，渦水從西北來注之」一條下注云：

　　　又按劉向《說苑・辨物》，王肅之〈叙〉孔子廿二世孫孔猛所出先人

〔註18〕王志平：《中國學術史・三國兩晉南北朝卷》（南昌：江西教育出版社，2001年），頁147。

書《家語》，竝出此事，故塗山有會稽之名。〔註19〕

此外，清沈炳巽所撰之《水經注集釋訂訛》，於「又按劉向《說苑‧辯物》，王肅之〈叙〉孔子」下注明：

宋本孔子下有「廿二」兩字。〔註20〕

又如宋陳振孫（1183～1261）《直齋書錄解題》，其於「儒家類」中著錄「《孔子家語》十卷」，並解題如下：

孔子二十二世孫猛所傳。……。〔註21〕

又見宋馬廷鸞（1222～1289）《碧梧玩芳集》「書洙泗裔編後」一條，言及：

《家語》……至魏王肅始得之孔子二十二世孫猛，而後傳焉。〔註22〕

此外，明何孟春於其所注《孔子家語》序中，言及：

肅〈序〉稱四十四篇乃先聖二十二世孫猛之所傳者。〔註23〕

以上相關文獻，皆以孔猛為孔子二十二世孫。

2. 以孔猛為二十四世

以孔猛為二十四之說者，如宋晁公武（1105～1180）《郡齋讀書志》「論語類」下著錄「《孔子家語》十卷」一條，其解題如下：

……後肅得此於孔子二十四世孫猛家。〔註24〕

又如元馬端臨（1254～1323）《文獻通考‧經籍考》「《論語》、《孟子》」類下，著錄「《孔子家語》十卷」，並引晁公武、陳振孫二人之說如下：

晁氏曰：「……後王肅得此於孔子二十四世孫猛家。」

陳氏曰：「孔子二十四世孫猛所傳……。」〔註25〕

〔註19〕 楊守敬（1839～1914）纂疏、熊會貞參疏，段熙仲點校、陳橋驛復校：《水經注疏》（南京：江蘇古籍出版社，1999年），下冊，卷30，頁2534。

〔註20〕 〔清〕趙一清所著之《水經注釋》，此句則有「廿二」兩字，並無脫字。

〔註21〕 〔宋〕陳振孫著，徐小蠻、顧美華點校：《直齋書錄解題》（上海：上海古籍出版社，2005年），頁269。

〔註22〕 〔宋〕馬廷鸞：《碧梧玩芳集》，卷14，「書洙泗裔編後」條，收入《景印文淵閣四庫全書》，第1187冊，總頁103b-c。

〔註23〕 〔明〕何孟春：《孔子家語‧序》，收入《四庫全書存目叢書》子部儒家類，第1冊，（臺南：莊嚴出版社，1995年，據明正德十六年刻本景印），總頁3a。

〔註24〕 袁本、諸衢本皆作「二十四世」。參見〔宋〕晁公武著，孫猛校證：《郡齋讀書志校證》（上海：上海古籍出版社，2005年），頁140。

〔註25〕 〔元〕馬端臨：《文獻通考‧經籍考》（北京：中華書局，2003年），卷184，總頁1582b-c。

又如附於何孟春〈序〉後之明林俊（1452～1527）〈家語題辭〉：

> 孔子二十四世孫猛，學于王肅，請從序正……。〔註26〕

又如明陸深（1477～1544）《儼山集》：

> 厥後，魏之王肅果得此本於孔氏二十四世孫猛家，遂以行世。……」
>
> 〔註27〕

以上諸說，皆以孔猛爲孔子二十四世孫。

3. 以孔猛為二十一世

此說見於二處，其一，見於四庫全書所收錄之《孔子家語》，此四庫書所收錄之《家語》，後附有〈後序〉、明毛晉（1598～1659）〈識跋〉、明何孟春〈序〉，其中何孟春之序提及：

> 肅〈序〉稱四十四篇乃先聖二十一世孫猛之所傳者。〔註28〕

又如附於何孟春注《孔子家語》序後，明林俊所題之〈家語〉：

> 孔子二十一世孫猛，學于王肅，請從序正……。〔註29〕

其二，見於孔德成先生（1920～）所編《孔子世家譜》之中，此書凡二見孔猛二十一世之說，一見於初集卷一：

> 二十一代九人
>
> **羨**字子餘仕魏，爲議郎。……**猛**幼穎悟端嚴，從學於王肅，無傳。〔註30〕

另一爲〈聖祖至四十二代圖〉，其圖如下：

〔註26〕〔明〕林俊：〈《家語》題辭〉，見〔明〕何孟春注：《孔子家語》，收入《四庫全書存目叢書》子部儒家類，第 1 冊，（臺南：莊嚴出版社，1995 年，據明正德十六年刻本景印），總頁 4c。

〔註27〕〔明〕陸深：《儼山集》，卷 41，「重刻《家語》序代郭通判允禮作」條，收入《景印文淵閣四庫全書》，第 1268 冊，總頁 253b-c。

〔註28〕〔魏〕王肅注：《孔子家語》，收入《景印文淵閣四庫全書》，第 695 冊，總頁 111d。

〔註29〕〔明〕林俊：〈家語〉，收入〔明〕何孟春注：《孔子家語》（明末葉永明書院刻本），頁 7。

〔註30〕孔德成先生主編：《孔子世家譜》（濟南：山東友誼出版社，1990 年），初集卷 1，總頁 76d。此處據原表加以省略重製。

【圖 4-3】《孔子世家譜・聖祖至四十二代圖》簡圖〔註31〕

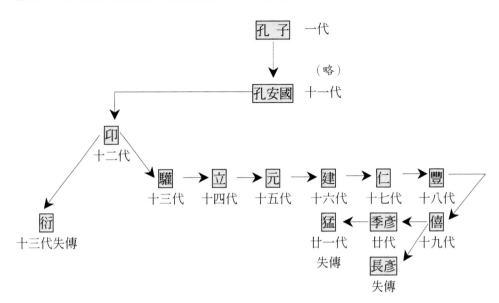

凡此，皆以孔猛爲孔子二十一世孫。

4. 以孔猛為十七世

另外補充說明，孔猛世系除上述二十二、二十四、二十一世三說之外，尚有十七世之說，然此說惟見宋黃震《黃氏日鈔》「闕里譜系」條，即：

> 十七代志，光武拜大司馬，……孟從王肅學，闕。〔註32〕

此處《黃氏日鈔》言「孟從王肅學」，並繫「孔孟」於十七代，然若據王肅〈序〉中所言核之，則此處「孔孟」當與「孔猛」乃指同一人。惟此說只見於《黃氏日鈔》，尚無其他文獻可供檢核，故附誌此說於此，下文不再進行考辨。

（二）孔猛「二十二世」、「二十四世」、「二十一世」三說考辨

猛世系既有以上三種之說法，以下當一一加以考辨，茲先論「二十一世」說如下。

1. 「二十一世」說考辨

《四庫全書》「子部」、「儒家類」所收之《孔子家語》何孟春序文，以

〔註31〕孔德成先生主編：《孔子世家譜・聖祖至四十二代圖》，卷首，總頁 60～61 之間。

〔註32〕參見〔宋〕黃震：《黃氏日鈔》，卷 32，「闕里譜系」條，收入《景印文淵閣四庫全書》，第 707 冊，總頁 880d。

孔猛爲二十一世之說，當爲四庫館臣鈔引何孟春序文時，據不同版本所致。今據金鎬〈《孔子家語》版本源流考略〉〔註33〕一文，可知明何孟春注本之版本系統如下：

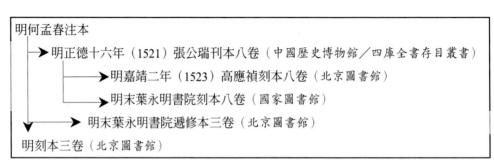

今將相關資料整理如下：

《家語》何孟春補注版本（刻本）	何孟春序／林俊題辭
明正德十六年（1521）建寧張公瑞刊本	乃先聖二十二世孫猛之所傳者…… 正德二年丁卯二月壬寅後學郴陽何孟春子元謹序
	孔子二十四世孫猛，學于王肅，請從序正…… 正德辛巳夏仲後學見素林俊題于雲莊青野
明嘉靖二年（1523）高應禎刻本	未見
明末葉永明書院刻本	乃先聖二十一世孫猛之所傳者…… 時大明正德二年歲次丁卯仲春二月壬寅後學郴陽何孟春子元謹序
	孔子二十一世孫猛，學于王肅，請從序正…… 正德辛巳夏仲後學見素林俊題于雲莊青野
明末葉永明書院遞修本	未見
明刻本三卷	未見

今何孟春所注《家語》之最原始刻本，當爲明正德十六年（1521）建寧張公瑞刊本，此本序文原作「乃先聖二十二世孫猛之所傳者」〔註34〕，同時之林俊題辭則作「二十四世」，此後之明末永明書院刊本，其何序、林辭皆作「二十一世」，又已不同。今《四庫全書》所收之《孔子家語》爲明天啓崇禎

〔註33〕金鎬：〈《孔子家語》版本源流考略〉，頁193。
〔註34〕今藏中國歷史博物館。

間（1621～1644）毛氏汲古閣刊本，亦皆收有何孟春此序，今整理如下：

《家語》王肅注版本（刻本）	何　　　序
明天啓崇禎間毛氏汲古閣刊本〔註35〕	乃先聖二十一世孫猛之所傳者…… 時大明正德二年歲次丁卯仲春二月壬寅日識
明天啓崇禎間毛氏汲古閣刊本〔註36〕	同上
文淵閣《四庫全書》之《孔子家語》	同上

　　觀此，毛氏刊本所收之何序與文淵閣本之何序，皆一致作「二十一世」。然何序題正德二年丁卯（1507A.D.），林辭題正德辛巳（即十六年，1521A.D.），兩者相去不遠，且觀林辭所題時間，與張公瑞刊刻時間皆同爲正德十六年，則林辭應當爲此次刊刻時所附之題辭。同爲張公瑞刻本之何序、林辭，時間相隔不遠，而孔猛世系卻前後不同，且明末永明書院刻本，又與張公瑞刻本先後不同，實混淆頗甚。至於孔德成先生所編之《孔子世家譜》，或有其他依據，今存此說。

2.「二十四世」說考辨

　　二十四世說出於宋晁公武《郡齋讀書志》與元馬端臨《文獻通考・經籍考》引陳振孫《直齋書錄解題》與晁公武《郡齋讀書志》二人之說。茲先考辨《文獻通考・經籍考》之說。

　　《文獻通考・經籍考》所引陳振孫以孔猛爲二十四世之說，其說可商。上述《文獻通考・經籍考》所引陳振孫之言，乃據十通本而言，亦即清乾隆時期武英殿刻本。今考《文獻通考》始刻於元泰定元年（1324A.D.），然此本久佚，而現存最早之本乃爲元泰定元年（1324 A.D.）西湖書院刊後至元五年（1339 A.D.）余謙修補本，此後又有諸多刻本，今列成下表：

《文獻通考・經籍考》版本（刻本）	原　　　文
元泰定元年（1324）西湖書院刊後至元五年（1339）余謙修補本〔註37〕	晁氏曰：……得此於孔子二十四世孫猛家。…… 陳氏曰：孔子二十二世孫猛所傳……。
明正德己卯十四年（1519）建陽劉氏慎獨齋刊本〔註38〕	同上

〔註35〕國家圖書館善本書索書號：301 15461。
〔註36〕國家圖書館善本書索書號：301 05315。
〔註37〕國家圖書館善本書索書號：213.1 04471。
〔註38〕國家圖書館善本書索書號：213.1 04474。

明嘉靖三年（1524）司禮監刊本〔註39〕	同上
明蘄陽馮天馭校刊本〔註40〕	同上

又考今本陳振孫之《直齋書錄解題》，惟存清修《四庫全書》時，於永樂大典所輯出之本，是爲武英殿刊本。除此之外，所存最早之元鈔本亦僅殘存四卷（存卷 47～50）。此《四庫全書》武英殿刊本之《直齋書錄解題》，亦作「二十二世」，是十通本之《文獻通考》所引陳氏之說，乃爲四庫館臣誤作「二十四世」。

至於《文獻通考·經籍考》引晁氏「二十四世」之說者，今考所存晁氏《讀書志》袁本、諸衢本，皆作二十四世，是知此二十四之說並非馬氏誤引所致，應當晁氏書成時已作二十四世。至於張公瑞刊本何注《家語》中之林俊題辭，與陸深《儼山集》亦作二十四世，然此說惟有晁氏、林氏（張公瑞刻本）、陸氏三人，扣除林氏刻本之孔猛世系前後相異不算，惟有晁氏、陸氏二人提及，且其文獻所據不明。

3. 「二十二世」說考辨

二十二世之說則其來有自，凡自北魏酈道元、宋陳振孫、馬廷鸞、明何孟春、清朱彝尊以來，皆引作二十二世。今光緒二十四年貴池劉氏玉海堂景宋蜀刊本之王肅〈序〉亦作二十二世，是二十二世之說，主之者甚多。

（三）孔猛交予王肅先人家傳之書可能性

今暫依《孔子世家譜》以孔猛爲二十一世說、及景宋蜀本王肅〈序〉二十二世說爲基點，探討孔猛交予王肅其先人家傳之書之可能性。

1. 以孔猛爲二十一世

今《孔子世家譜》記孔猛世系，繫於二十代孔季彥之下，與其兄孔長彥同出孔僖之後，而孔僖一系又可上溯至孔安國。

今考《後漢書·儒林列傳》列有孔僖傳，並略及二子孔長彥、孔季彥事蹟。但未提及有孔猛者，亦無提及孔猛爲孔季彥之子，故孔猛之生卒年無可考知，而《孔子世家譜》亦唯云「幼穎悟端嚴，從學於王肅，無傳」而已，其生卒年亦不詳。然據《後漢書·儒林列傳》之記載：

> （孔僖）二子長彥、季彥，並十餘歲。………長彥好章句學，季彥

〔註39〕國家圖書館善本書索書號：213.1 04478。
〔註40〕國家圖書館善本書索書號：213.1 04483。

守其家業，門徒數百人。延光元年，……三年，年四十七，終於家。
〔註41〕

則可知《後漢書》此段，明敘季彥卒於延光三年（124A.D.），年四十七。如此，遂可作爲考察孔猛與王肅並存情形之重要關鍵點。今以最保守之估計方式而言，假設季彥於延光三年（124A.D.）年四十七時生猛而後卒，則猛生於延光三年（124A.D.）時一歲，至王肅漢獻帝興平二年（195A.D.）生時，年已七十二歲。又據《三國志》言王肅「年十八，從宋忠讀《太玄》，而更爲之解」，則王肅尚從學於宋忠，據此孔猛年已九十。今茲先將上述所提及之相關年代及事蹟，製成下圖：

【圖4-4】孔猛、王肅年歲對照圖

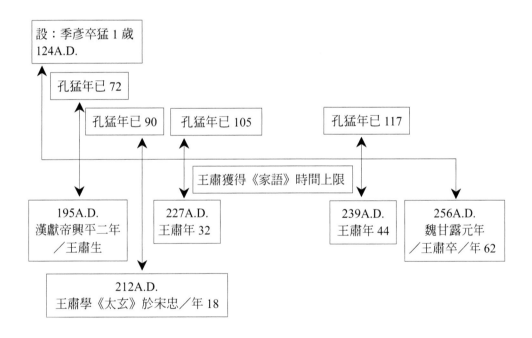

以上圖觀之，王肅當於227～239A.D.之間已獲得《家語》，而此時王肅年正三十二至四十四歲之間，而孔猛則年正百零五歲至百十七歲之間。

〔註41〕〔宋〕范曄、〔唐〕李賢注：《後漢書·儒林列傳》，卷79上，頁2563。案《孔子世家譜》云孔季彥：「年四十九，延光三年卒，子一猛」，見孔德成先生總編：《孔子世家譜》，初集，卷1，總頁76d，又《孔叢子·連叢子下》云孔季彥「年四十有九，延光三年十一月丁丑卒」，則此二者與《後漢書》所言者不同，未知孰是，今暫依《後漢書》之說作爲推算基點。

（1）孔猛從學於王肅之可能性

今《孔子世家譜》言猛「幼穎悟端嚴，從學於王肅」，又王肅〈序〉亦言「昔相從學」，則二者皆提及孔猛曾從學於王肅，且傳統學者亦多解「昔相從學」爲「孔猛從學於王肅」，如上引陳振孫《直齋書錄解題》云「猛嘗受學於肅」、明何孟春《孔子家語注・序》云「猛嘗學於肅」，亦作如此解。然而，若孔猛爲孔子二十一世孫，則孔猛從學於王肅之可能性極低。蓋王肅十八歲時，方從宋忠習《太玄》，時孔猛年已九十，以一年屆九十之長者，從學於十八歲之王肅，恐無此理。

（2）孔猛交予王肅先人之書之可能性

若依《孔子世家譜》之記載，以孔猛爲孔子二十一世孫，則孔猛所處之年代雖不能排除與王肅有並存之可能，然單以年齡而言，孔猛從學於王肅實難成立。至於孔猛是否曾取先人之書交予王肅一事，亦需重新審視。蓋王肅獲得《家語》時間，當在 227～239A.D.之間，則此時孔猛年歲當已百零五歲至百一十七歲之間，亦即孔猛至晚當於此段年歲中，將書交予王肅，此已極爲勉強。

復次，王肅〈序〉云「昔相從學，頃還家，方取以來」，則語言脈絡間乃指孔猛還家而後取書交予王肅，然則孔猛已爲高齡之長者，任由一長者還家而取書交予王肅自身，則王肅似乎未懂敬老之禮。

2. 以孔猛爲二十二世

《孔子世家譜》中孔猛爲二十一世之說，既已論述如上，則所剩者惟二十二世之說。然就以上檢閱之過程而言，長彥、季彥雖爲孔子之後，然史書未云其世系爲何，所據者惟《孔子世家譜》，且今檢兩漢魏晉時期之相關記載，亦未明言長彥、季彥爲二十世、孔猛爲二十一世者。因此，檢閱王肅〈序〉「孔猛爲二十二世孫」一句，勢不能再以《孔子世家譜》季彥、長彥之世系爲基點，必須重新尋找世系之立足點。

王肅爲漢魏時人，其序中所言孔猛爲二十二世孫，則二十世、二十一世之大約年限，亦當從魏晉時期相關記載爲主。今將《後漢書》、《三國志》、《晉書》等史書，提及孔子後代子孫與王肅所處之時代相近者，略制簡表如下：

人　名	世　系	生　卒　年	重　要　封　爵　年　代
孔　融	二　十	153～208A.D.〔註42〕	缺
孔　羨	二十一	缺	魏黃初二年（221A.D.）／崇（宗）聖侯
孔　衍	二十二	268～320A.D.〔註43〕	缺
孔　震	二十三	缺	晉泰始三年（267 A.D.）／聖亭侯〔註44〕

　　以上表觀之，孔融、孔衍之世系各爲二十、二十二，且生卒年詳，至於孔
羨、孔震世系爲二十一、二十三，然生卒年缺載，惟知重要封爵年代。今孔衍
世系既已知爲二十二，且生卒年詳，則可爲孔猛二十二世說之基點，用與王肅
生卒年交叉觀察。然今細繹之，自孔子以下，各世各系或單枝孤葉，或花開並
蒂，且又人壽有脩短之別，生子亦有遲速之異，或此枝年壽脩於彼，或彼世生

〔註42〕《後漢書》中提及孔融爲孔子二十世孫，即：「孔融字文舉，魯國人，孔子二
　　　　十世孫也。」見〔宋〕范曄著、〔唐〕李賢注：《後漢書・鄭孔荀列傳》，卷
　　　　70，頁 2261。又云：「書奏，下獄弃市。時年五十六。妻子皆被誅。」見〔宋〕
　　　　范曄著、〔唐〕李賢注：《後漢書・鄭孔荀列傳》，卷 70，頁 2278。由以上二
　　　　段可知，孔融爲二十世，時年五十六而受誅於曹操，今又考《三國志》裴注：
　　　　（建安）十三年，……，坐弃市。見〔晉〕陳壽著、〔宋〕裴松之注：《三國
　　　　志・魏書・崔毛徐何邢鮑司馬傳》，卷 12，頁 372。是知孔融受誅時正建安十
　　　　三年（208A.D.），據此上推五十六年，則孔融當生於東漢桓帝永興元年
　　　　（153A.D.）。
〔註43〕《晉書・儒林列傳》中有提及孔衍世系者，即：「孔衍字舒元，魯國人，孔子
　　　　二十二世孫也。……以太興三年卒於官，年五十三。」見〔唐〕房玄齡（578
　　　　～648）等著：《晉書・儒林列傳》，卷 91，頁 2359。是孔衍卒於大興三年
　　　　（320A.D.），年五十三，今據此回推孔衍生年，當爲晉武帝泰始四年
　　　　（268A.D.）。
〔註44〕《後漢書》李賢注云：「臣賢案：獻帝後至魏，封孔子二十一葉孫羨爲崇聖侯。
　　　　晉封二十三葉孫震爲奉聖亭侯。」見〔宋〕范曄著、〔唐〕李賢注：《後漢書・
　　　　儒林列傳》，卷 79 上，頁 2563。此處李賢約略指出孔子後代世系封爵之情形，
　　　　其中提及二十一葉孫孔羨於獻帝至魏時，封崇聖侯。今檢《三國志・魏書》云：
　　　　「（黃初）二年春正月，……詔曰：『………其以議郎孔羨爲宗聖侯，邑百戶，
　　　　奉孔子祀。』」見〔晉〕陳壽著、〔宋〕裴松之注：《三國志・魏書・文帝紀》，
　　　　卷 2，頁 77～78。是《三國志》作「宗聖侯」，而檢其年代則在黃初二年。又
　　　　李賢注提及晉封二十三葉孫孔震爲聖亭侯，今檢《晉書》又有數處提及封孔震
　　　　爲聖亭侯之事，其一爲〈武帝紀〉云：「（泰始三年）十二月，徙宗聖侯孔震爲
　　　　奉聖亭侯。」見〔唐〕房玄齡等著：《晉書・武帝紀》，卷3，頁56。其二〈禮
　　　　志〉云：「魏文帝黃初二年正月，詔以議郎孔羨爲宗聖侯，……。及武帝泰始
　　　　三年十一月，改封宗聖侯孔震爲奉聖亭侯。」見〔唐〕房玄齡等著：《晉書・
　　　　禮志》，卷 19，頁 599。以上爲二十一世之孔羨，與二十三世孔震之封爵年代。

子遲於此，累世積久而有別，故雖或同世，然年齡絕非近似。雖孔衍爲二十二世，則其生卒年絕非全同於孔系二十二世之孫，故今試作【圖4-5】如下，並取二十、二十一、二十二、二十三世各世，各與王肅生卒年交叉並存，其中二十一、二十三世則以虛線方式表明，而王肅生卒年、二十、二十二世則以實線表明，以區間方式觀察王肅與二十二世並存之可能性：

【圖4-5】王肅與孔氏子孫世系相鄰情形

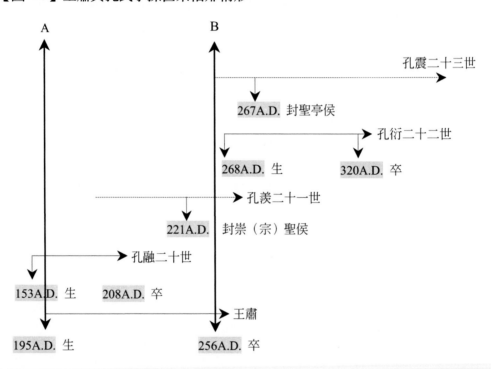

以此表稍作觀察，王肅生卒年爲195～256A.D.，亦即粗黑線A、B之區間內。而在此區間內而言，主要及於二十世、二十一世，至於二十二世亦有可能。惟此圖只作參考，與孔猛是否爲二十二世無涉。然此處實可顯示一重要概念，二十一世與王肅並非能完全排除，則《孔子世家譜》等二十一世說之說，該當如何處理？

（四）問題之癥結

此處問題之癥結處，不在於以王肅〈序〉之二十二世說，訂正《孔子世家譜》二十一世說，或以後者之二十一世說，訂正前者二十二世說，而在於據信前後兩者不同之資料時，將產生不一樣之結論，亦將導致王肅與孔猛處

獲得先人之書說法，有不同之結果。且王肅注本之《家語》，曾經遭受大規模之刪節與復原過程，其間文獻內容之變化，難保無訛。今就景宋本《家語》中之王肅〈序〉稍作舉例，〈序〉文云：「孔子曰：『堯以土德王天下而色尚黃，黃，土德，五，土之數，故曰：『臨民以五』此其義也。』此爲王肅引《家語》內文作舉例，以顯示《家語》文獻之獨特性與優越性，然今檢景宋本《家語》之原文作：

　　　　孔子曰：「堯以火德王，色尚黃，舜以土德王，色尚青。」〔註45〕

是知景宋本之王肅〈序〉，亦非無訛。再者如北魏酈道元之《水經注》於「又東過當塗縣北潕水從西北來注之」一條下注云「王肅之〈叙〉孔子廿二世孫孔猛所出先人書《家語》，並出此事，故塗山有會稽之名」，而清沈炳巽所撰之《水經注集釋訂訛》，於「又按劉向《說苑‧辯物》、王肅之〈叙〉孔子」下注明：「宋本孔子下有『廿二』兩字」，若據此稍加細繹，是否宋時曾面臨孔猛世系不詳或已有歧異之說，故一本存缺，而所見「廿二」世之說，又爲另一說？

三、《家語》與王肅之關係

　　孔猛世系與王肅並存情形既已考論如上，然若如上所述，則《家語》與王肅之關係究竟爲何？

（一）若孔猛為二十一世

　　若以《孔子世家譜》所記載之世系爲準，則王肅〈序〉中所提及孔猛從學於王肅一事實難成立，且孔猛還家取先人家傳之書交予王肅一事，亦復如此。若假設孔猛未從學於王肅，且無交予先人之書與王肅一事，然《家語》自肅始傳確已證明如上，則《家語》可能由王肅所「私定」或「增加」而成。私定之說如《禮記‧郊特牲》「郊特至已矣」孔疏云：

　　　　又先儒以《家語》之文，王肅私定，非孔子正旨。〔註46〕

又如《尚書‧序》「伏犧至常道也」孔疏云：

　　　　《家語》則王肅多私定。〔註47〕

〔註45〕　〔魏〕王肅注：《孔子家語‧五帝》，卷6，頁3。
〔註46〕　〔漢〕鄭玄注、〔唐〕孔穎達等疏：《禮記‧郊特牲》「郊特至已矣」疏，卷25，總頁480c。
〔註47〕　〔漢〕孔安國傳、〔唐〕孔穎達等疏：《尚書‧尚書序》「伏犧至常道也」疏，

亦即唐孔穎達亦贊同《家語》爲王肅所私定之說。而所謂「增加」說者，如魏馬昭所云：

> 《家語》，王肅所增加，非鄭所見。

> 《家語》之言，固所未信。〔註48〕

馬昭與王肅同時，而指《家語》爲王肅所「增加」，孔穎達雖爲唐初人，亦言先儒以爲《家語》乃王肅「私定」，其說恐非無的放矢。蓋二人言其「增加」、「私定」，而不言「作僞」，乃《家語》一書與先秦兩漢典籍重出比例相當高，不與其重出而獨見《家語》者惟有數章。有鑑於此，此書當然無僞可作，乃王肅據先秦兩漢之書割裂而織成《家語》一書，並於其中某些章節處，增字加句或刪損改易，以求攻駁鄭學，是以馬昭、孔穎達言其「增加」、「私定」。

至於王志平於《中國學術史・三國兩晉南北朝卷》指出：如果此書由王肅所僞造，何以史有其人之孔猛何不起以揭穿？若言孔猛與王肅共同串通作僞，何以孔世家族不起以揭穿一觀點，又該如何解釋？〔註49〕今試辯如下：

上述既已言及孔猛世系若爲二十一世，則孔猛與王肅之並存機率甚微，王肅實不必與孔猛共同串通作僞。再者，據《孔子世家譜》記載，由於長彥失傳，季彥傳至孔猛後亦失傳，則王肅便可利用孔猛死後，將先秦兩漢典籍，加以「增加」或「私定」，並命名此書爲《家語》，託此書取於已死之孔猛，如此則可死無對證。再者，王肅〈序〉表明「家有先人家傳之書」，則已有對時人之發難，先有所預防，蓋此書既然爲先人「家傳」之書，即如孔氏他系子孫亦可能未能見及，既未能見及，何能論斷其書之眞僞？更遑論孔氏他系子孫起與揭露王肅之作僞？蓋王肅仕宦平步青雲，並於魏明帝太和五年（231A.D.）適女於司馬昭（晉武帝司馬炎之父），司馬師、司馬昭後掌魏國大權，王肅即便無權，亦是顯貴，若無直接證據能駁倒王肅，時人恐非敢加以

〔註48〕 分見〔漢〕鄭玄注、〔唐〕孔穎達等疏：《禮記・樂記》「昔者至諸侯」疏一段，卷38，總頁677b，及〔唐〕杜佑（734～812）著，王文錦等點校：《通典・禮・沿革・凶禮》，卷91，（北京：中華書局，2003年），頁2496。若依王文錦之點校，則此句當爲宋庾蔚之之語，且觀其語境脈絡，所謂《家語》之言，固所未信，乃庾蔚之之駁王肅引《家語》論「同父異母昆弟相爲服」一條爲不可信，亦即不相信《家語》有關論述「同父異母昆弟相爲服」之資料，與認定《家語》全書不可信，尚有一段距離，至於一般研究者如化濤，則直以爲馬昭所云。

〔註49〕 王志平著：《中國學術史・三國兩晉南北朝卷》，頁147。

卷1，總頁7b。

干犯，故馬昭亦只言「增加」或「私定」而已，其中便有迴旋之空間。蓋言「增加」、「私定」，亦不排除王肅由孔猛處取得之可能，而是將焦點更加集中在「此書經過王肅所增加或私下刊定」。換言之，馬昭之言雖然模稜兩可，但其中至少也不排除王肅增加有利之章節、字句而用以難鄭。

以上說法，乃立足孔猛為二十一世所衍生而來，然上文已考證孔猛之世系仍有疑義，因此以孔猛為二十一世，觀察王肅與《家語》之關係，實屬假設之後所衍生之設想，並非代表事實即屬如此。

（二）若孔猛為二十二世

若以孔猛為二十二世，且不以《孔子世家譜》之世系年代為準，則王肅所處之時代，至少與孔氏當時二十、二十一世可並存，或可與二十一、二十二世並存，或三世亦有可能並存。因此，孔猛從學於王肅，與交予王肅先人之書二事，無法加以否定與排除。然此二事即便成立，惟能證明此書確有所本，卻未能正面排除王肅即無私定與增加之可能。換言之，判定王肅是否有增加、私定，已不能只靠此序加以考察，仍須輔助其他出土簡牘加以判斷。然參照既有之出土文獻與《家語》之材料來源，至少可追朔至西漢，若要硬派王肅所能一手「私定」，終難成立。惟「增加」之說未可直接否定，蓋凡文獻每經一人之手，則整理者或多或少，或有意或無意，皆有可能造成原本文獻之增損，揆諸文獻之流傳與演變過程，莫不如此。惟馬昭等人所謂之「增加」說，乃立足於王肅「偽造」一些字句攻駁鄭學，卻未敢直言王肅「偽造」，故以「增加」之說稍加措意，然其說與吾人所謂「增加」之意旨不同。蓋《家語》之材料仍與出土文獻有一定之差異，此差異包含有意或無意之增損改易，非惟片面之增加而已，再者亦非僅王肅一人所能增加，自《家語》成書以來乃至王肅獲得，此一階段中凡持有《家語》者皆有可能加以整理，全然歸於王肅亦恐偏狹。

（三）另一種設想

孔猛將《家語》交與王肅，而王肅用以問難鄭學之徒，引起當時鄭學之徒所不滿，致使帝王下令兩造互相討論，卻又引起強烈之論戰，此一現象記載於元行沖之〈釋疑論〉中。然此處稍可注意者，乃當時帝王並未要求孔猛與王肅對質，論其書之真偽與否，乃召王肅與鄭學之徒加以討論經義，則其背後可能意謂時人於孔猛交書予王肅一事，皆無疑義之處，故帝王未請孔猛

與王肅兩造對質。據《晉書》記載：

> 咸寧初，詔曰：「鄄城公曹志，篤行履素，達學通識，宜在儒林，以
> 弘胄子之教……。」帝嘗閱《六代論》，問志曰：「是卿先王所作邪？」
> 志對曰：「先王有手所作目錄，請歸尋按。」還奏曰：「按錄無此。」
> 帝曰：「誰作？」志曰：「以臣所聞，是臣族父同所作。以先王文高
> 名著，欲令書傳于後，是以假託。」帝曰：「古來亦多有是。」顧謂
> 公卿曰：「父子證明，足以爲審。自今已後，可無復疑。」〔註50〕

晉武帝曾讀及託名爲曹植所作之《六代論》，於是詢問其子曹志是否此書眞出
於曹植所造，曹志答以家中有其父所手定之著作目錄，可於退朝後回家查閱，
而曹志之查閱結果並無此書。晉武帝於是續問誰作此書，曹志答以族父所作
而託名於曹植，以求所著之書能夠盛行。

　　若以此事件比照《家語》一書，則當時之帝王亦可召王肅與孔猛當面詢
問其書之眞僞，然相關記錄表明，當時帝王卻直接召王肅與鄭學之徒討論經
義，而非召孔猛與王肅詢問此書之眞僞，則顯然帝王已不視此書爲僞，若帝
王已視此書爲僞，又何必徒勞王肅與鄭學之徒論對？

第二節　《家語》與王肅經學之建構

一、《家語》與王肅經學立場之強化

　　王肅與鄭玄皆遍注群羣經，兩人之諸多著作，雖亡佚者有之，然鄭玄之
《毛詩箋》、三禮注猶存，而其學術旨趣爲何，仍有文本可供學者鑽研。反觀
王肅之著作，今皆有賴於輯佚之本，欲以一鱗一爪蠡測王學之全貌，實難上
加難。即如《家語》王注尚存，然《家語》舊稱王肅僞作，其書多爲學者摒
棄不用，而其中之王注，學者亦多難以正視其價值。今出土文獻已說明《家
語》並非王肅所能僞作，而《家語》及王注之內容，亦可重新加以審視。因
此，觀察王肅之經學立場，《家語》及王注實爲不可或缺之文本。

　　此處所謂王肅之「經學立場」，乃就王肅安置、審視以及處理鄭學時之態
度而言。以傳統學者之意見觀之，由於深受「王肅僞造眾書以難鄭學」此一
說法之影響，進而將王肅之經學立場，定位於「私心自用刻意難鄭」，故亦往

〔註50〕〔唐〕房玄齡：《晉書・曹志列傳》，卷50，頁1390。

往將王肅之經學立場，單純化約爲「爲反鄭學而反」。

然鄭學於漢末之時，已逐漸形成一新興之經解集團，如清皮錫瑞（1850～1908）於《經學歷史》中提及「當時莫不仰望，稱伊、洛以東，淮、漢以北，康成一人而已。」〔註51〕可知鄭學於漢末之時，具有一定之影響能力。觀鄭學能於今、古文兩大經解集團之中，逐步蛻化與壯大，當與其經解方法有一定關係。其經解方法，最爲人所留意者，乃於今、古文兩大經解集團中，取其認爲兩者經解之優越處，加以融攝而成，故以理論而言，鄭學實爲今、古文經解集團之優質化。

王肅生於鄭玄卒時前五年，故就其所處之時代而言，不論王肅幼時或年長之時，或當時其他學者，皆將面臨對鄭學此一新興經解集團與其經解方式、內容，作一接受或反對，以及或依或違等抉擇性之命題。然論述當時學者及王肅面對鄭學所採取之經學立場，實尚有探討之空間。惟於王肅部分，由於傳統學者已認定「爲反鄭學而反」，故焦點已著眼於王肅難鄭之歧異處，並往往就此歧異處，進而斷定王肅之經學立場乃「奠立於反鄭學之上」。但據李振興《王肅之經學》研究觀之，王肅與鄭學經解之相同者亦復不少，並非全然可如傳統學者般將王肅之經學立場，歸於「爲反鄭學而反」。〔註52〕

然不可否認者，王肅確實有反鄭學之處，且越到王肅之中晚期以後，反鄭學之經學立場愈加強烈。其轉趨強烈之關鍵因素之一，在於新材料之獲得，亦即《家語》、《孔叢子》之屬。以下就考察王肅經學之承受淵源，說明其反鄭玄立場之建立，及其獲得《家語》、《孔叢子》以後，經學立場轉趨強烈等特點。

（一）王肅早期經學之承受淵源與經學立場之建立

以相關文獻之記載觀之，王肅早期之經學承受淵源，應有四大重要源流。此四大源流分別爲「家學」、「鄭學」、「宋忠之學」、「賈、馬之學」。以此四項而言，王肅承受「鄭學」、「宋忠之學」之時期，有較明確之時間記載。

據王肅〈序〉云：「鄭氏學行五十載矣。自肅成童，始志于學，而學鄭氏學矣。然尋文責實，考其上下，義理不安，違錯者多，是以奪而易之。」又如賈公彥於《周禮·媒氏》「中春至男女」疏云：

〔註51〕〔清〕皮錫瑞著，周予同注釋：《經學歷史》（北京：中華書局，2004年），頁95。
〔註52〕參閱李振興：《王肅之經學》（臺北：嘉新水泥公司文化基金會叢書，1980年）。

王肅論云:「吾幼爲鄭學之時,爲謬言尋其義,乃知古人可以於冬。」
〔註53〕

此兩處皆云王肅幼時曾習鄭學,而王肅〈序〉又明確敘及「自肅成童,始志于學」,然檢「始志于學」一詞見於《論語‧爲政》「子曰:吾十有五而志于學」,清儒劉寶楠(1791～1855)《論語正義》注云:

《尚書大傳》:「古之帝王者,必立大學小學,使王太子、王子、羣后之子,以至公、卿、大夫、元士之適子,十有三年始入小學,見小節焉,踐小義焉。年二十入大學,見大節焉,踐大義焉。」《大戴禮‧保傅》云:「古者年八歲而出就外傳,束髮而就大學。」盧《注》:「束髮謂成童。」古以十六爲成人,則成童是十五。《戴禮》與《大傳》傳聞各異。《白虎通‧辟雍篇》:「古者所以年十五入大學何?以爲八歲毀齒,始有識知,入學學書記。七八十五陰陽備,故十五成童志明,入大學,學經術。」〔註54〕

劉寶楠引《尚書大傳》、《大戴禮記》、《白虎通》相關記載,說明「成童」年歲時間爲何。大致而言,劉氏先引《尚書大傳》、《大戴禮記》說明兩者記載有所出入且又傳聞各異,但旋後又引《白虎通》之說以證《大戴禮記》,故劉氏較傾向「成童」之年歲爲「十五」歲。若採劉寶楠之說,王肅成童始志于學而學鄭氏學,其年歲約當於十五歲之際。

至於學「宋忠之學」,則年歲已至十八。據《三國志》記載:

肅字子雍。年十八,從宋忠讀《太玄》,而更爲之解。〔註55〕

此處記載王肅十八歲時,曾從宋忠讀《太玄》。宋忠曾爲荊州牧劉表之官僚,而劉表所統治之荊州,相對於北方之動亂而言較爲穩定,因此大量吸引北方學者及人民遷徙至此,以避北方之動亂。依附於荊州劉表之學者,今多被歸納爲「荊州學派」。其中,凡言荊州學派者,又多舉宋忠爲代表,而其著作據劉汝霖《漢晉學術編年》之整理,計有《太玄經》、《周易》、《世本》、《法言》、《易緯》、《樂緯》、《春秋緯》、《孝經緯》等注,然今皆不傳。至於論者以爲

〔註53〕〔漢〕鄭玄注、〔唐〕賈公彥疏:《周禮‧媒氏》「中春至男女」疏,卷14,總頁217a。

〔註54〕〔清〕劉寶楠著,高流水點校:《論語正義》(北京:中華書局,2007年),頁43。

〔註55〕〔晉〕陳壽著、〔宋〕裴松之注:《三國志‧魏書‧鍾繇華歆王朗傳》,卷13,頁414。

荊州學派之學術風格之一，在於反鄭學，然荊州學派如何與鄭學歧異，如何反鄭學，今非本文課題，暫不涉及。〔註56〕但學者已指明《三國志》此處所謂「年十八，從宋忠讀《太玄》」，時宋忠所處之荊州已降曹操，而宋忠此時亦已離開荊州北上至魏，則王肅此時雖從宋忠讀《太玄》，並更爲之解，但其地已非於荊州。〔註57〕此外，若從《三國志》「更爲之解」一句細味，王肅似於《太玄》頗有心得，故能從宋忠讀《太玄》之外，進一步加以闡釋及發明。

　　另就王肅之「家學」與「賈、馬之學」二項承受淵源而言，則較無明確之時間斷限。「家學」指王肅承受其父王朗之學，若取廣泛之「家學」意義，則王肅可承受其父親王朗之學，至少可至王朗之卒時。《三國志》記載：

> 朗著《易》、《春秋》、《孝經》、《周官》傳，奏議論記，咸傳於世。
>
> 太和二年薨，謐曰成侯。子肅嗣。初，文帝分朗戶邑，封一子列侯，
>
> 朗乞封兄子詳。〔註58〕

王朗卒於魏明帝太和二年（228A.D.），時王肅三十四歲，故王肅三十四歲之前，應對其父所傳授之學，有一定程度之熟習。再者，王肅曾整理其父所注《易學》列於學官，以作爲課試之本，正說明王肅對其家學之承受，有一定程度之接收與學習，如此才欲令其父親之《易》學列於學官。此外《三國志》又記載：

> 王郎字景興，東海（郡）【郯】人也。以通經，拜郎中，除菑丘長。
>
> 師太尉楊賜，賜薨，棄官行服。〔註59〕

王朗曾學於楊賜，楊賜傳歐陽《尚書》之學，屬於今文學，而王朗之著作中又有《周官》傳，屬於古文學，觀此王朗亦身兼今古文之學。然此處需稍加注意者，乃王肅承受家學，算至王朗之卒爲止，並非指王肅早期之經學立場，以此劃分爲早期及中晚期，乃指王朗死後王肅承受家學之涵養即止，然其家學之精神，可能於此之前已能掌握或已成形。

　　若就「賈、馬之學」而言，據《三國志》記載：

〔註56〕如蒙文通云：「變漢儒之學者，始於劉表，大於王肅，而極於杜預、王弼、范寧、徐邈。劉表在荊州，集綦毋闓、宋忠、司馬徽諸儒，爲《五經章句後定》。是反康成異漢說者，莫不淵源於荊州，而子雍其最也。」參見蒙文通：《經史抉原》（成都：巴蜀書社，1995 年），頁 269。

〔註57〕劉汝霖：《漢晉學術編年》，下冊，卷 6，頁 67。

〔註58〕〔晉〕陳壽著、〔宋〕裴松之注：《三國志・魏書・鍾繇華歆王朗傳》，卷 13，頁 414。

〔註59〕同前註，頁 406。

> 初，肅善賈、馬之學，而不好鄭氏，采會同異，爲《尚書》、《詩》、
> 《論語》、三禮、《左氏》解，及撰定父朗所作《易傳》，皆列於學官。
> 其所論駁朝廷典制、郊祀、宗廟、喪紀輕重，凡百餘篇。〔註60〕

此處即王肅承受賈逵、馬融學之相關記載，而賈、馬之學，多以古文爲主，如此王肅亦當善於古文之學，而此處言「初」，則應當指王肅早期而言。

由以上「家學」、「鄭學」、「宋忠之學」、「賈、馬之學」四項而言，王肅十五歲以前至十八歲，乃至三十四歲其父逝世之前，其經學承受之淵源相當廣泛，不僅兼習今古文之學，宋忠之學，且於鄭學亦皆有一定之承受。

以此觀之，王肅早期之經學承受淵源甚廣，而其經學立場之建立，絕非奠立於刻意與鄭學求異之基礎上。換言之，王肅經學之承受淵源，及其所建立對鄭玄之立場，決非只是「單純反對鄭學」而發，乃奠基於廣泛之承受淵源，並涵養出廣泛之經學知識，而以此廣泛之經學知識，審視或學習鄭玄融合今古文之學時，極容易觀照出鄭學內部與其他未納入鄭學體系之相關經學知識，兩者間所存在之差異、歧異、衝突、矛盾，而王肅經學立場之建立，其關鍵點亦正在於此。

惟王肅既已觀照出鄭學內部體系，與未納入鄭學體系之其他相關經學知識，本已存在種種差異、歧異、衝突與矛盾，而對此一現象，王肅並非全然以「存疑」、「質疑」、「闕疑」等立場去安頓，而所採取之作法，乃爲強硬之「奪易」、「規玄」、「改鄭」，而此種「奪易」、「規玄」、「改鄭」之強硬作法，勢必更激起鄭學之徒強烈反彈。然就另一方面而言，此種「奪易」、「規玄」、「改鄭」之舉，實可視爲王肅經學之立場，由建立至強化的重要轉折。

（二）王肅中後期以後經學立場之強化

王肅中後期經學立場逐漸強化，其所展現之作風，即上述「奪易」、「規玄」、「改鄭」。「奪易」一詞，見於王肅〈序〉「鄭氏學行五十載矣。自肅成童，始志于學，而學鄭氏學矣。然尋文責實，考其上下，義理不安，違錯者多，是以奪而易之。」由此觀之，王肅「奪易」鄭學乃其自言，應當屬實。至於「規玄」、「改鄭」與「奪易」一詞，皆有相同之意義。

「規玄」、「改鄭」皆見於《舊唐書‧元行沖》所載之《釋疑論》中，即「子雍規玄數十百件，守鄭學者，時有中郎馬昭，上書以爲肅繆。詔王學之

〔註60〕同前註，頁419。

輩，占答以聞。又遣博士張融案經論詰，融登召集，分別推處，理之是非，
具《聖證論》。王肅酬對，疲於歲時。則知變易章句，其難四矣。又王肅改鄭
六十八條，張融覈之，將定臧否。……則知變易章句，其難五也。」

元行沖此處並未明顯言及「規玄」、「改鄭」之說，屬王肅之中晚期以後。
然而，先就「奪易」而言，此詞出於王肅〈序〉，前論王肅獲得《家語》時間，
上限當於魏明帝即位時間（227～239A.D.），時王肅年三十二至四十四歲，而
下限當不得晚於齊王芳正始六年（245A.D.），時王肅已五十一歲，可知王肅言
其「奪易」鄭學，當已中後期以後。而元行沖所謂「規玄」、「改鄭」之敘述，
提及「魏博士張融」，檢魏博士之設，約於黃初之中，今考《三國志‧魏書》
「邑百戶」下裴注云：

　　《魏略》曰：樂詳字文載……。至黃初中，徵拜博士。于時太學初
　　立，有博士十餘人，學多褊狹，又不熟悉，略不親教，備員而已。
〔註61〕

以《魏略》之敘述觀之，魏黃初中初立博士，而張融既為魏博士，則當黃初
以後事，黃初計有七年（220～226A.D.），時王肅為二十六至三十二歲，亦近
於王肅早期之末中期之初。然張融恐非於黃初間任博士職，蓋《魏略》云初
時所設博士「學多褊狹，又不熟悉，略不親教，備員而已」，則魏黃初間初設
之博士，其學疏漏，又為備員而已，而元行沖云「又遣博士張融案經論詰，
融登召集，分別推處，理之是非」，此處魏博士張融既能與博學之王肅論詰，
且又能案經推處，可見其學並非褊狹，又非不熟，應為魏博士設立一段時間
及其制度成熟以後，方有之情形。此外，張融與王肅之論詰內容，見於《聖
證論》，而前論王肅集成《聖證論》之時間，約於齊王芳正始六年（245A.D.），
此時王肅已五十一歲，已屬王肅中後期。

由此觀之，相關文獻所提及之「奪易」、「規玄」、「改鄭」，應為王肅中晚期
以後經學立場轉為強化後之現象。且觀王肅之父王朗卒於魏明帝太和二年
（228A.D.），時王肅三十四歲，隔年王肅拜散騎常侍，觀此後王肅之上疏，及
與學者之議禮次數漸趨於繁，凡此亦可側面反映出，王肅經學立場之強化後，
所引起鄭學之非難與論詰。

然此處需稍加說明者，王肅〈序〉言「鄭氏學行五十載矣。自肅成童，
始志于學，而學鄭氏學矣」，旋即又言「然尋文責實，考其上下，義理不安，

〔註61〕同前註，〈任蘇杜鄭倉傳〉，卷16，頁507。

違錯者多，是以奪而易之」，是否即表示王肅早期即有「奪易」鄭學之舉？上述王肅獲得《家語》已在中晚期以後，而此序本屬追敘口吻，且此處先言成童時修習鄭學，「然」字一轉而言其「奪易鄭學」，可能已非專指幼時。再者，觀賈公彥云「王肅《論》云：『吾幼爲鄭學之時，爲謬言尋其義，乃知古人可以於冬。』」亦未言及王肅奪易，乃言「爲謬言尋其義」，則態度並非強硬式之「奪易」，乃是尋求文本依據以指正鄭玄之非，則知王肅早期尚未以強硬之「奪易」方式，處置鄭學，而是透過比對鄭玄內部體系以外之相關記載，指正其非。然而，此處亦非直接論斷王肅早期即無改鄭之跡象，惟經由相關文獻考察，王肅確於中晚期以後，漸趨以「奪易」、「規玄」、「改鄭」之強硬方式，處置鄭學。

（三）王肅經學立場強化之關鍵

王肅中晚期以後，經學立場之強化，使王肅更勇於對鄭學進行「奪易」、「規玄」、「改鄭」，而其關鍵點應在於《家語》一書之獲得。皮錫瑞於《經學歷史》中云：

> 肅作《聖證論》，以譏短鄭君，蓋自謂取證於聖人之言；《家語》一書，是其根據。其注《家語》，如五帝、七廟、郊丘之類，皆牽引攻鄭之語，適自發其作僞之覆。當時鄭學之徒皆云「《家語》，王肅增加」，或云王肅所作，是肅所謂聖證，人皆知其不出於聖人矣。孫志祖《家語疏證》已明著其僞。〔註62〕

皮錫瑞此處以《家語》爲王肅作僞之說，可以略過，然其所謂「蓋自謂取證於聖人之言，《家語》一書，是其根據」，確中肯綮。蓋王肅集《聖證論》之時，已有「奪易」、「規玄」、「改鄭」之舉，而王肅〈序〉中又言「孔子二十二世孫有孔猛者，家有其先人之書。昔相從學，頃還家，方取以來，與予所論，有若重規疊矩。昔仲尼曰：『文王既殁，文不在茲乎？天之將喪斯文也，後死者不得與於斯文也。天之未喪斯文，匡人其如予何？』言天未喪斯文，故今已傳斯文於天下。今或者天未欲亂斯文，故今從予學。而予從猛得斯論，以明相與孔氏之無違也。斯皆聖人實事之論，而恐其將絶，故特爲解，以貽好事之君子。」

此處王肅敘及獲得《家語》之後，觀知其中記載，與王肅自身之經學知識等認知符合若節，即「與予所論，有若重規疊矩」，並引《論語》孔子之語

〔註62〕〔清〕皮錫瑞著，周予同注釋：《經學歷史》，頁106。

說明獲得《家語》一書，正是「今或者天未欲亂斯文」，而此書不僅能印證王肅自身經學知識等認知，更能證明其說「與孔氏之無違也」，而《家語》所載之內容「斯皆聖人實事之論」，並恐此書中記載不傳於世，「故特爲解，以貽好事之君子」。

由此觀之，王肅獲得《家語》一書之心境，竟以「天未欲亂斯文」自擬，則其用意，正欲以《家語》所記載者撥亂反正，使「斯文」能正而不亂，則其價值意識亦已非常強烈，故王肅對此書之重視不言可喻。而此種心境與態度，若從《家語》王注觀之，亦可相與發明。如〈郊問〉「則又祈穀于上帝」下，王注云：

祈，求也，爲農求穀于上帝。〈月令〉：「孟春之月，乃以元日祈穀于上帝」，兼無仲冬大郊之事，至於祈農與天子同，故《春秋傳》曰：「夫郊祀后稷，以祈農事也」，是故啓蟄而郊，郊而後耕也，而學者不知推經禮之指歸，皮膚妄説，至乃顛倒神祇，變易時日，遷改兆位，良可痛心者也。〔註63〕

又於「故謂之郊焉」下，注云：

兆丘於南謂之圓，丘之兆於南郊也，然則郊之名有三焉，築爲圓丘以象天自然，故謂之圓丘，圓丘，人之所造，故謂之泰壇於南郊在南説。學者謂南郊與圓丘異，若是，則《詩》、《易》、《尚書》謂之圓丘也又不通。泰壇之名，或乃謂《周官》圓丘虛妄之言，皆不通典制。」〔註64〕

於〈廟制〉「其廟皆不毀」下，注云：

祖宗者，不毀之名，其廟有功者謂之祖，至於周，文王是也。有德者謂之宗，武王是也。二廟自有祖宗，乃謂之二祧，又以爲配食明堂之名，亦可謂違聖指失實事也。」〔註65〕

於〈正論解〉「周之制也」下，注云：

大國方百里，從是以爲差。伯方七十里，子男五十里，周之制也，而説學者以周大國方七百里，失之遠矣。〔註66〕

〔註63〕〔魏〕王肅注：《孔子家語‧郊問》，卷7，頁4。
〔註64〕同前註。
〔註65〕同前註，〈廟制〉，卷8，頁4。
〔註66〕同前註，〈正論解〉，卷9，頁16。

凡上述「良可痛心者也」、「皆不通典制」、「亦可謂違聖指失實事也」、「失之遠矣」等語句，皆說明王肅極為重視《家語》，亦說明王肅對《家語》一書，具有強烈之價值意識與信仰存在。

　　王肅既然對《家語》如此重視，並以此作為攻駁鄭學之重要依據，則《家語》書中所見禮制與鄭學歧異之處，則需稍作說明。

二、《家語》所見禮制與鄭學歧異之處舉隅

　　王肅與鄭玄之歧異處，據唐元行沖《釋疑論》所云「子雍規玄數十百件」、「又王肅改鄭六十八條」觀之，應當不少。然今王肅之著作皆已亡佚，欲詳細一一比對王學與鄭學之差異，已屬難能。然皮錫瑞於《經學歷史》中云：「其注《家語》，如五帝、七廟、郊丘之類，皆牽引攻鄭之語」〔註67〕，則大致已指出王肅與鄭玄主要之差異處在於「五帝」、「七廟」、「郊丘」之說，而錢基博（1887～1957）《經學通志》所言亦詳：

> 惟肅善賈、馬之學而不好鄭玄，議禮必與相反。然鄭玄擇善而從，立說皆有所據。如說廟制以為天子五廟，周合文武二祧為七，本〈喪服小記〉「王者立四廟」、《禮緯稽命徵》「唐虞五廟、夏四廟，至子孫五，殷五廟，至孫子六，周尊后稷文武則七。」而肅乃數高祖之父、高祖之祖，與文武而九，不知古無天子九廟之說。而肅說二祧，亦與〈祭法〉不合也。
>
> 鄭玄說「圜丘是禘嚳配天」，圜丘本《周官》，周人禘嚳本《國語》、〈祭法〉，而肅乃謂郊丘，引董仲舒、劉向為據，不知董、劉皆未見《周官》，不知有圜丘，但言郊而不言禘，不足以難鄭玄也。玄說「三年祫，五年禘，祫大禘小」，本於《春秋公羊》經書「有事為禘，各於其廟，大事為祫，群廟主悉升於太祖」，而肅引《禘於太廟逸禮》「昭尸穆尸，皆升合於太祖」，不知鄭玄以《公羊傳》為正，《逸禮》不可用也。
>
> 鄭玄說五帝為五天帝，本《周官·司服》「祀昊天上帝，則服大裘而冕，祀五帝亦如之。」五帝配南郊，祭用夏正月，故服大裘，若五人帝，則迎夏迎秋，不得服裘。又先鄭注《掌次》云：「五帝，五色

〔註67〕〔清〕皮錫瑞著，周予同注釋：《經學歷史》，頁106。

之帝」，是鄭玄義本先鄭，而肅以爲五人帝分主五行，然則太皥炎黃
之先，無司五行者乎？此與肅駁鄭玄義，以爲社稷專祀句龍后稷，
不祀土穀之神者，同一武斷也。〔註68〕

此處錢基博亦大抵指出王肅、鄭玄之主要差異處，在於「廟制」、「郊祀」、「五
帝」等議題之上，然而又能於兩者之歧異原因，精要說明。如於廟制之差異，
以鄭玄之說本於〈喪服小記〉、《禮緯稽命徵》，其說乃擇善而從，然王肅之說，
與〈祭法〉不合。就郊祀之制度而言，圓丘之制，鄭玄之說與《周禮》、《國
語》、〈祭法〉，皆能吻合，然王肅之說，本於董仲舒、劉向，而董、劉二人未
見《周禮》，不能據其說以難鄭。其次，論禘祫之制，鄭玄本於《公羊傳》之
說，而王肅本於逸禮，然逸禮之說，難以據信。就「五帝」而言，鄭玄本於
《周禮》與先鄭之說，而王肅配於五行，其說過於武斷。錢基博既已將鄭玄、
王肅議禮歧異之大者，及差異之原因，作一精要敘述，今再以《家語》爲據，
說明王肅與鄭玄議禮差異之處。

（一）廟　制

經傳與先秦諸子中提及王室廟制之說，計有七廟與四廟（或言五廟）之
不同。七廟之說，見於《尚書‧咸有一德》、《禮記》之〈王制〉、〈禮器〉、〈祭
法〉，及《穀梁傳》、《大戴禮記‧禮三本》與《荀子‧禮論》。四廟（或五廟）
之說則見於《禮記》之〈文王世子〉、〈喪服小記〉、《呂氏春秋‧諭大》。然不
論七廟、四廟（或五廟），王室以下之諸侯、大夫、士，其宗廟制度皆以王室
爲基點而加以降殺，因此王室之廟制必先有一準的，而諸侯以降之廟制，方
能藉此而降殺。以下先就七廟、四廟（五廟）相關說法，羅列於下。

1. 與七廟有關之記載

經傳、諸子之中，提及七廟者如《尚書‧咸有一德》篇記載：

嗚呼！七世之廟，可以觀德；萬夫之長，可以觀政。〔註69〕

而孔傳於「觀德」二字下云：

天子立七廟，有德之王則爲祖宗，其廟不毀，故可觀德。〔註70〕

此爲《尚書》提及七廟者，然〈咸有一德〉清儒指爲僞古文，其傳亦爲僞孔

〔註68〕錢基博著，傅道彬點校：《經學通志‧三禮志》（北京：中國人民大學出版社，
　　　　2004年），頁218。
〔註69〕〔漢〕孔安國傳、〔唐〕孔穎達等疏：《尚書‧咸有一德》，卷8，總頁121b。
〔註70〕同前註。

傳，故多爲儒者所棄。至於《禮記》提及廟制次數較多，如〈王制〉記載：

> 天子七廟，三昭三穆，與大祖之廟而七。諸侯五廟，二昭二穆，與
> 大祖之廟而五。大夫三廟，一昭一穆，與大祖之廟而三。士一廟。
> 庶人祭於寢。〔註71〕

鄭注如下：

> 此周制。七者，大祖及文王、武王之祧，與親廟四。大祖，后稷。
> 殷則六廟：契及湯與二昭二穆。夏則五廟：無大祖，禹與二昭二穆
> 而已。〔註72〕

又如〈禮器〉：

> 禮，有以多爲貴者：天子七廟，諸侯五，大夫三，士一。天子之豆
> 二十有六，諸公十有六，諸侯十有二，上大夫八，下大夫六。諸侯
> 七介七牢，大夫五介五牢。天子之席五重，諸侯之席三重，大夫再
> 重。天子崩，七月而葬，五重八翣；諸侯五月而葬，三重六翣；大
> 夫三月而葬，再重四翣。此以多爲貴也。〔註73〕

由於鄭注已於〈王制〉中闡釋過廟制，故此處惟就「豆」、「介牢」、「席」等
制度進行解釋。又如〈祭法〉之記載：

> 天下有王，分地建國，置都立邑，設廟、祧、壇、墠而祭之，乃爲
> 親疏多少之數。是故：王立七廟，一壇一墠，曰考廟，曰王考廟，
> 曰皇考廟，曰顯考廟，曰祖考廟；皆月祭之。遠廟爲祧，有二祧，
> 享嘗乃止。去祧爲壇，去壇爲墠。壇墠，有禱焉祭之，無禱乃止。
> 去墠曰鬼。諸侯立五廟，一壇一墠。曰考廟，曰王考廟，曰皇考廟，
> 皆月祭之；顯考廟，祖考廟，享嘗乃止。去祖爲壇，去壇爲墠。壇
> 墠，有禱焉祭之，無禱乃止。去墠爲鬼。大夫立三廟二壇，曰考廟，
> 曰王考廟，曰皇考廟，享嘗乃止。顯考祖考無廟，有禱焉，爲壇祭
> 之。去壇爲鬼。適士二廟一壇，曰考廟，曰王考廟，享嘗乃止。皇
> 考無廟，有禱焉，爲壇祭之。去壇爲鬼。官師一廟，曰考廟。王考
> 無廟而祭之，去王考爲鬼。〔註74〕

〔註71〕 〔漢〕鄭玄注、〔唐〕孔穎達等疏：《禮記‧王制》，卷12，總頁241b。
〔註72〕 同前註。
〔註73〕 同前註，〈禮器〉，卷23，總頁451d。
〔註74〕 同前註，〈祭法〉，卷46，總頁799b-d。

鄭注如下：

> 廟之言貌也，宗廟者，先祖之尊貌也。祧之言超也，超上去意也。封
> 土曰壇，除地曰墠。《書》曰：「三壇同墠。」王、皇，皆君也。顯，
> 明也。祖，始也。名先人以君明始者，所以尊本之意也。天子遷廟之
> 主，以昭穆合藏於二祧之中。諸侯無祧，藏於祖考之廟中。〈聘禮〉
> 曰：「不腆先君之祧」，是謂始祖廟也。享嘗，謂時之祭，天子、諸侯
> 為壇、墠，所禱謂後遷在祧者也。既事則反其主於祧，鬼亦在祧，顧
> 遠之於無事，祫乃祭之爾。《春秋》文二年秋「大事於大廟」，《傳》
> 曰：「毀廟之主，陳于大祖，未毀廟之主，皆升合食於大祖」是也。
> 魯煬公者，伯禽之子也，至昭公、定公，久已為鬼，而季氏禱之，而
> 立其宮，則鬼之主在祧明矣。唯天子、諸侯有主禘、祫，大夫有祖考
> 者，亦鬼其百世，不禘、祫無王爾。其無祖考者，庶士以下鬼其考、
> 王考，官師鬼其皇考，大夫、適士鬼其顯考而已。大夫祖考，謂別子
> 也。凡鬼者，薦而不祭。〈王制〉曰：「大夫、士有田則祭，無田則薦。」
> 適士，上士也。官師，中士、下士。庶士，府史之屬。此適士云「顯
> 考無廟」，非也，當為「皇考」，字之誤。〔註75〕

此處亦提及廟制之說，惟鄭玄於祧之解釋甚詳。其次，如《穀梁傳・僖公十
五年傳》記載：

> 因此以見天子至于士，皆有廟。天子七廟，諸侯五，大夫三，士二。
> 〔註76〕

又如《大戴禮記・禮三本》記載：

> 故有天下者事七世，有國者事五世，有五乘之地者事三世，有三乘
> 之地者事二世，待年而食者不得立宗廟，所以別積厚者流澤光、積
> 薄者流澤卑亦如之。〔註77〕

以上屬經傳類，子部類則如《荀子・禮論》，其說如下：

> 故有天下者事七世，有一國者事五世，有五乘之地者事三世，有三
> 乘之地者事二世，持手而食者不得立宗廟，所以別積厚，積厚者流

〔註75〕同前註，總頁 799d～800a。
〔註76〕〔晉〕范寧集解、〔唐〕楊士勛疏：《穀梁傳・僖公十五年傳》，卷 8，總頁
　　　　83d。
〔註77〕黃懷信等著：《大戴禮記彙校集注》，頁 103～106。

澤廣，積薄者流澤狹也。〔註78〕

上列各條，皆爲天子七廟說之相關記載。

2. 與四廟（或五廟）有關之記載

四廟（或五廟）之說，見於《禮記》之〈文王世子〉，其文如下：

五廟之孫，祖廟未毀，雖爲庶人，冠、取妻，必告；死，必赴。

〔註79〕

鄭注如下：

越告於君也，實四廟孫而言五廟者，容顯考爲始封子也。〔註80〕

又如〈喪服小紀〉記載：

王者禘其祖之所自出以其祖配之，而立四廟。〔註81〕

鄭注如下：

高祖以下與始祖而五。〔註82〕

又如《呂氏春秋・有始覽・諭大》記載：

《商書》曰：「五世之廟，可以觀怪；萬夫之長，可以生謀。」〔註83〕

凡此，皆爲四廟（或五廟）之相關說法。今將上述諸說製成下表：

文 獻 出 處		篇 名	七 廟	四／五廟
經	《尚書》	〈咸有一德〉	√	
	《禮記》	〈王制〉	√	
		〈文王世子〉		√
		〈禮器〉	√	
		〈喪服小記〉		√
		〈祭法〉	√	
	《穀梁傳》	〈僖公十五年傳〉	√	
	《大戴禮記》	〈禮三本〉	√	
子	《荀子》	〈禮論〉	√	
	《呂氏春秋》	〈諭大〉		√

〔註78〕 王先謙著，沈嘯寰、王星賢點校：《荀子集解》，頁351。
〔註79〕 〔漢〕鄭玄注、〔唐〕孔穎達等疏：《禮記・文王世子》，卷20，總頁401b。
〔註80〕 同前註。
〔註81〕 同前註，〈喪服小紀〉，卷30，總頁592a。
〔註82〕 同前註。
〔註83〕 陳奇猷：《呂氏春秋新校釋》（上海：上海古籍出版社，2002年），頁727。

3. 鄭玄與王肅廟制說之差異

　　就經傳諸子之記載觀之，言七廟者多與「天子」有所聯繫，而四廟（五廟）之說，則較少與天子有所聯繫，惟〈喪服小紀〉「王者禘其祖之所自出以其祖配之，而立四廟」，其「王者」二字，則與天子有關，故前儒多主張天子七廟。如《漢書・韋玄成傳》記載玄成等四十四人奏議與何休《公羊傳・成公六年》注皆主張天子七廟之，前者即如下文：

> 　　禮，王者始受命，諸侯始封之君，皆爲太祖。以下，五廟而迭毀，毀廟之主藏乎太祖，五年而再殷祭，言壹禘壹祫也。祫祭者，毀廟與未毀廟之主皆合食於太祖，父爲昭，子爲穆，孫復爲昭，古之正禮也。〈祭義〉曰：『王者禘其祖自出，以其祖配之，而立四廟。』言始受命而王，祭天以其祖配，而不爲立廟，親盡也。立親廟四，親親也。親盡而迭毀，親疏之殺，示有終也。周之所以七廟者，以后稷始封，文王、武王受命而王，是以三廟不毀，與親廟四而七。非有后稷始封，文、武受命之功者，皆當親盡而毀。成王成二聖之業，制禮作樂，功德茂盛，廟猶不世，以行爲諡而已。禮，廟在大門之內，不敢遠親也。臣愚以爲高帝受命定天下，宜爲帝者太祖之廟，世世不毀，承後屬盡者宜毀。今宗廟異處，昭穆不序，宜入就太祖廟而序昭穆如禮。太上皇、孝惠、孝文、孝景廟皆親盡宜毀，皇考廟親未盡，如故。」〔註84〕

後者即如下文：

> 　　禮，天子諸侯立五廟，受命始封之君立一廟，至於子孫，過高祖不得復立廟。周家祖有功尊有德，立后稷文武廟，至於子孫，自高祖已下，而七廟。天子卿大夫三廟元士二廟，諸侯之卿大夫比元士二廟，諸侯之士一廟。〔註85〕

凡此，韋玄成、何休皆亦主張天子七廟者。明萬斯同（1638～1702）《廟制圖考》繪製韋玄成廟制之說法如下：

〔註84〕　〔漢〕班固著、〔唐〕顏師古注：《漢書・韋玄成傳》，卷73，總頁3118。
〔註85〕　〔漢〕何休解詁、〔唐〕徐彥疏：《公羊傳・成公六年傳》，卷17，總頁219c。

韋元成周制七廟圖		
	始祖后稷廟	
文穆廟 百世不遷		武昭廟 百世不遷
穆曾祖廟		昭高祖廟
穆考廟		昭祖廟
門		

　　至於鄭玄之論天子七廟，首要步驟即先確立天子七廟屬於「周制」，如上引鄭玄於〈王制〉「天子七廟」一段注云「此周制」，而鄭玄之所以能斷定天子七廟屬於周制，乃據緯書之說而成，此於〈王制〉孔穎達疏已明確指出：

　　鄭氏之意，天子立七廟，唯謂周也。鄭必知然者，按《禮緯稽命微》云：「唐虞五廟，親廟四，始祖廟一。夏四廟，至子孫五。殷五廟，至子孫六。」《鉤命決》云：唐堯五廟，親廟四，與始祖五。禹四廟，至子孫五。殷五廟，至子孫六。周六廟，至子孫七。」鄭據此爲說，故謂七廟，周制也。周所以七者，以文王武王受命，其廟不毀，以爲二祧，并始祖后稷，及高祖以下親廟四，故爲七也。〔註86〕

孔穎達引《禮緯稽命微》、《鉤命決》之內容，說明鄭玄之所以斷定天子七廟之說屬於周制，乃緯書已有明言，故鄭玄之說七廟，乃立於周制之七廟爲基準點。然而鄭玄之說與緯書仍有差異，今觀孔穎達所引《禮緯稽命微》，未言及周廟之內容，蓋《鉤命決》既已引及周廟之說，而《禮緯稽命微》未引及，恐非孔穎達不引，似《禮緯稽命微》即無周廟之說，然就《禮緯稽命微》之說虞、夏、商之廟爲五、四、五，與《鉤命決》虞、夏、商廟亦爲五、四、五之說相合，而後者更及周廟之說，則《禮緯稽命微》雖未言及周廟，但其內容應當等同於《鉤命決》所言。然無論如何，孔穎達雖以爲鄭玄周制七廟之說，即據此二緯書立論，但觀韋玄成之議，已將七廟與周制等同，故有「周之所以七廟者」之說。

　　其次，鄭玄既已確定天子七廟屬於周制，則第二步驟則需確定太祖廟之內容。此處先就韋玄成之議觀之，其引禮制云「王者始受命，諸侯始封之君，皆爲太祖」，故韋玄成所主張「太祖廟」之內容，實包含「始受命之君王」以

〔註86〕〔漢〕鄭玄注、〔唐〕孔穎達等疏：《禮記‧王制》「天子至於寢」疏，卷12，總頁 241b-c。

及「始封諸侯之君」二者，而韋玄成則以文王、武王爲「始受命之君王」，亦即二者爲承受天命而開創周朝者，並以后稷爲「始封諸侯之君王」，亦即后稷爲周朝未建立以前，最早受封爲諸侯者，而非指后稷爲周人最早之祖先。鄭玄之說，亦包含「王者始受命」、「諸侯始封之君」兩種架構，如上引〈王制〉鄭注云「此周制。七者，大祖及文王、武王之祧，與親廟四」，其太祖、文王、武王，與四親廟刻意分離即是此種概念的具體表現，惟韋玄成之議文、武爲始受命之君王，並未引及祧之觀念，但鄭玄已經將文王、武王與祧廟連結。

　　復次，「太祖廟」確立之後，即需安頓「四親廟」之內容。然先就孔穎達所引之《禮緯稽命微》與《鉤命決》內容觀之，雖已提及「四親廟」一詞，但其內容惟以「始祖」爲起點而言「至子孫幾」，其餘則未詳爲何。然觀《漢書》韋玄成等人所議，已詳細論及四親廟之內容。韋玄成先引〈祭義〉之「王者禘其祖自出，以其祖配之，而立四廟」數句（今在〈喪服小記〉之中），而後加以申論，而其申論之內容，實已將「四親廟」之立意（即爲親親），與「親盡而迭毀」之制（即爲毀廟、親疏之殺）兩種觀念直接連結，並又序及昭穆之制以爲遷主之法。然而，廟制之有「昭穆」，見於〈王制〉，然似未以之作爲毀廟遷主之法，但劉歆之時已有論及，即《五禮通考》所謂「孫居王父之處，正昭穆，則與祖相代，此遷廟之殺也。」因此，就韋玄成之議已提及昭穆而言，其毀廟遷主之法，應當與劉歆之說相同，故韋玄成之論天子七廟，實包含「太祖廟」、「文武廟」三者不毀之廟，及毀廟之「四親廟」二大類別，而毀廟之制則又序以昭穆之說，則已爲鄭玄所說之主要本體。此外，《周禮·春官宗伯·守祧》記載：

> 守祧：掌守先王先公之廟祧，其遺衣服藏焉。若將祭祀，則各以其服授尸，其廟，則有司修除之；其祧，則守祧黝堊之。既祭，則藏其隋與其服。〔註87〕

鄭注如下：

> 廟謂大祖之廟及三昭三穆。遷主所藏曰祧。先公之遷主藏于后稷之廟，先王之遷主藏于文武之廟。〔註88〕

觀此處鄭玄所云與韋玄成之議，不同之處在於鄭玄引入「祧」之概念，祧之概念，除見於上述《周禮》之外，亦見於《禮記·祭法》。韋玄成之議雖未提及「祧」之相關概念，未知是否於《漢書》記載之時所截去，然就鄭玄之說

〔註87〕〔漢〕鄭玄注、〔唐〕賈公彥疏：《周禮·春官宗伯》，卷21，總頁328d～329c。
〔註88〕同前註，總頁328d。

觀之，祧廟之制於鄭玄之說有一定之重要性。此外，鄭玄又將《周禮》之五寢引入，萬斯同《廟制圖考》云：

> 鄭氏釋《周禮》五寢謂惟祧無寢，非至尊至親，寢廟不備。夫鄭氏既以文武爲二祧，百世不毀，而其廟反不設寢，有是禮乎？且周之王業創于文武，尊親熟過焉？而謂非至尊至親不備寢廟之制乎？然則《周禮》何以言五寢？蓋二祧乃五世、六世之祖，有漸遷毀之勢，其寢或不備。當周公制禮時，文武在四親之内，其二祧乃公叔亞圉，意者不預四時之祭而寢廟亦殺其制乎？若言周人祀文武殺于后稷及四親，必不然矣。〔註89〕

就萬斯同之意見而言，其於鄭玄廟制之說引入祧廟之概念，並無非議之處，然於引入寢廟之後，卻有質疑之處，尤其鄭玄於文武二祧廟無寢之安排，萬斯同頗不以爲然。但無論如何，鄭玄七廟之說，與現存韋玄成之廟制說法相較，兩者差異之處就在於鄭玄引入祧廟與寢廟二種概念。今將萬斯同繪製鄭玄廟制說法之圖於下：

鄭康成七廟圖		
	寢 始祖廟	
無寢 穆祧廟文王		無寢 昭祧廟武王
寢 穆廟曾祖		寢 昭廟高祖
寢 穆廟考		寢 昭廟祖
	門	

至於王肅廟制之說，大致保留於《禮記・王制》孔疏及《家語》注之中。前者之文如下：

> 若王肅則以爲天子七廟者，謂高祖之父，及高祖之祖廟爲二祧，并始祖及親廟四爲七，故《聖證論》肅難鄭云：「周之文武受命之王，不遷之廟，權禮所施，非常廟之數。殷之三宗，宗其德而存其廟，

〔註89〕 〔清〕萬斯同：《廟制圖考》（臺北：新文豐出版社，1989年，叢書集成續編，第67冊，據四明叢書本景印），總頁959c-d。

亦不以爲數。凡七廟者，皆不稱周室。〈禮器〉云：「有以多爲貴者，天子七廟。」孫卿云：「有天下者事七世。」又云：「自上以下，降殺以兩。」今使天子諸侯立廟，並親廟四而止，則君臣同制，尊卑不別。禮，名位不同，禮亦異數，況其君臣乎。又〈祭法〉云：「王下祭殤五」，及五世來孫。則下及無親之孫，而祭上不及無親之祖，不亦詭哉！《穀梁傳》云：「天子七廟，諸侯五。」《家語》云：「子羔問尊卑立廟制，孔子云：禮，天子立七廟，諸侯立五廟，大夫立三廟。」又云：「遠廟爲祧，有二祧焉。」〔註90〕

王肅之議廟制，首先針對周室七廟之說進行質疑，以爲稱七廟者，皆未緊扣周室而言。其次，王肅以爲四親廟之立，天子不能與諸侯相等，故天子之親廟有六，諸侯之親廟方爲四。此外，又據《家語‧廟制》記載：

衛將軍文子將立先君之廟於其家，使子羔訪於孔子。子曰：「公廟設於私家，非古禮之所及，吾弗知。」子羔曰：「敢問尊卑上下立廟之制，可得而聞乎？」孔子曰：「天下有王，分地建國設祖宗，（王注：祖有功，宗有德。）乃爲親疏貴賤多少之數。是故天子立七廟，三昭三穆，與太祖之廟而七，太祖近廟，皆月祭之，（王注：近爲高祖下，親爲近。）遠廟爲祧，有二祧焉，（王注：祧，遠意，親盡爲祧。二祧者，高祖及父母祖是也。）享嘗乃止；（王注：四時祭也。）諸侯立五廟，（王注：降天子二）二昭二穆，與太祖之廟而五，祖考廟，（王注：始祖廟也。）享嘗乃止：大夫立三廟，（王注：降諸侯二也。）一昭一穆，與太祖之廟而三，享嘗乃止；士立一廟，（王注：降大夫二）曰考廟，王考無廟，合而享嘗乃止；（王注：祖合於父廟中。）庶人無廟，四時祭於寢。此自有虞以至于周之所不變也。（王注：自有虞以至於周，禮不異，而說者以周有廟，以有文武，故祧當遷者，而以爲文武之廟，或有甚矣。禮典皆有七廟之文，唯〈喪服小記〉云：「王者禘其祖所出，以其祖配之而立四廟」，謂始王者未有始祖，故立四廟。今有虞亦始王者，而既七廟矣，則〈喪服小記〉之言亦妄矣。）凡四代帝王之所謂郊者，皆以配天，其所謂禘者，皆五年大祭之所及也。（王注：殷周禘嚳，五年大祭而及。）應爲太祖者，

〔註90〕　〔漢〕鄭玄注、〔唐〕孔穎達等疏：《禮記‧王制》，「天子至於寢」疏，卷12，總頁241c。

則其廟不毀，不及太祖，雖在禘郊，其廟則毀矣。（王注：諸禘享皆無廟郊，亦無廟后稷，之所以有廟者，以太祖，故曰不爲太祖，雖在禘郊，其廟則毀。據后稷而言，殷人不郊冥，冥以有大功。契既爲太祖之廟，若復郊則冥，永不與於祀典，是以郊冥耳。）古者祖有功而宗有德，諸見祖宗者，其廟皆不毀。（王注：祖宗者，不毀之名，其廟有功者謂之祖，至於周，文王是也。有德者謂之宗，武王是也。二廟自有祖宗，乃謂之二祧，又以爲配食明堂之名，亦可謂違聖指失實事也）」〔註91〕

此處〈廟制〉之文，乃子羔問孔子廟制之記載。就孔子所言觀之，大致可分爲二個段落。其一，「天下有王」至「此自有虞以至于周之所不變也」數句，說明虞至周時之廟制，皆依等級由七、五、三、一之制降殺。其二，「凡四代帝王之所謂郊者」至「其廟皆不毀」數句，說明「毀廟」或「不毀廟」之差異。

王肅據〈廟制〉立論，亦不違背七廟之制，與其他經傳相同，但其「設祖宗」、「遠廟爲祧」、「二祧」等說，則爲王肅解釋之重要關鍵。由於王肅以爲六廟之中，不應包含百世不毀之文武（祖宗）廟，而需獨立於親盡而毀之六親廟外，故其廟制實質上應有九廟。據萬斯同《廟制圖考》云：

歆言殷之三宗，周之文武二廟，不在世數中，則周當爲九廟。言九廟者，實始於歆。鄭康成釋天子七廟，謂太祖、四親及文武二祧。王肅言二祧，乃高祖之父、高祖之祖，文武則百世不遷，不在七廟中，與劉歆議合。後朱子定廟制亦用此說。〔註92〕

萬斯同以爲劉歆與王肅之說相同，並繪製其說如下圖：

劉歆周制七廟圖		
	始祖后稷	
穆文王 百世不遷		昭武王 百世不遷
穆五世		昭六世
穆三世		昭四世
穆一世		昭二世
	門	

〔註91〕〔魏〕王肅注：《孔子家語‧廟制》，卷8，頁3～4。
〔註92〕〔清〕萬斯同：《廟制圖考》，總頁960a-b。

今若將王肅與鄭玄之說相較，兩者所論有同有異。以七廟之制而言，鄭玄主張七廟為周制，而王肅亦不否認周有七廟之說，蓋〈廟制〉中孔子已言七廟者，然兩者之不同，在於是否為定制而已。鄭玄即視七廟為定制，未能增減，而王肅之七廟，則未必視為定制，故可加以增減。因此就實際而言，王肅之七廟實為九廟。就祧廟而言，鄭玄視七廟為定制，故祧廟之設與文武二廟結合，王肅不以七廟為定制，故據〈廟制〉之文，以為祖宗之廟皆不毀廟，而祖廟即為文王，宗廟即為武王，此二者皆百世不遷，而祧廟即為高祖之父、高祖之祖。〔註93〕

（二）圜　丘

今所見先秦兩漢典籍之中，不乏周天子、諸侯需行四時祭之記載，所謂四時祭指一年四季皆當舉行宗廟祭祖。今觀先秦兩漢典籍中，凡有關四時祭之說，大抵有二種系統，其一以「春祠夏礿秋嘗冬烝」為主，其一以「春礿

〔註93〕 關於鄭玄、王肅廟制說之評價，可參見孫希旦（1736～）及黃以周（1828～1899）之說。孫希旦以為：「愚謂天子七廟，鄭氏與王肅為二說：鄭謂文武在七廟之中，即韋玄成諸儒之說也；王謂文武在七廟之外，即劉歆之說也。《周禮》作於周公時，有守祧八人，姜嫄之外，已有七廟，而其後以文武受命，親盡不祧，則不止於七廟矣。魯周公廟為大廟，魯公廟為世室。至成六年立武宮，至定元年立煬宮，而桓、僖之廟至哀公時尚未毀，并四親廟而為十廟。此雖魯之僭禮，然必周有此禮，而後魯僭。苟天子之廟止於七，魯人雖僭，必不踰周制而過之矣。蓋報本追遠之意，極乎始祖而止，而王者更及乎始祖之所自出；親廟盡於服制之所及，極乎高祖而止，而王者更及乎高祖之父與祖。蓋德厚流光，自當如此。如鄭氏之說，則三代之初，止祭五世，與諸侯同，既非降殺以兩之義，且功德之祖，其多少不可知。今七廟必以有功德者備數，而功德之祖又必以二廟限之，倘有功德者不止於二廟，既無以處之，倘不及二廟，則七廟且不備矣，而可乎？」見〔清〕孫希旦著，沈嘯寰、王星賢點校：《禮記集解》（北京：中華書局，2007 年），頁 345～346。至於黃以周則以為：「以周案：漢韋玄成等議云：『周之所以有七廟者，以后稷始封，文王、武王受命而王，是以三廟不毀，與親廟四而七。』《石渠論》、《白虎論》並云：『周以后稷、文、武特七廟』，是即鄭說所本也。王肅據劉歆說，謂文武非常廟之數。然劉歆據〈王制〉、《穀梁傳》以為天子三昭三穆，與太祖之廟而七，與韋玄成二昭二穆、文武世室及太祖廟而七之說異。其云宗不在正廟數中者，舉殷三宗，斥言周成王，而謂文武受命之王亦如三宗，不在七廟正數。此王肅之臆說，劉歆無此言也。文武受命之王，當與成湯同例，比之三宗守成之君，擬不于倫矣。且謂祭及高祖之父，是親廟有六矣，不悖于〈小記〉立四廟之文乎！于三昭三穆之上，又加文武二世室，是有四昭四穆，合太祖之廟而九矣，不又悖〈王制〉三昭三穆與太祖而七之文乎！」見〔清〕黃以周著，王文錦點校：《禮書通故》（北京：中華書局，2007 年），頁 724。

夏禘秋嘗冬蒸」爲主。

以「春祠夏礿秋嘗冬蒸」此系而言，見於《爾雅》、《周禮》，其文如下：

春祭曰祠，夏祭曰礿，秋祭曰嘗，冬祭曰蒸。〔註94〕

以肆獻祼享先王，以饋食享先王，以祠春享先王，以禴夏享先王，以嘗秋享先王，以烝冬享先王。〔註95〕

後者之鄭注如下：

宗廟之祭，有此六享。肆獻祼、饋食，在四時之上，則是祫也，禘也。肆者，進所解牲體，謂薦孰時也。獻，獻醴，謂薦血腥也。祼之言灌，灌以鬱鬯，謂始獻尸求神時也。〈郊特牲〉曰：「魂氣歸于天，形魄歸于地，故祭所以求諸陰陽之義也。殷人先求諸陽，周人先求諸陰。」灌是也。祭必先灌，乃後薦腥薦孰。於祫逆言之者，與下共文，明六享俱然。祫言肆獻祼，禘言饋食者，著有黍稷，互相備也。魯禮，三年喪畢，而祫於大祖；明年春，禘於羣廟。自爾以後，率五年而再殷祭，一祫一禘。〔註96〕

鄭注此段，多就儀式部分加以說明。首言「肆獻祼、饋食」之享，爲禘祫之祭，而祠享以下四種，即爲四時之祭，此六種皆爲宗廟之祭。次解肆、獻、祼之禮，，續言肆獻祼屬於祫祭，而餽食屬於禘祭，兩者相互爲備，並以魯禮說明三年喪畢，先祫於大祖，明年春天則禘於羣廟，此後則五年再次殷祭，一祫一禘。

此外，《禮記‧明堂位》亦有此系之相關記載，其文如下：

是故，夏礿、秋嘗、冬烝，春社、秋省而遂大蜡，天子之祭也。

〔註97〕

鄭注如下：

不言春祠，魯在東方，主東巡守以春，或闕之。〔註98〕

〈明堂位〉之說較《爾雅》、《周禮》缺少「春祠」，然三者於夏、秋、冬之祭名皆相同。此外，鄭注於此雖主要解釋〈明堂位〉不言「春祠」之因，然由此觀之，亦可知鄭玄所主張之四時祭，乃春祠夏礿秋嘗冬烝一系，故於此

〔註94〕〔晉〕郭璞注、〔宋〕邢昺疏：《爾雅‧釋天》，卷6，總頁99c。
〔註95〕〔漢〕鄭玄注、〔唐〕賈公彥疏：《周禮‧春官‧大宗伯》，卷18，總頁273d。
〔註96〕同前註。
〔註97〕〔漢〕鄭玄注、〔唐〕孔穎達等疏：《禮記‧明堂位》，卷31，總頁579d。
〔註98〕同前註。

處遜言「不言春祠」。

　　至於「春礿夏禘秋嘗冬烝」一系而言，主要見於《禮記》之〈王制〉、〈祭統〉，前者其文如下：

　　　　天子、諸侯宗廟之祭：春曰礿，夏曰禘，秋曰嘗，冬曰烝。〔註99〕

鄭注如下：

　　　　此蓋夏殷之祭名。周則改之，春曰祠，夏曰礿，以禘爲殷祭。《詩・
　　　　小雅》曰：「礿祠烝嘗，于公先王。」此周四時祭宗廟之名。〔註100〕

鄭注此處直言「春礿夏禘秋嘗冬烝」一系，屬於夏殷之祭，而周時則改爲「春祠」、「夏礿」，秋冬之祭則夏殷周皆同。鄭注於此之所以能斷定春祠、夏礿屬於周祭，乃據《詩・小雅》中提及「礿祠烝嘗，于公先王」，而「礿祠烝嘗」中再根據《禮記》其他相關記載，皆與春夏秋冬合言，故可斷定屬於周祭。

　　至於〈祭統〉之記載如下：

　　　　凡祭有四時：春祭曰礿，夏祭曰禘，秋祭曰嘗，冬祭曰烝。礿、禘，
　　　　陽義也；嘗、烝，陰義也。禘者陽之盛也，嘗者陰之盛也。故曰：
　　　　莫重於禘、嘗。〔註101〕

「冬祭曰烝」句下鄭注云「謂夏殷時禮也」。由此觀之，鄭玄以爲「春礿夏禘秋嘗冬烝」一系屬於夏殷之禮，而「春祠夏礿秋嘗冬烝」一系則屬周禮。孫希旦《禮記集解》則又進而解釋：

　　　　愚謂礿、禘、嘗、烝，夏殷四時之祭名也。天子別有大禘之祭，故
　　　　周改春夏祭名以避之：春曰祠、夏曰禴。而諸侯之祭，其名不改，
　　　　故《春秋》魯有禘祭，而晉人亦曰：「寡君之未禘祀」，是也。〔註102〕

以此段而言，孫希旦以爲周天子有禘祭，於是則改夏殷「礿禘」之祭名爲「祠禴（礿）」。孫希旦之說並非無理，而鄭玄四時祭之說，雖取「春祠夏礿秋嘗冬烝」一系，本有文獻可據，然鄭玄對於「禘祭」之解釋，方爲眞正之影響所在。

　　據《周禮・春官・大司樂》「凡樂……，天神皆降可得而禮矣。凡樂……，地示皆出可得而禮矣。凡樂……，則人鬼可得而禮矣」下鄭注云：

〔註99〕同前註，〈王制〉，卷12，總頁242c。

〔註100〕同前註。

〔註101〕同前註，〈祭統〉，卷49，總頁837d～838a。

〔註102〕〔清〕孫希旦著，沈嘯寰、王星賢點校：《禮記集解》，頁1249。

此三者皆禘大祭也。……《大傳》曰:「王者必禘其祖之所自出。」

〈祭法〉曰:「周人禘嚳而郊稷。」謂此祭天圜丘,以嚳配之。〔註103〕

又據《詩經‧周頌‧雝》「雝禘大祖也」鄭注云:

禘,大祭也。大於四時而小於祫,大祖謂文王。〔註104〕

由上述二注可見,鄭玄於禘祭皆理解爲大祭,亦即爲各種大祭祀之統稱,但鄭玄除解釋禘祭爲大祭之外,事實上還含有兩種意義,一爲祭天之禘,一爲宗廟之禘。前者即上述《詩經》「雝禘大祖也」一句,鄭玄以大祖爲周文王,故「雝禘大祖」,即屬宗廟之禘,又如上述《周禮》鄭注「《大傳》曰:『王者必禘其祖之所自出』,亦屬宗廟之禘,至於後者即《周禮》鄭注「〈祭法〉曰:『周人禘嚳而郊稷。』謂此祭天圜丘,以嚳配之」,即屬祭天之禘。

鄭玄於禘之主張,除上述之外,亦有隨所祭對象不同,而地域亦不同之看法。據《禮記‧祭法》之文:

祭法:有虞氏禘黃帝而郊嚳,祖顓頊而宗堯。夏后氏亦禘黃帝而郊鯀,祖顓頊而宗禹。殷人禘嚳而郊冥,祖契而宗湯。周人禘嚳而郊稷,祖文王而宗武王。〔註105〕

鄭注如下:

禘、郊、祖、宗,謂祭祀以配食也。此禘,謂祭昊天於圜丘也。祭上帝於南郊,曰郊。祭五帝、五神於明堂,曰祖、宗,祖、宗通言爾。

〔註106〕

此處鄭玄以爲祭昊天當於圜丘,祭上帝當於南郊,祭五帝、五神當於明堂。又如《周禮‧春官‧大宗伯》「以禋祀祀昊天上帝,以實柴祀日月星辰,以槱燎祀司中、司命、飌師、雨師」下,鄭注云:

玄謂昊天上帝,冬至於圜丘,所祀天皇大帝。〔註107〕

此亦是鄭玄主張祭昊天當於圜丘祭之。然就王肅之主張而言,其以圜丘與南郊皆無分別,如孔穎達《禮記‧郊特牲》「郊之至以至」疏引《聖證論》云:

又《詩‧思文》后稷配天之頌,無帝嚳配圜丘之文。知郊則圜丘,圜丘則郊,所在言之則謂之郊,所祭言之則謂之圜丘。於郊築泰壇

〔註103〕〔漢〕鄭玄注、〔唐〕賈公彥疏:《周禮‧春官‧大司樂》,卷22,總頁342c。
〔註104〕〔漢〕鄭玄箋、〔唐〕孔穎達等疏:《詩‧周頌‧雝》,卷19之3,總頁734a。
〔註105〕〔漢〕鄭玄注、〔唐〕孔穎達等疏:《禮記‧祭法》,卷46,總頁796a。
〔註106〕同前註。
〔註107〕〔漢〕鄭玄注、〔唐〕賈公彥疏:《周禮‧春官‧大宗伯》,卷18,總頁270c。

象圓丘之形。以丘言之，本諸天地之性，故〈祭法〉云：「燔柴於泰壇，則圓丘也。」〈郊特牲〉云：「周之始郊日以至。」《周禮》云：「冬至祭天於圓丘。」知圓丘與郊是一也。言始郊者，冬至陽氣初動，天之始也。對啓蟄及將郊祀，故言始。《孔子家語》云：「定公問孔子郊祀之事，孔子對之。」與此〈郊特牲〉文同，皆以為天子郊祀之事，如《聖證論》之言。〔註108〕

孔穎達疏中所引《家語》之文，即出於〈郊問〉篇，其原文如下：

公曰：「其言郊，何也？」孔子曰：「兆丘於南，所以就陽位也，於郊，故謂之郊焉（王注：兆丘於南謂之圓，丘之兆於南郊也，然則郊之名有三焉，築為圓丘以象天自然，故謂之圓丘，圓丘，人之所造，故謂之泰壇於南郊在南說。學者謂南郊與圓丘異，若是，則《詩》、《易》、《尚書》謂之圓丘也又不通。泰壇之名，或乃謂《周官》圓丘虛妄之言，皆不通典制。）」〔註109〕

此處王肅據〈郊問〉之文，以為圓丘即南郊，南郊即圓丘，兩者是一不是二。由上述觀之，是知鄭玄與王肅「圓丘」、「南郊」之說，是分是合各有不同，惟王肅所說乃據《家語》而來，即無疑義。

（三）婚　齡

鄭玄於適婚年齡之說，皆據《周禮》、《禮記》立說，前者見《周禮・地官・媒氏》「令男三十而娶女二十而嫁」句下，鄭玄注云：

二三者，天地相承覆之數也。《易》曰：「參天兩地而奇數焉。」

〔註110〕

又如《禮記・內則》「三十而有室，始理男事，博學無方，孫友視志」句下，鄭玄注云：

室猶妻也。〔註111〕

觀《周禮》與《禮記》之說，皆主張男子三十而娶，而《周禮》又明言女子二十而嫁，而鄭玄解釋男三十而娶女二十而嫁之因，在於二與三為天地相承覆之數，而男女之合亦當仿此而行。

〔註108〕〔漢〕鄭玄注、〔唐〕孔穎達等疏：《禮記・郊特牲》，卷26，總頁498b。
〔註109〕〔魏〕王肅注：《孔子家語・郊問》，卷7，頁4。
〔註110〕〔漢〕鄭玄注、〔唐〕賈公彥疏：《周禮・地官・媒氏》，卷14，總頁216b。
〔註111〕〔漢〕鄭玄注、〔唐〕孔穎達等疏：《禮記・內則》，卷28，總頁538d。

王肅婚齡之說，見於《家語》注之中，賈公彥亦有提及，其文如下：

> 王肅曰：《周官》云：「令男三十而娶，女二十嫁」，謂男女之限，嫁娶不得過此也。三十之男，二十之女，不待禮而行之，所奔者不禁。娶何三十之限？前賢有言，丈夫二十不敢不有室，女子十五不敢不有其家。《家語》魯哀公問於孔子，男子十六精通，女子十四而化，是則可以生民矣。聞禮男三十而有室，女二十而有夫。豈不晚哉？孔子曰：「夫禮言其極，亦不是過。男子二十而冠，有爲人父之端，女子十五許嫁，有適人之道，於此以往則自瞀矣。然則三十之男，二十之女，中春之月者，所謂言其極法耳。〔註112〕

就此段引文而言，王肅於婚齡之主張，不似鄭玄以天地相承覆之數說之，乃就《周禮》之說，解釋所謂男子三十而娶女子二十而嫁者，皆以婚齡之極限而言，若男女逾此極限，則可不依婚禮之種種程序而行，非謂《周禮》定指男子三十、女子二十方能行嫁娶之禮。賈公彥此段所引王肅之說，亦見於《家語·本命解》篇，其文如下：

> 公曰：「男子十六精通，女子十四而化，是則可以生民矣。而禮男必三十而有室，女必二十而有夫也，豈不晚哉？」孔子曰：「夫禮言其極，不是過也。男子二十而冠，有爲人父之端，女子十五許嫁，有適人之道，於此而往，則自婚矣。……」〔註113〕

由此段觀之，魯哀公問孔子禮文所謂「男必三十而有室，女必二十而有夫」，是否失之過晚？孔子答以「禮言其極」，並舉例說明男子二十已有初爲人父，女子十五則有嫁人之事，並非眞需嚴守男子三十、女子二十之齡者。至於禮文所說者，孔子以爲此乃就極限而言，若逾越此限則男女可自行決定婚配對象，不必透過婚禮之種種繁複程序。

以上三項爲王肅據《家語》之文，而與鄭玄之說有所差異者，然此處惟舉三例稍作說明，實際上並非只有此三項而已。然而值得思考者，王肅既視《家語》爲聖人之旨，並用以攻駁鄭學，然觀魏晉以降之經學史，何以王肅及《家語》之說無法取代鄭學？其原因究竟爲何？以下轉論此點。

〔註112〕〔漢〕鄭玄注、〔唐〕賈公彥疏：《周禮·地官·媒氏》，「凡娶至書之」疏，卷14，總頁216d。

〔註113〕〔魏〕王肅注：《孔子家語·本命解》，卷6，頁10。

三、王肅無法以《家語》之說取代鄭學之因

　　王肅既已新獲《家語》，且就其中之文獻內容觀之，亦有與王肅經解意旨相同者，按理王肅當能據此書之立論而使學者信服。然觀魏晉已降之經學史發展，王肅之學既無法以《家語》之說取代鄭學，甚而《家語》一書，進而為學者扣為僞書，而王肅之學亦被視為反鄭學而發，於是王肅依據《家語》所建構而成之經解系統，亦不為學者所接受，其原因究竟為何？〔註114〕

　　若先不論《家語》一書，王肅之學無法取代鄭學者，應與王肅之經解方法有關，如皮錫瑞《經學歷史》以為：

> 案王肅之學，亦兼通今、古文。肅父王朗師楊賜，楊氏世傳歐陽《尚書》；洪亮吉《傳經表》以王肅為伏生十七傳弟子，是肅嘗習今文，而又治賈、馬古文學。故其駁鄭，或以今文說駁鄭之古文，或以古文說駁鄭之今文。不知漢學重在顓門；鄭君雜揉今古，近人議其敗壞家法；肅欲攻鄭，正宜分別家法，各還其舊，而辨鄭之非，則漢學復明，鄭學自廢矣。乃肅不惟不知分別，反效鄭君而尤甚焉。〔註115〕

就此段而言，皮錫瑞以為王肅之經解方法，往往於鄭玄取古文時則以今文駁之，反之，鄭玄取今文者則以古文駁之。然皮錫瑞批評王肅此舉並非真能攻入鄭學之核心，蓋皮錫瑞以為漢學所重在顓門，而鄭玄學雜揉今古，已敗壞

〔註114〕舉例而言，如皮錫瑞云：「乃肅不惟不知分別，反效鄭君而尤甚焉。僞造孔安國《尚書傳》、《論語注》、《孝經注》、《孔子家語》、《孔叢子》，共五書，以互相證明；托於孔子及孔氏子孫，使其徒孔衍為之證。」見〔清〕皮錫瑞著，周予同注釋：《經學歷史》，頁106。又如錢基博云：「乃肅之不別今古，任意牽合，殆尤甚於鄭玄，如〈王制〉廟制今說、〈祭法〉廟制古說，此萬不能合者，而肅僞著《孔子家語》、《孔叢子》所言廟制，合二書為一說。鄭玄以為〈祭法〉周禮、〈王制〉夏殷禮，尚有端緒可尋，至肅乃盡抉其藩籬，蕩然無復門戶，使學者愈以迷亂，不復能知古禮之異，而《家語》、《孔叢》舉禮家聚訟莫決者，壹托於孔子之言以為論定，不知禮家所以聚訟，正以去聖久遠，無明文可據，是以石渠虎觀，至煩天子稱制臨決，若孔子之言如此彰灼，群言淆亂衷諸聖，尚何庸斷斷爭辨乎？古人作注，發明大義而已，肅注《家語》，如五帝、七廟、郊丘之類，處處牽引攻鄭之語，殊乖注書之體，而自發其作僞之覆。肅又作《聖證論》六十八事以譏短玄，今約存者三十事，禮之大者，即五帝、七廟、郊丘、禘祫、社稷之屬，其餘或文句小異，不關大意。然肅之所謂「聖證」者，即取證於《家語》、《孔叢》，徒以鄭玄名高，非托於聖言，不足以奪其席。然而後之學者，卒目《家語》為肅之僞作，斯可謂心勞日拙者矣！」見錢基博著，傅道彬點校：《經學通志‧三禮志》，頁218～219。

〔註115〕〔清〕皮錫瑞著，周予同注釋：《經學歷史》，頁106。

漢儒家法，若王肅欲攻駁鄭學，應當以分別家法入手，還其漢儒家法原貌，使漢學復興而鄭學自然可廢，然王肅不以此點入手，反效鄭玄雜揉今古之經解方式而更甚之。

以皮錫瑞之言觀之，確實已點出王肅經解方法與鄭玄相同之處，然其批評卻未必符合事實。尤其皮錫瑞以為王肅攻駁鄭學，當於經解方式上採取還漢儒家法之舊貌一點而言，實屬皮錫瑞個人之經學立場所導致，蓋鄭玄之時眾多名儒皆已兼治今古文之學，不待鄭玄而然。

此外，葉國良等編之《經學通論》所言亦詳：

> 鄭玄雜揉今古、遍注群經，王肅也雜揉今古、遍注群經，所不同的是處處與鄭玄立異：鄭玄用古文說，王肅就用今文說駁鄭，鄭玄用今文說，王肅就用古文說駁鄭。……王學何以不能取得經學上的優勢地位呢？……但最根本的原因，應是王氏注經的方法與鄭玄完全相同，都是從章句訓詁著手，兩者的差別只在具體的經說上，王肅並沒有提出一套足以取代鄭學的新的解經方法，他所作的只是對鄭注的修正或補充。因此，當失去外在的政治奧援後，王學最終還是逃不開失敗的命運。〔註116〕

此段已具體指出王肅於經解方式，並無明顯優於鄭玄者，故王肅無法取代鄭學。亦即鄭玄之學本即融合今古文之學，而於融合之時，勢必有所取有所捨，然王肅於經解方式上，並未提出融攝與消化鄭學之方式，其注經亦與鄭學一般，亦欲融合古今，亦欲以章句訓詁入手。

然王肅自身恐未察覺其經解方式既與鄭玄無異，而所欲融合今古學之理念，亦與鄭玄相同，惟王肅雅不願臣服於鄭玄而已。蓋王肅亦極為博學，與一般儒者之抱殘守缺不同，故能觀照出鄭學本身於今古文之擇取時，於何者有所遺漏或不當。然王肅既已觀照出此點，理當進而針對鄭玄融合今古文時，就其經解義例加以歸納後，進而尋出其義例之失，或經解時方法論上之重要矛盾所在，如此方能使鄭玄學說之核心處瓦解。但觀王肅所為，一方面既進行與鄭玄相同之經解方式，一方面又以鄭玄所捨者攻其所取，誠不為鄭學之徒所信服。

蓋鄭玄既欲融合今古，其取捨之際當有一準則或義例，無論其準則或義例，於王肅當時是否隱而未顯或顯而未密，王肅皆必須有所安置。即便鄭玄並無準則或義例，王肅亦應當由此入手為鄭學尋出義例，或指出其義例有缺

〔註116〕葉國良等編：《經學通論》（臺北：大安出版社，2005 年），頁 510～511。

失者，學者自然心知其意。然王肅不於準則、義例，或經解方法論上尋其破綻而攻之，則其心目中當有一更深層之考量，此當與《家語》有關。

　　由於王肅視《家語》爲記載聖人本旨之書，於文獻上具有優越之性質，故試圖以此文獻記載之內容勝過鄭學。因此，王肅不需再尋鄭學經解義例或方法論上之矛盾處，惟以更優越之文獻記載，證明其說有本而鄭玄之說無據即可。

　　然就經學之發展過程觀之，王肅即使依據《家語》之文獻內容，仍然無法取代鄭學，其原因究竟爲何？其中關鍵，應與《家語》文獻內容之眞實性無法檢驗，與王肅據《家語》之文進退不一有關，以下轉論此二點。

（一）文獻內容之真實性時人無法驗證

　　王肅獲得《家語》一書之過程，據其自序所言，乃從孔猛處取得。以時人馬昭所云「《家語》王肅所增加」觀之，是知馬昭之非議，並不以「此書爲王肅與孔猛所僞」，或「此書爲孔猛所僞」二點入手，亦即不以此書之來源爲質疑點，乃就此書之文獻內容加以非議。換言之，馬昭所非議者，不在於此書之獲得過程，而在於此書之文獻內容，故云「王肅所增加」。

　　然而，馬昭非議此書，雖基於不信任《家語》之文獻內容，但其背後所透顯之焦點，即此書之文獻來源及過程，無一嚴格程序可供檢驗。舉凡文獻之新獲，若非有一科學之程序以供檢驗，則往往會有學者對其內容產生質疑。舉例而言，凡簡牘文獻之出土，必經種種程序如攝影、拍照、編號等，其用意除保護原件以外，更有一供世人取信之作用存在。反觀王肅之獲得《家語》，本身只有王肅與孔猛參與，而此書又爲孔猛家傳，故王肅獲得此書之程序，時人無法檢驗，既然無法檢驗，則其文獻內容之眞實性即可遭人質疑。

　　換言之，如果王肅與孔猛之間獲得《家語》之程序，具有某種程度可供時人檢驗，而無法加以推翻者，則《家語》文獻之眞實性，不致於受馬昭之非議，即如馬昭欲非議《家語》，亦斷不能以《家語》爲王肅所增加一點入手，勢必另闢疆野。

（二）王肅據《家語》之文進退不一

　　《家語》文獻內容之眞實性無法爲時人所檢驗，固爲王肅經解立場之重要瑕疵所在。然而，王肅經解立場之所以易於瓦解，當與據信《家語》文獻內容態度之不一致有密切關係。

　　今觀王肅注解《家語》一書時，於此書之文獻內容是否可據信等態度，

時有所顯露，而歸納其注中所顯示之態度，大致可分爲「校勘存異」、「疑其闕誤」、「據信不疑」三種，以下先敘述此三種態度。

1. 校勘存異

王肅注解《家語》時，經常出現校勘存異之舉，其中如「宜爲」、「當作」、「當爲」、「或作」之例皆屬之，今將相關資料製成下表：

條例	篇　名	原　　文	注文／卷數、頁數
宜爲	〈好生〉	「孰克如此」下注云：	克，能也，而宜爲如也。卷2，頁17。
	〈好生〉	「竊夫其有益與無益，君子所以知」下注云：	竊宜爲察。卷2，頁19。
	〈賢君〉	「法無私而令不愉」下注云：	愉宜爲偷，偷，苟且也。卷3，頁14。
	〈賢君〉	「首拔五羖，爵之大夫」下注云：	首宜爲身。五羖大夫，百里奚也。卷3，頁14。
	〈六本〉	「見榮聲期」下注云：	聲宜爲啓，或曰榮益期也。卷4，頁7。
	〈六本〉	「處常得終，當何憂哉……」下注云：	得宜爲待。卷4，頁10。
	〈六本〉	「怵於待祿」下注云：	待宜爲持也。卷4，頁7。
	〈六本〉	「庭不曠山，不直地」下注云	直宜爲植……。卷4，頁10。
	〈顏回〉	「若乃窮神知禮，德之盛也」下注云	禮宜爲化。卷5，頁2。
	〈子路初見〉	「王事若龍」下注云：	龍宜爲聾……。卷5，頁7。
	〈入官〉	「邇臣便僻者，羣僕之倫也」下注云：	僻宜爲辟……。卷5，頁15。
	〈入官〉	「貴而不驕，富而能供」下注云：	供宜爲恭，古恭字也。卷5，頁16。
	〈困誓〉	「自望其廣，則睪如也」下注云：	廣宜爲壙。卷5，頁18。
	〈本命解〉	「所以效疋夫之聽也」下注云	聽宜爲德。卷6，頁11。
	〈曲節解〉	「魚之大者名爲鱄……。」下注云：	鱄宜爲鱣……。卷8，頁17。
	〈正論解〉	「祭公謀父作〈祈昭〉」下注云：	……昭宜爲招，《左傳》作「招」。卷9，頁17。
	〈正論解〉	「施生戮死可也」下注云：	施宜爲與……。卷9，頁19。
當作	〈問禮〉	「疏布以罩」下注云：	當作冪……。卷1，頁22。

當爲	〈子路初見〉	「康子不悅」下注云：	當爲桓子，非康子也。卷5，頁6。
或作	〈困誓〉	「君子違傷其類者也」下注云：	違，去也，違或作諱也。卷5，頁19。

以此數例觀之，王肅注《家語》之時，並非單就文意闡發，仍有涉及校勘訓詁等工作，而觀其校勘皆不改本文，乃於注中發明，亦可見王肅對文獻處理之嚴謹。由此可知王肅對《家語》之文獻內容，有其保留之處，並非全然據信無疑。此外，如〈問玉〉篇引及《詩經》「矢其文德，協此四國」二句，王肅注云：「毛《詩》『矢其文德，矢陳協和』」，亦有存異之舉，惟不以上述諸例出之。

凡此，皆王肅審讀《家語》之後，認爲書中之字句有不妥處，皆以校勘存異方式加以注明。

2. 疑其闕誤

除校勘存異之態度外，王肅於《家語》之文獻內容，亦有直接加以否定者。如上述校勘存異之「當爲」例中，王肅於〈子路初見〉「康子不悅」下注明：「當爲桓子，非康子也」，亦屬疑其闕誤之例，惟此處以「當爲」之校勘方式注明，故列於校勘存異之中。

至於王肅明顯指出《家語》之闕誤者，如〈王言解〉「夫布指知寸，布手知尺，舒肘知尋，斯不遠之則也。周制三百步爲里，千步而井，三井而埒，埒三而矩」下，王肅注云：

> 此說里數，不可以言井，井自方里之名，疑誤。〔註117〕

王肅此處下此「疑誤」二字，態度甚爲明顯。又如〈七十二弟子解〉「顏回，魯人，字子淵，少孔子三十歲，年二十九而髮白，三十一早死」下，王肅注云：

> 此書久遠，年數錯誤，未可詳。校其年，則顏回死時，孔子年六十一歲，然伯魚五十，先孔子卒，卒時孔子且七十，此謂顏回先伯魚死，而《論語》云：「顏回死，顏路請子之車以爲之槨。子曰：『鯉也死，有棺而無槨』」或爲誤。〔註118〕

此處「或爲誤」三字，態度亦甚爲明顯。凡此，皆爲王肅直指《家語》文獻

〔註117〕〔魏〕王肅注：《孔子家語‧王言解》，卷1，頁9。
〔註118〕同前註，〈七十二弟子解〉，卷9，頁1。

內容有闕誤之處，然王肅亦未肯直言《家語》定誤，故語氣亦頗爲保留，惟云「疑誤」、「或爲誤」。

3. 據信不疑

王肅注解《家語》時，其態度亦有據信不疑者，尤其表現於王肅據用《家語》之文，非議其他學者之經解處。如上述曾引及王肅於〈郊問〉「則又祈穀于上帝」下注云：「……故《春秋傳》曰：『夫郊祀后稷，以祈農事也』，是故啓蟄而郊，郊而後耕也，而學者不知推經禮之指歸，皮膚妄說，至乃顛倒神祇，變易時日，遷改兆位，良可痛心者也」，此處王肅即據信《家語》之記載，抨擊他儒於郊祀、祇報之說，已然顛倒神祇、變易時日、遷改兆位，實與聖人之說相異，足令學者痛心矣。

同篇王肅又於「故謂之郊焉」下，注云：「……學者謂南郊與圓丘異，若是，則《詩》、《易》、《尚書》謂之圓丘也又不通。泰壇之名，或乃謂《周官》圓丘虛妄之言，皆不通典制」，此處王肅據《家語》之文，非議鄭學圜丘之說，以其所說者，既不通執典制，又屬虛妄之說。

又如〈廟制〉篇「其廟皆不毀」下，王肅注云：「……二廟自有祖宗，乃謂之二祧，又以爲配食明堂之名，亦可謂違聖指失實事也」，王肅於此即據〈廟制〉之文，非議鄭玄廟制之說，實違背聖人之旨意，又與事實乖違。

再如〈正論解〉篇「周之制也」下，王肅注云：「大國方百里，從是以爲差。伯方七十里，子男五十里，周之制也，而說學者以周大國方七百里，失之遠矣」，此即王肅據〈正論解〉之文，非議其他經解者以周之大國方七百里之說，失之極遠。

以上數則，已於上述引及。此外，又如〈顏回〉「下展禽，置六關」下，王肅注云：

> 六關，關名，魯本無此關，文仲置之以稅行者，故爲不仁。《傳》曰：「廢六關」，非也。〔註119〕

王肅於此則據〈顏回〉篇之文，議《左傳》「廢六關」之記載爲誤。又如〈五帝〉篇「季康子問於孔子曰：『舊聞五帝之名，而不知其實，請問何謂五帝？』孔子曰：『昔丘也聞諸老聃曰：『天有五行，木火金水土，分時化育，以成萬物。』其神謂之五帝」下，王肅注云：

〔註119〕同前註，〈顏回〉，卷5，頁3。

> 五帝，五行之神佐天生物者，後世讖緯皆爲之名字，亦爲妖怪妄言。
> 〔註120〕

此處王肅則據〈五帝〉之文，抨擊鄭玄五帝之說取信於讖緯，實屬妖怪妄言。
同篇「古之王者，易代而改號，取灋五行，五行更王，終始相生，亦象其義」
下，王肅注云：

> 灋五行更王，終始相生，始以木德王天下，其次以生之行轉相承，
> 而諸說乃謂五精之帝下生王者，其爲蔽惑無可言者也。〔註121〕

又同篇「生爲上公，死爲貴神，別稱五祀，不得同帝」下，王肅注云：

> 五祀上公之神，故不得稱帝也。其序則五正不及五帝，五帝不及天
> 地，而不知者以祭禮爲祭地，不亦失之遠矣。且土與水火俱爲五行，
> 是地之子也，以子爲母，不亦顚倒，失尊卑之序。〔註122〕

凡此，皆爲王肅據〈五帝〉之文，以注解形式非議鄭玄之說，以爲鄭玄之說，
既屬「蔽惑」之無足道者，又顚倒相亂，尊卑無序者。

此外，〈冠頌〉篇「天子冠者，武王崩，成王年十有三而嗣立，周公居冢
宰，攝政以治天下，明年夏六月，既葬」下，王肅注云：

> 《周書》亦曰：「歲十有二武王崩，元年六月，葬」，與此若合符，
> 而說者橫爲年紀，促成年少，又命周公、武王崩後五月乃攝政，良
> 可爲冠與，痛哉。〔註123〕

王肅於此則據〈冠頌〉之文，非議經解者於武王崩時成王之年歲，及成王攝
政時之時間，皆屬自圓其說，並非事實。

以上數則皆爲王肅於注文中，藉《家語》之文非議他儒之經解者，而此
處數則，正顯露出王肅於《家語》之文據信不疑之態度，否則即不致於據此
記載，抨擊他儒之經解。

以王肅注解《家語》時，所展現出「校勘存異」、「疑其闕誤」、「據信不疑」
三種態度而言，實際上正反映王肅絕非迷信《家語》之文獻內容，而是有所抉
擇，故有校勘存異之處，亦有疑其闕誤、據信不疑之處。然而，王肅無法以《家
語》之文取代鄭玄之說者，其癥結點亦在於此三種態度，尤其此三種態度中之

〔註120〕同前註，〈五帝〉，卷6，頁1。
〔註121〕同前註。
〔註122〕同前註，頁2。
〔註123〕同前註，〈冠頌〉，卷8，頁2。

「據信不疑」者爲甚。

　　若稍加觀察，凡上述王肅採取「據信不疑」之態度者，亦往往爲王肅與鄭玄經解歧異之重要關鍵處，而值得深思者，乃王肅注解《家語》時，於他處既然可以「校勘存異」、「疑其闕誤」之例注之，何以與鄭學之歧異關鍵處，王肅卻反而據信不疑，而非以「校勘存異」或「疑其闕誤」之態度，處理《家語》與鄭學歧異之處？換言之，王肅注解《家語》時，實隱含強烈之立場，此一立場即《家語》之記載與鄭學歧異者，而與王肅之立場相同者，王肅即下注語以非議鄭學，而非以「校勘存異」、「疑其闕誤」之態度加以面對。然吾人可問，何以王肅之據信不疑者，於他人之觀點中或可屬於「校勘存異」或「疑其闕誤」，而非如王肅一般，可加以據信不疑？

　　由此可見，王肅欲據《家語》之文以非議鄭學，於無形中已無法再進一步處理《家語》之記載與鄭學之關鍵歧異處，何以不是《家語》記載有誤，而鄭玄所據者爲是？惟王肅已預設《家語》之文獻記載，凡與鄭玄之關鍵歧異處，皆當以屬聖人本旨之《家語》爲準，而鄭玄所據以立論者，其文獻價值則不如《家語》。因此，王肅注解《家語》時，即使其義例有「校勘存異」、「疑其闕誤」之態度存在，然此並非代表王肅能以客觀與謹愼之態度，審視《家語》之文獻內容，而是具有極強烈之經學立場隱含其中，而王肅欲以此種態度使鄭學之徒者信服，亦恐難上加難矣。

第三節　魏晉之際學者對《家語》之看法

一、魏張融撰《當家語》加以敵難

　　《家語》自魏王肅始傳後，時人馬昭、張融皆有不同意見，據〈隋志〉「論語類」中著錄：

> 《孔子家語》二十一卷王肅解。梁有《當家語》二卷，魏博士張融撰，亡。〔註124〕

此書唐時已亡，未能知悉其內容爲何。然張融多與王肅論難，今具《聖證論》之中。〔註125〕又《舊唐書‧元行沖列傳》載唐元行沖受詔以魏徵所注禮書爲

〔註124〕〔唐〕魏徵（580～643）：《隋書‧經籍志》，卷32，頁937。
〔註125〕可參見清馬國翰（1794～1857）所輯之《玉函山房輯佚書》。

基礎，集學者撰成義疏以列於學官。然尚書左丞相張說以「與先儒第乖，章句隔絕」爲由加以反駁，而元行沖遂有五難之感嘆。其以主客問答之方式，用以自我辯白，因而著成〈釋疑論〉。此論中之第四難、第五難中，有提及張融者。第四難云：

> 子雍規玄數十百件，守鄭學者，時有中郎馬昭，上書以爲肅繆。詔王學之輩，占答以聞。又遣博士張融案經論詰，融登召集，分別推處，理之是非，具《聖證論》。王肅酬對，疲於歲時，則知變易章句，其難四矣。〔註126〕

第五難則云：

> 又王肅改鄭六十八條，張融覈之，將定臧否。融稱玄注淵深廣博，兩漢四百餘年，未有偉於玄者。然二郊之祭，殊天之祀，此玄誤也。其如皇天祖所自出之帝，亦玄慮之失也。……則知變易章句，其難五也。〔註127〕

據元行沖之論，則王肅《聖證論》皆載與張融、馬昭論難之說，然《聖證論》爲王肅所集，則張融亦可輯與《聖證論》相似之紀錄，則張融《當家語》一書，應與《聖證論》有相似之用。惟《聖證論》所論，非專難鄭學，凡前師意有未當，則《聖證論》皆引聖人之說加以駁之，《家語》則爲其根據之一。至於張融《當家語》一書，觀其書名當專駁《家語》。再者，「當」字有「敵」之意，以《當家語》命名，正意謂專以敵難《家語》。然以上所顯示者，惟知張融有論難《家語》之舉，未知其對《家語》一書之明顯態度爲何。

　　此外，據唐杜佑（734～812）《通典》「嘉禮」中「嫁娶時月議——夏周」一條相關記載：

> 《孔子家語》云：「群生閉藏於陰而育之始，故聖人因時以合偶男女。窮天數，霜降而婦功成，嫁娶者行焉。冰泮而農桑起，婚禮殺於此焉。」又云：「冬合男女，春班爵位，皆謂順也。」……馬昭非肅曰：「……。」張融曰：「……《春秋》魯迎夫人，四時通用。《家語》限以冬，不符《春秋》，非孔子言也。」〔註128〕

可知張融對於《家語》一書之看法，以爲此書之中關於婚禮所用之時，與《春

〔註126〕〔後晉〕劉昫（887～946）：《舊唐書・元行沖列傳》，卷102，頁3180。
〔註127〕同前註，頁3181。
〔註128〕〔唐〕杜佑著，王文錦等點校：《通典・禮・沿革・嘉禮》，卷59，頁1677。

秋》所言不同，故張融視此說並非孔子之言。

二、魏馬昭以「增加說」加以反駁

　　馬昭與張融同難王肅，然其意見較張融具體。據《禮記・樂記》孔疏引馬昭之語：

　　　　今案馬昭云：「《家語》王肅所增加，非鄭所見。又《尸子》雜說，

　　　　不可取證正經，故言未聞也。」〔註129〕

上引《禮記・樂記》疏一段，馬昭以《家語》為「王肅所增加」，並指出《家語》於迎親之季節限以冬季，而不同於《春秋》之四時皆可，故《家語》並非孔子之言。馬昭之意見甚為重要，其視《家語》為王肅所增加非鄭玄所見，並以此書所記載者，非真屬孔子之言。

　　然而，此說之背後命題是否意謂：馬昭有別本《家語》可加以比對出王肅所增加？或只是馬昭推測之詞？此一命題牽涉〈漢志〉著錄之《家語》是否流傳於魏晉之際。換言之，馬昭既云此書為王肅所增加，則其本身所據為何？又何以知此書為王肅所增加？馬昭是否有《家語》原書可供檢驗？凡此數點，可有二種情形：第一，馬昭能目睹〈漢志〉所著錄之《家語》，與王肅得自孔猛之《家語》本，因而得以檢出王肅所增之部分。第二，馬昭惟能目睹王肅之本，並據此本斷定此書為王肅所增加。關於第一種情形實難成立，若馬昭等人能目睹〈漢志〉所著錄之《家語》，則此書於馬昭之前應已流傳，王肅若再從孔猛處取出，實已非孤本，馬昭只需祭出〈漢志〉所著錄之《家語》，王肅豈能敵對？至於第二點，其可能性較大。蓋〈漢志〉著錄《家語》為不爭之事實，而王肅從孔猛處取出《家語》一節，馬昭亦未敢直接由此入手斷言王肅、孔猛同時造偽，亦未敢斷言此書是否果真為〈漢志〉所著錄之本，惟有針對「忽由王肅傳世」此項合理之懷疑空間，質疑此書中與鄭學歧異之處，乃為王肅所增加。

　　然「增加」一詞之背後，實透露出必須有底本依據，而後乃能增其所欲增，否則直言偽託即可，不必言增加。據此推想，馬昭心中或許認為王肅於孔猛處取出是事實，此書由孔氏家傳亦為事實，然惟一否定者乃此書中之記載與鄭學不同者，託言王肅所增加。

　　其次，馬昭所謂「非鄭所見」一句，又該作何解釋？就此句而言，可有

<hr>

〔註129〕〔漢〕鄭玄注、〔唐〕孔穎達等疏：《禮記・樂記》「昔者至諸侯」疏，卷38，
　　　　總頁677b。

「並非鄭玄所見之《家語》」及「鄭玄未見《家語》」二種含意。以後者而言，馬昭若承認鄭玄未見《家語》，則前謂「王肅所增加」已缺少有力之反駁。蓋鄭玄若未見《家語》，則王肅據此文獻論難鄭玄，則鄭學之徒難以招架，欲云此書爲王肅所增加恐使不上力。然而，若以前者而言，馬昭以鄭玄之時已見《家語》，則先不論此時鄭玄是否曾用所見之《家語》注解群經，但至少馬昭指出此本爲王肅所增加者，正可爲有利王注而不利鄭注之處，加以開脫。然若就前者而言，則又需細繹何以鄭玄不用《家語》之文以注群經？故此說亦有其立論之困難處。

　　要之，根據上章之觀察，《家語》於武帝以後流傳未廣，惟有祕府所藏及家傳兩種狹窄之流傳方式，恐身處民間之鄭玄未能輕易目睹，而馬昭所謂之「非鄭所見」，亦恐是學者爭勝之間，基於避免落敗之心態而所出之藉詞。

三、晉杜預、郭璞、張湛始引《家語》入注

　　《家語》自肅始傳後，雖受時人張融、馬昭等人非難，然入晉以後學者多有取之以爲注解之材料。

　　晉杜預（222～284）《春秋經傳集解》雖未指出《家語》之名，然實有引及《家語》之文而未言出於《家語》者。如杜預於「琴張聞宗魯死」下注云：「琴張，孔子弟子，字子開，名牢。」此段上節已論證乃《家語》之文，今不再贅述。又如於「傳十四年，春」之「西狩於大野，叔孫氏之車子鉏商獲麟」一句下注云：

　　　　大野，在高平鉅野縣東北大澤是也。車子，微者鉏商名。

孔疏如下：

　　　　《家語》說此事云：「叔孫氏之車士曰子鉏商。」王肅云：「車士，
　　　　將車者也。子，姓；鉏商，名，今傳無士字。」〔註130〕

今《家語》及王注作：

　　　　叔孫氏之車士曰子鉏商。（王注：車士，持車者。子，姓也，鉏商，
　　　　名。）〔註131〕

此處《左傳》作「車子鉏商」，《家語》作「車士曰子鉏商」，則王肅據《家語》

〔註130〕〔晉〕杜預集解、〔唐〕孔穎達等疏：《左傳‧哀公傳十四年》，「注大野至商名」疏，總頁 1031b。
〔註131〕〔魏〕王肅注：《孔子家語‧辯物》，卷 4，頁 15。

以爲《左傳》之「車子」，當爲「車士」，亦即「將車之士」，而杜預不依《家語》，仍據《左傳》之文，以「車子」爲人名。是杜預亦有不依《家語》之處，有其去取之則。

此外，郭璞《爾雅》注、張湛《列子》注皆有引及《家語》入注，然未能得知其視《家語》之態度爲何。杜預於《家語》之文雖有所去取，然去者不云其僞而廢，取者不言其眞而留，去留之際態度並未明顯，然至少杜預於《家語》此書，並未眞正視爲王肅所僞，否則以王肅之僞書注先秦之《左傳》，則恐杜預自身亦爲不許。至於郭、張二人雖引及《家語》，然所引過於簡短，無法判斷二人視《家語》之態度爲何，但至少略有廣見聞之效，然於此亦可側知《家語》此時當已流傳至南方。

第四節　南北朝學者對《家語》之看法

晉室南渡纂於劉宋之後，又歷經齊、梁、陳數朝，北方雖曾有過短暫之統一，但陷於分裂之狀態居多。至於學派分野，則有「得其英華」、「窮其枝葉」之不同。然徵引《家語》者，亦所在多有，以下根據南北朝學者引及《家語》者，稍作觀察。

一、南朝學者

（一）宋庾蔚之視《家語》固所未信

入宋以後，庾蔚之對《家語》之言，多所未信。據唐杜佑（734～812）《通典》記載：

> 宋庾蔚之謂：「自以同生成親，繼父同居，由有功而致服，二服之來，其禮乖殊。以爲因繼父而有服者，失之遠矣。馬昭曰：『異父昆弟，恩繫於母，不於繼父。繼父，絕族者也。母同生，故爲親者屬，雖不同居，猶相爲服。王肅以爲從於繼父而服，又言同居，乃失之遠矣。』子游、狄儀，或言齊縗，或言大功，趨於輕重，不疑於有無也。《家語》之言，固所未信。子游古之習禮者也，從之不亦可乎。」
> 〔註132〕

此處庾蔚之所議之禮者，乃關於同母異父之昆弟當服何服一事。以周制而言，

〔註132〕〔唐〕杜佑著，王文錦等點校：《通典·禮·沿革·凶禮》，卷91，頁2496。

本有同母異父之昆弟相爲服之制，然所服爲何，論者多有異說。《禮記·檀弓》記載：

> 公叔木有同母異父之昆弟死，問於子游。子游曰：「其大功乎？」狄儀有同母異父之昆弟死，問於子夏，子夏曰：「我未之前聞也；魯人則爲之齊衰。」狄儀行齊衰。今之齊衰，狄儀之問也。〔註133〕

〈檀弓〉記公叔木有同母異父之昆弟死，請問子游何服？子游以服大功答之，而狄儀遇事同於公叔木，問子夏何服？子夏則以齊縗答之，而記者續云，現今同母異父之昆弟服齊縗者，是行子夏之意見。魏王肅又據《家語》之文，以爲同母異父之昆弟死，若服大功、齊縗，實非依據原則之所在，眞正之原則當視與繼父同居與否而訂定有服與不服之等。又據《通典》記載：

> 王肅《聖證論》云：「孔子但說宜服與不，未說服之輕重，故子游處以大功也。」所執如前注。又引《孔子家語》曰：「邾人有同母異父之昆弟死，將爲之服，因顏亥而問禮於孔子。曰：『繼父同居者，則異父昆弟從爲之服；不同居者，繼父且猶不服，況其子乎！』」〔註134〕

是則王肅之意見，以爲孔子之言惟有服與不服，至於大功或齊縗並無進步詳指，故子游、子夏之說不同。然孔子以爲服與不服之關鍵，在於與繼父同居與否，若與繼父同居，則異父昆弟需從爲之服，若不同居則繼父不服，繼父之昆弟亦從此例而不服。

　　庾蔚之之意見又與王肅不同，庾蔚之同意馬昭之說，以爲異父之昆弟，以恩繫於母而不繫於繼父，因此不論同居與否皆爲之服。又指出〈檀弓〉所記，無論子游或子夏皆主張有服，惟有輕重不同之等，然皆未主張是否視其同居而有服無服，故續謂《家語》中孔子之意見無法採信。

　　由此觀之，庾蔚之言「《家語》之言，固所未信」乃有其意境脈絡，當針對《家語》「邾人有同母異父之昆弟死，將爲之服，因顏亥而問禮於孔子」一段作辯駁，似非全盤否定《家語》一書。

（二）齊王儉據《家語》定朝儀

　　王儉（452～489）於劉宋時所訂「諒闇之內，不親奉四時祠」之制，頗有疑義，並據《家語》諸書以爲不可從此制。據《南齊書》之記載，宋博士周沿議禮云：

〔註133〕〔漢〕鄭玄注、〔唐〕孔穎達等疏：《禮記·檀弓上》，卷8，總頁146c。
〔註134〕〔唐〕杜佑著、王文錦等點校：《通典·禮·沿革·凶禮》，卷91，頁2495。

宋泰豫元年，明帝崩，博士周洽議：「權制：諒闇之內，不親奉四時祠。」

然王儉於此制頗存疑義，遂於南齊建元四年（482）據晉中朝〈諒闇議〉奏云：

> 權典既行，喪禮斯奪，事興漢世，而源由甚遠。殷宗諒闇，非有服之稱，周王即吉，唯宴樂爲譏。《春秋》之義，嗣君踰年即位，則預朝會聘享焉。《左氏》云『凡君即位，卿出竝聘，踐修舊好』。又云『諸侯即位，小國聘焉，以繼好結信，謀事補闕，禮之大者』。至於諒闇之內而圖婚，三年未終而吉禘，齊歸之喪不廢蒐，杞公之卒不徹樂，皆致譏貶，以明鑒戒。自斯而談，朝聘蒸嘗之典，卒哭而備行，婚禘蒐樂之事，三載而後舉，通塞興廢，各有由然。又案《大戴禮記》及《孔子家語》竝稱武王崩，成王嗣位，明年六月既葬，周公冠成王而朝于祖，以見諸侯，命祝雍作頌。襄十五年十一月『晉侯周卒』，十六年正月『葬晉悼公』。平公既即位，『改服脩官，烝于曲沃』。《禮記・曾子問》『孔子曰，天子崩，國君薨，則【祝】取羣廟之主而藏諸祖廟，禮（乎）【也】。卒哭成事，而後主各反其廟』。《春秋左氏傳》『凡君卒哭而祔，祔而後特祀於主，蒸嘗禘於廟』。先儒云『特祀於主者，特以喪禮奉新亡者（至）【主】於寢，不同於（古）【吉】。蒸嘗禘於廟者，卒哭成事，羣廟之主，各反其廟。則四時之祭，皆即吉也。三年喪畢，吉禘於廟，躋羣主以定新主也』。凡此諸義，皆著在經誥，昭乎方冊，所以晉、宋因循，同規前典，卒哭公除，親奉蒸嘗，率禮無違，因心允協。〔註135〕

王儉以爲不因諒闇之制而廢宗廟蒸嘗之祭，故遍引《春秋》、《左傳》、二戴《禮記》、《家語》等書，明諒闇之時仍不廢諸典。王儉遂又檢討宋泰豫元年（472）有司議禮之誤，而認爲當改其制，其說如下：：

> 爰至泰豫元年，禮官立議，不宜親奉，乃引『三年之制自天子達』。又據〈王制〉稱『喪三年不祭，唯祭天地社稷，越紼而行事』。曾不知自天子達，本在至情，既葬釋除，事以權奪，委衰襲衰，孝享宜申，越紼之旨，事施未葬，卒哭之後，何紼可越？復依范宣之難杜預，譙周之論士祭，竝非明據。晉武在喪，每欲存寧戚之懷，不全依諒闇之典，至於四時蒸嘗，蓋以哀疾未堪，非便頓改舊式。江左

〔註135〕〔梁〕蕭子顯著：《南齊書・禮志》，卷9，頁131～132。

以來，通儒碩學所歷多矣，守而弗革，義豈徒然。又（宜）【且】即心而言，公卿大夫，則負扆親臨，三元告始，則朝會萬國，雖金石輟響，而簨簴充庭，情深於恆哀，而跡降於凡制，豈曰能安，國家故也。宗廟蒸嘗，孝敬所先，寧容吉事備行，斯典獨廢。就令必宜廢祭，則應三年永闕，乃復同之他故，有司攝禮，進退二三，彌乖典衷。謂宜依舊親奉。」從之。〔註136〕

觀上述兩段記載，王儉引《家語》等書作為朝儀訂定之依據，正見王儉視《家語》並非王肅所作之偽書。若王儉視《家語》為王肅所偽作，則引據以論朝儀，其自身應亦覺不妥。再者，此段記載中，王儉遍引《春秋》、《左傳》、《大戴禮記》、《禮記》、〈王制〉諸典，駁宋制之非，而其中又以《家語》為旁證之一，則知王儉仍視此書與上述諸典一致，而非王肅所偽。

（三）梁劉孝標《世說新語》注以《家語》之文優先引用

入梁後《家語》亦持續流傳，觀劉義慶（403～444）《世說新語》之編採與劉孝標（462～521）之注即可知曉。今《世說新語》劉注凡四次徵引《家語》之文，其一，於〈言語〉篇「原憲桑樞，不易有官之宅」下注云：

《家語》曰：「原憲字子思，宋人，孔子弟子。居魯，環堵之室，茨以生草，蓬戶不完，桑樞而甕牖，上漏下濕，坐而弦歌。子貢軒車不容巷，往見之曰：『先生何病也？』憲曰：『憲聞無財謂之貧，學而不能行謂之病。今憲貧也，非病也。夫希世而行，比周而友，學以為人，教以為己，仁義之慝，輿馬之飾，憲不忍為也。』」〔註137〕

其二，於〈政事〉篇「未為不仁」下注云：

《家語》曰：「孔子自魯司空為大司寇，七日而誅亂法大夫少正卯。」
〔註138〕

其三，於〈方正〉篇「厄同匡人」下注云：

《家語》曰：「孔子之宋，匡簡子以甲士圍之，子路怒，奮戟將戰，孔子止之曰：『夫《詩》、《書》之不講，《禮》、《樂》之不習，是丘之過也。若述先王之道，而為咎者，非丘罪也。命也夫！歌，予和

〔註136〕同前註，頁 132～133。
〔註137〕〔宋〕劉義慶著、〔梁〕劉孝標注，朱鑄禹彙校集注：《世說新語彙校集注》
　　　　（上海：上海古籍出版社，2002 年），頁 55。
〔註138〕同前註，頁 166。

汝。』子路彈劍，孔子和之，曲三終，匡人解甲罷。〔註139〕

其四，於〈汰侈〉篇「見顏、原象」下注云：

> 《家語》曰：「顏回字子淵，魯人，少孔子二十九歲，而髮白，三十
> 二歲早死。」原憲已見。〔註140〕

就此四事而言，雖爲劉孝標引及《家語》之文，然何能顯示劉孝標對《家語》
一書之重視？蓋劉孝標注《世說新語》一書，凡所引用經史子集之書籍至數
百餘種，何以端倪出劉孝標獨重《家語》之文？此處之關鍵點，在於劉孝標
所引四條《家語》之文，並未獨見於《家語》，而於先秦兩漢典籍之中亦有重
出者，然劉孝標注卻獨引《家語》，可見其重視此書之處。例如，其一「原憲
與子貢貧病之辨」，雖見於《家語》然亦見於《莊子・讓王》篇：

> 原憲居魯，環堵之室，茨以生草；蓬戶不完，桑以爲樞；而甕牖二
> 室，褐以爲塞；上漏下溼，匡坐而弦。子貢乘大馬，中紺而表素，
> 軒車不容巷，往見原憲。原憲華冠縰履，杖藜而應門。子貢曰：「嘻！
> 先生何病？」原憲應之曰：「憲聞之，无財謂之貧，學而不能行謂之
> 病。今憲，貧也，非病也。」子貢逡巡而有愧色。原憲笑曰：「夫希
> 世而行，比周而友，學以爲人，教以爲己，仁義之慝，輿馬之飾，
> 憲不忍爲也。」〔註141〕

亦見《新序・節士》篇：

> 原憲居魯，環堵之室，茨以生蒿，蓬戶甕牖，揉桑以爲樞，上漏下濕，
> 匡坐而弦歌。子贛聞之，乘肥馬，衣輕裘，中紺而表素，軒車不容巷，
> 往見原憲。原憲冠桑葉冠，杖藜杖而應門，正冠則纓絕，衽襟則肘見，
> 納履則踵決。子贛曰：「嘻，先生何病也？」原憲仰而應之曰：「憲聞
> 之無財謂之貧，學而不能行謂之病。憲貧也，非病也。若夫希世而行，
> 比周而交，學以爲人，教以爲己，仁義之慝，輿馬之飾，憲不忍爲也。」
> 子贛逡巡，面有愧色，不辭而去。原憲曳杖拖履，行歌商頌而反，聲
> 滿天地，如出金石，天子不得而臣也，諸侯不得而友也。故養志者忘
> 身，身且不愛，庸能累之。詩曰：「我心匪石，不可轉也；我心匪席，

〔註139〕同前註，頁284。

〔註140〕同前註，頁736。

〔註141〕〔清〕郭慶藩著，謝皓祥導讀：《莊子集釋》（臺北：貫雅，1991年），頁975
～977。

不可卷也。」此之謂也。〔註142〕

凡此二段，皆與《世說新語》記載原憲事情有密切關係者。又如其二「七日誅少正卯」一事，亦見《荀子·宥坐》篇：

> 孔子為魯攝相，朝七日而誅少正卯。門人進問曰：「夫少正卯，魯之聞人也，夫子為政而始誅之，得無失乎？」孔子曰：「居！吾語女其故。人有惡者五，而盜竊不與焉：一曰心達而險，二曰行辟而堅，三曰言偽而辯，四曰記醜而博，五曰順非而澤。此五者有一於人，則不得免於君子之誅，而少正卯兼有之。故居處足以聚徒成羣，言談足以飾邪營眾，強足以反是獨立，此小人之桀雄也，不可不誅也。是以湯誅尹諧，文王誅潘止，周公誅管叔，太公誅華仕，管仲誅付里乙，子產誅鄧析、史付，此七子者，皆異世同心，不可不誅也。《詩》曰：『憂心悄悄，慍于羣小。』小人成羣，斯足憂矣。」〔註143〕

亦見《說苑·指武》篇：

> 孔子為魯司寇，七日而誅少正卯於東觀之下。門人聞之，趨而進至者，不言其意皆一也。子貢後至，趨而進曰：「夫少正卯者，魯國之聞人矣！夫子始為政，何以先誅之？」孔子曰：「賜也，非爾所及也。夫王者之誅有五，而盜竊不與焉：一曰心辯而險，二曰言偽而辯，三曰行辟而堅，四曰志愚而博，五曰順非而澤。此五者，皆有辨知聰達之名，而非其真也。苟行以偽，則其智足以移眾，強足以獨立，此姦人之雄也，不可不誅。夫有五者之一則不免於誅。今少正卯兼之，是以先誅之也。昔者湯誅蠋沐，太公誅潘阯，管仲誅史附里，子產誅鄧析，此五子未有不誅也。所謂誅之者，非為其晝則攻盜，暮則穿窬也，皆傾覆之徒也！此固君子之所疑，愚者之所惑也。詩云：『憂心悄悄，慍于羣小。』此之謂矣。」〔註144〕

此二者皆與《世說新語》誅少正卯有關者。其三，《世說新語》「之宋一節」，亦見《說苑·雜言》篇：

> 孔子之宋，匡簡子將殺陽虎，孔子似之。甲士以圍孔子之舍。子路

〔註142〕〔漢〕劉向編，石光瑛校釋：《新序校釋》（北京：中華書局，2001 年），頁918～924。

〔註143〕王先謙著，沈嘯寰、王星賢點校：《荀子集解》，頁520～521。

〔註144〕〔漢〕劉向編，向宗魯校證：《說苑校證》（北京：中華書局，2000 年），頁380～381。

怒，奮戟將下鬬。孔子止之曰：「何仁義之不免俗也！夫《詩》、《書》
之不習，《禮》、《樂》之不脩也，是丘之過也。若似陽虎，則非丘之
罪也，命也夫！由歌，予和汝。」子路歌，孔子和之，三終而甲罷。
〔註145〕

又如《世說新語》「顏回年歲」一事，亦見《史記·仲尼弟子列傳》：

顏回者，魯人也，字子淵。少孔子三十歲。〔註146〕

凡上述數種，劉孝標皆可引以入注，卻於此四段之文，皆獨引《家語》之文，
然劉孝標注《世說新語》引經史子集近數百種，於此獨引《家語》而不引其
他重見者，亦非偶然不見。反之，正見劉孝標視《家語》之文優於他書，故
引據以爲注。

二、北朝學者

（一）北周盧辯注《大戴禮》引《家語》既存異聞又駁其非

今存最早可見之《大戴禮記》注，應屬北周盧辯注本，然此本已殘缺不
全。檢殘缺本之《大戴禮記》注，計有五處爲盧辯引及《家語》之文者。其
一，於〈衛將軍文子〉篇「主人聞之以成」下注云：

主言行比在於人。公西赤聞之以成。《家語》云：「衆人聞之爲成也。」
或聲誤也。〔註147〕

其二，同篇「夫子信其仁，以爲異姓」下注云：

謂以兄之子妻之也。《周禮·司儀職》曰：「時揖異姓，土揖庶姓。」
《家語》曰：「以爲異士」，言殊異之士，似妄也。〔註148〕

其三，〈子張問入官〉篇「教不能勿揩」下注云：

「勿揩」，《家語》爲「勿怠」也。「進」或聲誤爲「揩」，勿進，嫌
其倦也。〔註149〕

其四，同篇「是故夫工女必自擇絲麻，良工必自擇齎材」下注云：

《周禮·巾車職》曰：「毀折，入齎於職幣。」《家語》爲「完材」

〔註145〕同前註，頁 424。
〔註146〕〔漢〕司馬遷著、〔宋〕裴駰集解、〔唐〕司馬貞索隱、〔唐〕張守節正義：
《史記》，卷 67，頁 2187。
〔註147〕黃懷信等著：《大戴禮記彙校集注》（西安：三秦出版社，2005 年），頁 686。
〔註148〕同前註，頁 699。
〔註149〕同前註，頁 847。

也。〔註150〕

其五，〈公符〉篇「太子與庶子，其冠皆自爲主」下注云：

> 主侯自主之。重言太子，誤也。《家語》曰：「王太子庶子之冠儗焉。」
> 非也。〔註151〕

觀盧注所引五條，其第一、第三、第四條性質近於校勘，而第二條「言殊異
之士」一句，雖引及《家語》王注之說，然性質在於反駁王肅。至於第五條
者，雖引及《家語》之文，然性質亦同第二條，爲盧辯反駁《家語》之文。

就盧辯五條注文而言，實極爲重要。雖盧注爲殘缺之本，未能究其全貌，
然單就盧注所引五條而言，其視《家語》之態度至少有二點值得注意：其一，
視《家語》之文具有校勘之功能。其二，反駁《家語》之文與王注。

以第一點而言，盧辯此舉已顯示一重要觀念，即視《家語》與《大戴禮
記》兩者之關係相當密切。再者，盧辯以《家語》校勘《大戴禮記》，其態
度亦非直據《家語》之文以訂正《大戴禮記》，即如盧辯以爲《大戴禮記》
之文有商榷處，亦以其「聲誤」而自行正之，非直據《家語》而改《大戴禮
記》之文，或據《家語》直斥《大戴禮記》爲非。尤其《大戴禮記・子張問
入官》「教不能勿搢」之「勿搢」一條，盧注先云「《家語》爲『勿怠』也」，
然續云「『進』或聲誤爲『搢』，勿進，嫌其倦也」，明顯不以《家語》之文
爲正。由此可見，盧注雖引《家語》之文與《大戴禮記》相互校勘，然存異
聞之功更多於校正之舉，惟盧注此舉，已開後世學者以《家語》校勘其它典
籍之途。

以第二點而言，盧辯非議《家語》之文與王注，態度甚爲明顯，一非王
注「似妄」，一駁《家語》之文「非也」，皆明顯可見。

（二）北魏高祖孝文帝據《家語》以定冠禮

北魏高祖孝文帝於太和十九年間，亦曾引《家語》之相關記載而加以訂
定冠禮，據《魏書》載云：

> 高祖太和十九年五月甲午，冠皇太子恂於廟。丙申，高祖臨光極堂，
> 太子入見，帝親詔之。事在恂傳。六月，高祖臨光極堂，引見羣官。
> 詔曰：「比冠子恂，禮有所闕，當思往失，更順將來。禮古今殊制，
> 三代異章。近冠恂之禮有三失，一，朕與諸儒同誤，二，諸儒違朕，

〔註150〕同前註，頁866。
〔註151〕同前註，頁1353。

故令有三誤。今中原兆建，百禮惟新，而有此三失，殊以愧歎。《春秋》，襄公將至衛，以同姓之國，問其年幾，而行冠禮。古者皆灌地降神，或有作樂以迎神。昨失作樂。至廟庭，朕以意而行拜禮，雖不得降神，於理猶差完。司馬彪云：「漢帝有四冠：一緇布，二進賢，三武弁，四通天冠。」朕見《家語‧冠頌篇》「四加冠，公也。」《家語》雖非正經，孔子之言與經何異？諸儒忽司馬彪志，致使天子之子，而行士冠禮，此朝廷之失。冠禮朕以爲有賓，諸儒皆以爲無賓，朕既從之，復令有失。孔所云『斐然成章』，其斯之謂。」太子太傅穆亮等拜謝。高祖曰：「昔裴頠作冠儀，不知有四，裴頠尚不知，卿等復何愧。」〔註152〕

此段記載，乃北魏高祖孝文帝行冠禮於皇太子恂，時爲太和十九年五月（495B.C.），然孝文帝則於六月下詔云此次冠禮有三失之處。此三失者：其一，君臣皆誤行士冠禮於皇太子。其二，群臣以冠禮無賓而行之，又誤。其三，冠禮之行因前二誤而誤。以孝文帝所引據者觀之，即屬《家語‧冠頌》篇之文，是知孝文帝雖視此書雖非列於「正經」，然所記皆爲孔子之言與「正經」無異，不可因此而廢。

（三）北魏酈道元注《水經》引《家語》之文

北魏酈道元（？～527）撰《水經注》時，亦曾引及《家語》之文。如於「又東過當塗縣北渦水從西北來注之」一條下注云：

又按劉向《說苑‧辨物》、王肅之〈叙〉孔子廿二世孫孔猛所出先人書《家語》，竝出此事，故塗山有會稽之名。〔註153〕

又如〈汶水〉篇注云：

《郡國志》曰：「須昌縣有致密城，古中都也」，即夫子所宰之邑矣，制養生送死之節，長幼男女之禮，路不拾遺，器不彫僞矣。〔註154〕

此段乃引及《家語‧相魯》篇之文者：

孔子初仕爲中都宰，制爲養生送死之節：長幼異食，強弱異任，男女別塗，路無拾遺，器不彫僞，爲四寸之棺，五寸之槨，因丘陵爲

〔註152〕〔北齊〕魏收：《魏書‧禮志》，卷108之4，頁2810～2811。

〔註153〕楊守敬纂疏、熊會貞參疏，段熙仲點校、陳橋驛復校：《水經注疏》，下冊，頁2534。

〔註154〕同前註，中冊，頁2084。

墳，不封不樹。行之一年，而西方之諸侯則焉。〔註155〕

然酈道元之注《水經》，志在廣徵博引，未能知悉其視《家語》一書之態度爲何。然其所引王肅〈序〉，以及所提及孔子廿二世孫孔猛出先人之書等事，正與今本王肅〈序〉之記載合，則南北朝時期，此序已存。

就上述諸多例證觀之，魏晉南北朝學者於《家語》一書之看法，惟有魏馬昭最爲激烈，即視「《家語》王肅所增加」、「《家語》……非孔子言也」，然尚未扣緊王肅所僞作。若以馬昭之學術旨趣觀察，則馬昭之學乃主鄭學，如《舊唐書・元行沖列傳》載云：

> 子雍規玄數十百件，守鄭學者，時有中郎馬昭，上書以爲肅繆。詔王學之輩，占答以聞。又遣博士張融案經論詰，融登召集，分別推處，理之是非，具《聖證論》。王肅酬對，疲於歲時，則知變易章句，其難四矣。〔註156〕

此處元行沖即明言馬昭之學以鄭學爲主，故其批駁《家語》一書，亦以鄭學之角度出發，故其說未必可信。

此外，《南齊書・劉瓛陸澄列傳》相關記載提及：

> 康成生炎漢之季，訓義優洽，一世孔門，襃成竝軌，故老以爲前脩，後生未之敢異。而王肅依經辯理，與碩相非，爰興《聖證》，據用《家語》，外戚之尊，多行晉代。〔註157〕

由此觀之，《南齊書》指出王肅因爲外戚之尊，於是王肅據《家語》之文所設立之制度，多行於晉代。此說出於梁朝蕭子顯之《南齊書》，距魏王肅之時不遠，故其說亦相當符合情理。

〔註155〕〔魏〕王肅注：《孔子家語・相魯》，卷1，頁1。

〔註156〕〔後晉〕劉昫：《舊唐書・元行沖列傳》，卷102，頁3180。

〔註157〕〔梁〕蕭子顯著：《南齊書・劉瓛陸澄列傳》，卷39，頁686。

第五章　隋唐時期《家語》流傳考述

　　南北朝轉入隋唐以後，徵引《家語》之情形日益增多，然學者其視《家語》一書之態度大抵有二種意見，一承魏馬昭「增加」說而加以延伸，一仍視《家語》爲先秦兩漢之舊，非王肅所增加。然以馬昭「增加」之說而加以延伸者，惟見於五經正義及賈公彥《周禮》、《儀禮》二疏，且稍可注意者，即使五經正義承繼馬昭「增加」之說而加以延伸，然此非五經正義惟一之意見者。今若稍加觀察，則五經正義中據《家語》之文以爲疏解經注者亦有數則，絕非全然繼承馬昭之說者。至於五經正義以外之學者，多傾向《家語》非王肅所增加，並多視爲先秦兩漢之舊本。以下就唐朝學者視《家語》一書之態度，稍加論述於各節之中。

第一節　經學類著作中相關學者視《家語》之態度

一、五經正義據《家語》之文進退不一

　　唐初編修五經正義時，孔穎達等纂修官多引及魏晉南北朝學者之經解成果入疏，其中亦包含《家語》及王注。然稍可注意者，五經正義雖引及《家語》之文，然於疏解時所展現出對《家語》之態度，卻於各經正義之中，往往進退不一。大抵而言，五經正義中有關《家語》之態度，可分爲以下幾種情形：其一，繼承魏馬昭「王肅所增加」、「非鄭所見」之意見，而加以延伸。其二，視《家語》一書雖出自孔家，然卻已經過後人所傳錄。其三，視《家語》之文可以廣聞見、存異聞。其四，據《家語》之文以疏解經注。今先就第一點稍加論述如下。

（一）承魏馬昭所謂「王肅所增加」、「非鄭所見」加以延伸

　　五經正義繼承魏馬昭之意見者，當以《禮記・曾子問》之疏解，最能反映出纂修官繼承馬昭之意見。此處正義所疏解〈曾子問〉之原文如下：

> 子游問曰：「喪慈母如母，禮與？」孔子曰：「非禮也，古者男子外有傳，內有慈母，君命所使教子也，何服之有？昔者魯昭公少喪其母，有慈母良，及其死也，公弗忍也，欲喪之，有司以聞曰：『古之禮，慈母無服，今也君爲之服，是逆古之禮而亂國法也，若終行之，則有司將書之，以遺後世，無乃不可乎？』公曰：『古者天子練冠以燕居，公弗忍也，遂練冠以喪慈母。』喪慈母自魯昭公始也。」〔註1〕

觀此段而言，當爲子游設問並請教於孔子，以喪慈母是否當如喪親母一般，而服如親母？孔子引魯昭公一事以答之，並引有司之言加以補充說明。然孔子似未明言當服或不服（或暗同有司之言），惟以「喪慈母自魯昭公始也」作爲結語。鄭玄則於「古之禮慈母無服」一句下注云：

> 據國君也。良，善也，謂之慈母，固爲其善。國君之妾子，於禮不服也。昭公年三十乃喪齊歸，猶無戚容，是不少，又安能不忍於慈母？此非昭公明矣。未知何公也。〔註2〕

鄭注據魯昭公喪齊歸而無哀淒之容，遂據此推測其於慈母之喪，應當亦無不忍之心，故論斷孔子所言並非指魯昭公。孔疏則云：

> 按《家語》云：「孝公有慈母良」，今鄭云：「未知何公」者，鄭不見《家語》故也，或《家語》王肅所足，故鄭不見也。〔註3〕

觀此處孔疏之意見，似欲據《家語》之文以補充鄭注，然於鄭玄未知何公一點，又欲加以縫合，故以「鄭不見《家語》」一句，說明鄭玄之所以未知何公之因。然後又續云「或《家語》王肅所足，故鄭不見」，則疏解者又顯然承繼馬昭「王肅所增，非鄭所見」之意見，視《家語》此段爲王肅所增加，故鄭玄未見「孝公有慈母良」。換言之，疏解者欲據《家語》「孝公有慈母良」一句補充鄭注，亦欲爲鄭注未知何公一點，加以縫合，遂有「鄭不見《家語》故也」、「或《家語》王肅所足，故鄭不見也」二種詮釋。惟兩種詮釋，背後所涉及對《家語》之態度絕然不同，蓋「鄭不見《家語》故也」之詮釋，不

〔註1〕　〔漢〕鄭玄注、〔唐〕孔穎達等疏：《禮記・曾子問》，卷18，總頁368a。
〔註2〕　同前註。
〔註3〕　同前註，「子游至始也」疏，卷18，總頁369b。

涉及王肅增加之說，而「或《家語》王肅所足，故鄭不見也」之詮釋，則涉及王肅增加之說，疏解者以「或」字並存，正意謂其未知孰是之態度。

除此處疏文外，他處尚有言及鄭未見《家語》者，如《詩經・東門之楊》「東門至煌煌」疏云：

> 鄭不見《家語》，不信《荀卿》，以《周禮》指言仲春之月，令會男女，故以仲春爲昏月。〔註4〕

由此觀之，疏解者認爲鄭玄未見《家語》者，非獨一次而已。然無論如何，疏解者所謂「《家語》王肅所足，故鄭不見」一句，確承馬昭之說。惟疏解者又於此說延伸出「王肅私定未足可依」、「言多不經未可據信」二種更爲激烈之觀點，以下就此二點稍作論述。

1. 王肅「私定」而「未足可依」、「非孔子正旨」

疏解者除繼承馬昭「增加」之說外，又衍生與「增加」說相似之「私定」說，如《尚書・孔安國序》「伏犧至常道也」疏云：

> 《家語》則王肅多私定，《大戴禮》、《本紀》出於《世本》以此而同。
> 〔註5〕

此處疏解者則進以「私定說」扣之，可謂與馬昭之說互爲表裡。蓋私定說可涵蓋增加之說，卻又可指出王肅私下定定《家語》，以作爲己身有力之依據，而後公諸於世以難鄭學。此外，又如《禮記・王制》「天子至於寢」疏：

> 王肅云：「下祭無親之孫，上不及無親之祖」，又非通論，且《家語》云，先儒以爲肅之所作，未足可依。〔註6〕

此處疏解者以《家語》一書，乃先儒以爲王肅之所作，無法依信。又如《禮記・郊特牲》「郊特至已矣」疏：

> 賈逵、馬融、王肅之等，以五帝非天，唯用《家語》之文，謂大傳炎帝、黃帝五人帝之屬，其義非也。又先儒以《家語》之文，王肅私定，非孔子正旨。〔註7〕

─────────────

〔註4〕〔漢〕鄭玄箋、〔唐〕孔穎達等疏：《詩・東門之楊》，「東門至煌煌」疏，卷7之1，總頁253c。

〔註5〕〔漢〕孔安國傳、〔唐〕孔穎達等疏：《尚書・序》，「伏犧至常道也」疏，卷1，總頁7b。

〔註6〕〔漢〕鄭玄注、〔唐〕孔穎達等疏：《禮記・王制》，「天子至於寢」疏，卷12，總頁241d～242a。

〔註7〕同前註，〈郊特牲〉，「郊特至已矣」疏，卷25，總頁480c。

此段亦扣緊《家語》爲王肅所自定，並認爲此文非孔子之眞正旨意。又如《詩・摽有梅》「摽有梅三章章四句至及時」疏云：

> 《孫卿》、《家語》未可據信，故據《周禮》三十之男，二十之女，昏用仲春也。〔註8〕

此處疏解者亦直云不信《家語》之文，尤其是關於婚禮季節之相關記載，未可加以據信。

　　由上述觀之，皆爲疏解者繼承馬昭之「增加」說後，進以「私定」說扣之，於是此書之相關記載，即屬「未足可依」、「非孔子正旨」。

2. 「言多不經」而「未可據信」

　　上述所舉數例，皆爲疏解者針對王肅所據《家語》之有力處，駁以王肅所增加。然五經正義中，亦有直言《家語》之文多有不經之處，並直斥此書未可據信。如於《詩・緜》「廼立至攸行」疏云：

> 《家語》云：衛莊公易朝市，孔子曰：『繹之於庫門之內，失之矣』」則衛有庫門。魯以周公立庫而衛亦有庫門者，《家語》言多不經，未可據信。〔註9〕

此處則針對衛亦有庫門一事，乃《家語》之文言多不經，不可據信。以上二點皆可視爲馬昭「增加」說之延伸，大致而言皆不信《家語》之文。以下轉論其他與「增加」說之外，其他有關《家語》之觀點。

（二）「出自孔家」然為「後世所錄」

　　除上述緊扣《家語》爲王肅所增加、所足、所私定，或言多不經、非孔子正旨之觀點外，五經正義尚存在另一觀點，即視《家語》此書雖出自孔家，然已爲後世所傳錄，已非舊本之《家語》。此說如《左傳・哀公傳十四年》「以爲至虞人」疏云：

> 《家語》云：「子鉏商采薪於大野，獲麟焉，折其前左足載而歸，叔孫以爲不祥，棄之於郭外，使人告於孔子。孔子曰：『麟也，然後取之。』」王肅云：「《傳》曰：『狩此曰采薪』，時實狩獵，鉏商非狩者，采薪而獲麟也。《傳》曰：『以賜虞人』此云『棄之於郭外』，『棄之於郭外』，所以賜虞人也。」然肅意欲成彼《家語》，令與經傳符同，

〔註8〕〔漢〕鄭玄箋、〔唐〕孔穎達等疏：《詩・摽有梅》，「摽有梅三章章四句至及時」疏，卷1之5，總頁62d。

〔註9〕同前註，〈緜〉，「廼立至攸行」疏，卷16之2，總頁550a。

故強爲之辭，冀合其說，要其文正，乖不可合也。今《傳》言「狩而獲麟」，非采薪者也。鉏商不是狩者，麟非狩之所獲，何以書爲狩乎？「以賜虞人」，虞人當受之矣，棄郭外，非賜人之辭，不得棄之以爲賜人也。《公羊傳》曰：「西狩獲麟，何以書？」「記異也。」「何異爾？」「非中國之獸也。」「然則孰狩之薪采者也？」「薪采者，則微者也。」「曷爲以狩言之大之也？」「曷爲大之爲獲麟大之也？」則《公羊》之意，當時實無狩者，爲大麟而稱狩也。《家語》雖出孔家，乃是後世所錄，取《公羊》之說，飾之以成文耳，不可與《左氏》合也。〔註10〕

此處疏解者既駁王肅以《家語》之文強解《左傳》，視王說「強爲之辭」，又指《家語》雖出孔氏，然爲後世所錄。故此段相關記載，乃《家語》取《公羊》之文而飾成，不可用以與《左傳》相映。

就疏解者「《家語》雖出自孔家，乃是後世所錄」二句而言，前句正與王肅〈序〉「孔子二十二世孫有孔猛者，家有其先人之書。昔相從學，頃還家，方取以來」相合，而後句既可與馬昭之「增加」說、「私定」說相連結，又可有其他相關解釋，未必單指王肅所增加而已，故「後世所錄」之說，所涵蓋範圍又較「增加」說等爲廣。然疏解者所謂「《家語》雖出自孔家」一句頗值得注意，蓋既云「出自孔家」，則隱然承認此書其來有自，惟又云「乃後世所錄」，則又以爲此書已爲後人所增加，已非先秦兩漢之舊。

（三）存《家語》之文「以廣聞見」

五經正義既認同馬昭之說，以《家語》雜有王肅所增、所足之說，又有推論此書雖出自孔氏卻已經後人傳錄之意見存在。然與上述不同者，乃五經正義亦有引《家語》之文以廣聞見。如於《禮記・檀弓》「工尹至禮焉」疏云：

又《家語》云：「楚伐吳。工尹商陽與弃疾追吳師，及之，弃疾曰：『王事也，子手弓而可。』商陽手弓，弃疾曰：『子射諸。』射之，斃一人，韔其弓。」則此分句爲異解，義亦別言。手弓者，令其彀弓而射之，未知孰是，故兩存焉，附之以廣聞見也。〔註11〕

〔註10〕〔晉〕杜預集解、〔唐〕孔穎達等疏：《左傳・哀公十四年傳》，「以爲至虞人」疏，卷59，總頁1031b-c。

〔註11〕〔漢〕鄭玄注、〔唐〕孔穎達等疏：《禮記・檀弓下》，「工尹至禮焉」疏，卷10，總頁190c。

此處由於〈檀弓〉之意與《家語》之文略有不同，而疏解者即引《家語》之文與〈檀弓〉之文並存，以廣聞見者。檢〈檀弓〉原作：

> 工尹商陽與陳弃疾追吳師，及之。陳弃疾謂工尹商陽曰：「王事也，子手弓而可。」手弓。「子射諸。」射之，斃一人，韔弓。又及，謂之，又斃二人。每斃一人，揜其目。止其御曰：「朝不坐，燕不與，殺三人，亦足以反命矣。」孔子曰：「殺人之中，又有禮焉。」〔註12〕

是知兩者於同敘一事，卻詳略有所不同，疏解者於是兩存之以廣聞見。又如《禮記‧檀弓》載云：

> 穆伯之喪，敬姜晝哭；文伯之喪，晝夜哭。孔子曰：「知禮矣。」文伯之喪，敬姜據其牀而不哭，曰：「昔者吾有斯子也，吾以將爲賢人也，吾未嘗以就公室；今及其死也，朋友諸臣未有出涕者，而內人皆行哭失聲。斯子也，必多曠於禮矣夫！」〔註13〕

而「穆伯至矣夫」又疏云：

> 案《家語》云：「文伯歌卒，其妻妾皆行哭失聲。敬姜戒之曰：『吾聞好外者士死之，好內者女死之，今吾子早夭，吾惡其好內聞也，二三婦共祭祀者，無加服。』孔子聞之曰：『女智莫若公父氏之婦，知禮矣。』」與此不同者，彼戒婦人而成子之德，此論子之惡，各舉一邊，相包乃具。〔註14〕

疏解者以爲〈檀弓〉、《家語》之文，記者各有所側，若合璧觀之可窺得全豹，於是兩存之以廣聞見。

（四）據用《家語》之文為疏

五經正義既於他處視《家語》爲王肅所增加，理不當採用，然疏解者既用《家語》之文以廣聞見外，又有直據《家語》之文入疏者，如上引「孝公有慈母良」一段，又如《禮記‧明堂位》「大廟至應門」疏云：

> 故《家語》云：「衛莊公反國，孔子譏其繹之於庫門內，祊之於東方，失之矣」，是衛有庫門也。〔註15〕

疏解者既已於《詩‧緜》「廼立至攸行」疏中，指《家語》言非正經，亦非孔

〔註12〕同前註，頁190a-b。
〔註13〕同前註，卷9，總頁174d～175a。
〔註14〕同前註，「穆伯至矣夫」疏，卷9，總頁175a-b。
〔註15〕同前註，〈明堂位〉，「大廟至應門」疏，卷31，總頁580a。

子正旨，更於《左傳‧哀公傳十四年》「以爲至虞人」疏中，指此書雖出自孔家，然而爲後世所錄，卻於此處據《家語》之文，以爲衛有庫門。又如《詩‧白華》「箋池水至北流」疏云：

> 《家語》云：「今池水之大，誰知非泉焉？〈召旻〉曰池之竭矣，不云自頻，則池者下田畜水之處，且言浸者不得在豐水之中，則此池在豐水之左右，其池汙下，引豐以溉灌。〔註16〕

又如《詩‧召旻》「池之至我躬」疏云：

> 《家語》曰：「池水之大，魚鼈生焉，萑葦長焉，誰知其非泉也？」是池由自外引水而爲之，故云池水之益，由外灌焉。〔註17〕

凡此二者，皆疏解者認同《家語》之說。又如《左傳‧襄公傳十七年》「注晏子至家老」疏云：

> 《家語》曾子問此事，孔子云：「晏平仲可謂能辟害也，不以己是而駁人之非，孫辭以辟咎，義也。夫《家語》雖未必是孔子之言，要其辭合理，故王肅與杜皆爲此說。〔註18〕

此處疏解者以爲《家語》之言，雖非孔子之語，然其辭合理，故王肅、杜預皆採之。疏解者於此並非正面肯定《家語》，然既同意王肅、杜預之說，則疏解者既無非議，則亦可視同疏解者同意王肅、杜預所採《家語》之說。

二、賈公彥《周禮》、《儀禮》二疏亦承馬昭增加之說

除五經正義外，賈公彥《周禮正義》、《儀禮正義》二疏，亦對《家語》有相關看法。惟五經正義對《家語》之看法前後不一，而賈公彥之觀點，則仍承馬昭之說以爲《家語》王肅所增加，較爲一致。如於《儀禮‧士喪禮》「注桑之至安髮」疏云：

> 《家語》云「孔子之喪襲而冠」者，《家語》王肅之增改，不可依用也。〔註19〕

〔註16〕〔漢〕鄭玄箋、〔唐〕孔穎達等疏：《詩‧白華》，「箋池水至北流」疏，卷15之2，總頁517b。

〔註17〕同前註，〈召旻〉，「池之至我躬」疏，卷18之5，總頁699d。

〔註18〕〔晉〕杜預集解、〔唐〕孔穎達等疏：《左傳‧哀公傳十四年》，「注晏子至家老」疏，卷33，總頁576b。

〔註19〕〔漢〕鄭玄注、〔唐〕賈公彥疏：《儀禮‧士喪禮》，「注桑之至安髮」疏，卷35，總頁413b。

此即明顯繼承馬昭之說，以《家語》之言爲王肅所增，不可依用。

以上數項觀點，皆爲唐人經學類著作中，屬於較重要之看法者。大抵而言，魏馬昭之說於唐人經解中，具有相當程度之影響。然單就五經正義而言，疏解者視《家語》之意見，又非純以馬昭之說爲主，所展現之態度實往往進退不一。以上爲經學類著作中，學者對《家語》之看法，以下轉論史學類相關著作及子學類相關著作中，有關學者對《家語》一書之看法。

第二節　史學類著作中相關學者視《家語》之態度

一、魏徵《隋書·經籍志》以《家語》爲「孔氏所傳孔子之旨」

史學類相關著作中有關學者對《家語》之看法，以唐魏徵（580～643）所編《隋書·經籍志》爲最重要。〈隋志〉對於《家語》一書之觀點，既展現於其所著錄之部類中，又於〈論語類小序〉內可見端倪。〈隋志〉著錄《家語》一書於「經部」之「論語類」中，即：

> 《論語義疏》二卷張冲撰。梁有《論語義注圖》十二卷，亡。
>
> 《孔叢》七卷陳勝博士孔鮒撰。梁有《孔志》十卷，梁太尉參軍劉被撰，亡。
>
> 《孔子家語》二十一卷王肅解。梁有《當家語》二卷，魏博士張融撰，亡。
>
> 《孔子正言》二十卷梁武帝撰。
>
> 《爾雅》三卷漢中散大夫樊光注。梁有漢劉歆、犍爲文學、中黃門李巡《爾雅》各三卷，亡。〔註20〕

又於「經部」之〈論語類小序〉云：

> 《論語》者，孔子弟子所錄。孔子既敘六經，講於洙、泗之上，門徒三千，達者七十。其與夫子應答，及私相講肄，言合於道，或書之於紳，或事之無厭。仲尼既沒，遂緝而論之，謂之《論語》。漢初，有齊、魯之說。其齊人傳者，二十二篇；魯人傳者，二十篇。齊則昌邑中尉王吉、少府宗畸、御史大夫貢禹、尚書令五鹿充宗、膠東庸生。魯則常山都尉龔奮、長信少府夏侯勝、韋丞相節侯父子、

〔註20〕〔唐〕魏徵等：《隋書·經籍志》，卷32，頁937。

魯扶卿、前將軍蕭望之、安昌侯張禹，並名其學。張禹本授《魯論》，晚講《齊論》，後遂合而考之，刪其煩惑。除去《齊論》〈問王〉、〈知道〉二篇，從《魯論》二十篇爲定，號《張侯論》，當世重之。周氏、包氏，爲之章句，馬融又爲之訓。又有《古論語》，與《古文尚書》同出，章句煩省，與《魯論》不異，唯分〈子張〉爲二篇，故有二十一篇。孔安國爲之傳。漢末，鄭玄以《張侯論》爲本，參考《齊論》、《古論》而爲之注。魏司空陳羣、太常王肅、博士周生烈，皆爲義說。吏部尚書何晏，又爲《集解》。是後諸儒多爲之注，《齊論》遂亡。《古論》先無師說，梁、陳之時，唯鄭玄、何晏立於國學，而鄭氏甚微。周、齊，鄭學獨立。至隋，何、鄭並行，鄭氏盛於人間。其《孔叢》、《家語》，並孔氏所傳仲尼之旨。《爾雅》諸書，解古今之意，並五經總義附于此篇。〔註21〕

就以上兩段所言觀之，〈隋志〉此序旨在論述《論語》之成書、傳承與流傳情形，並從先秦《論語》之成書與定名過程，及兩漢師承授受與說解之種類，至魏晉南北朝時期《論語》學之發展爲何。旋又提及何以將《孔叢子》、《家語》二書與《爾雅》、五經總義等相關書籍，附於「論語」一類之原因。〈隋志〉以爲，《孔叢子》、《家語》二書皆爲孔氏所傳之仲尼意旨，因此將《家語》附於《論語》一類。

就以此觀點而言，魏徵以「孔氏所傳」、「仲尼之旨」二點，將《孔叢子》、《家語》附於「經部」之「論語」類中，前者所重在於其流傳過程，後者所重在其於內容。〈隋志〉所謂「孔氏所傳」之流傳方式，乃根據王肅〈序〉所言而來，而「仲尼之旨」一句，則根據《家語》一書之記載內容，多圍繞孔子與孔子弟子間之言談爲主，與《論語》記載孔子相關言論者近似，因此繫於《論語》諸著述之後。

以〈隋志〉所著錄《家語》之舉而言，實較五經正義疏解前賢經注簡單。〈隋志〉所需者，惟需著錄此書並說明著錄於此類之原因即可。然五經正義旨在梳理經典內容，於耙梳舊注之時總不免涉及經義旨歸，其間亦不能不作一抉擇。再者，《家語》於魏晉之際，往往爲王肅引及以攻鄭學，是爲鄭、王二學歧異之根本焦點所在，因此疏解者清理鄭注、王注時，實不能不對《家語》之態度有所表明。更兼纂修者眾，故其態度亦難兼顧，遂有前後不一之

〔註21〕同前註，頁939。

情形產生。至於〈隋志〉單就「其《孔叢》、《家語》，並孔氏所傳仲尼之旨」二觀點，遂可著錄於「經部」之「論語類」中，遠較五經正義所處理者簡單。是以就〈隋志〉而言，凡《家語》內容與鄭學、舊注歧異處，皆無需安排處理，故亦未直接涉及《家語》之文獻內容，亦連王肅之增改等舊說，亦可置之不理。

　　要之，〈隋志〉視《家語》確爲孔氏之眞傳，亦即「《孔叢》、《家語》，並孔氏所傳仲尼之旨」二句，已透露〈隋志〉之意見，其視此書爲孔氏家傳且不涉及馬昭增加之說，故隱然以此書並非王肅所增加。蓋〈隋志〉若以《家語》爲王肅所加，則斷不敢直謂此書是仲尼之旨，而〈隋志〉於此皆未提及並以「仲尼之旨」言之，則當視此書非王肅所增加。

　　再者，此書既未由王肅所增加，且其名又爲《孔子家語》，遂依〈漢志〉著錄之例，將此書著錄於「論語」類中。此舉更形重要，蓋後世《家語》僞書說定案後，《家語》則退居「子部」之「儒家類」中，而非「經部」之「論語類」，如《四庫全書總目》即視《家語》爲王肅所僞，並將此書著錄於「子部」之「儒家類」之中，然此時仍依〈漢志〉著錄之例，歸於「論語類」之中，顯見〈隋志〉仍視此書爲先秦兩漢之舊。

二、顏師古《漢書》注不信《家語》之文

　　顏師古（581～645）視《家語》一書之態度，存於其所注之《漢書》中。顏注《漢書》引及《家語》計三次，皆見於《漢書・藝文志》注中。此三者其一爲「古文尚書者，出孔子壁中」下注云：

> 《家語》云：「孔騰字子襄，畏秦法峻急，藏《尚書》、《孝經》、《論語》於夫子舊堂壁中」，而《漢記・尹敏傳》云：「孔鮒所藏」。二說不同，未知孰是。〔註22〕

一於「《孔子家語》二十七卷」一條下注云：

> 非今所有《家語》。〔註23〕

一於「《讕言》十（一）篇。不知作者，陳人君法度」下注云：

> 說者引《孔子家語》云孔穿所造，非也。〔註24〕

〔註22〕〔漢〕班固著、〔唐〕顏師古注：《漢書・藝文志》，卷30，頁1707。
〔註23〕同前註，頁1717。
〔註24〕同前註，頁1728。

以上三條爲顏師古對《家語》之觀點。今先以第一條而言，關於《古文尚書》爲何人所藏之說，《家語》所記載者爲孔騰，而《漢紀》所記載者爲孔鮒，二說各有不同，顏師古則兩存之。觀其引《家語》一段，正爲《家語·後序》所云「子武生子魚，名鮒，及子襄名騰、子文名袑，子魚後名甲，子襄以好經書博學，畏秦灋峻急，乃壁藏其《家語》、《孝經》、《尚書》及《論語》於夫子之舊堂壁中。」

《家語·後序》記載藏壁中書者爲孔騰，然觀顏師古所引一段，並無「《家語》」二字，未知顏師古之時是否此序並無此二字？然無論如何，顏師古於此對《家語》之態度乃有所保留，若眞肯據信《家語》之記載，則此處恐不至於與《漢紀》之說兩存之。

就第二條而言，顏師古以爲今所見之《家語》恐非〈漢志〉所著錄時之《家語》，此說則牽涉古今二本之問題，此處暫不涉及。然就顏師古所謂「非今所有《家語》」一句觀之，則顏師古應當視此書非先秦兩漢之舊，故對「今本」《家語》有所質疑。

就第三條而言，顏師古不信《家語》之態度亦更加明顯。顏注駁論者據《家語·後序》以爲〈漢志〉著錄之《讕言》爲孔穿所造一說爲非。論者所引見《家語·後序》「子直生子高，名穿，亦著儒家語十二篇名曰《讕言》，年五十七而卒。」然顏師古以爲，時人據《家語·後序》所提子高（孔穿）著儒家語十二篇，且名爲《讕言》之相關記載，遂據而與〈漢志〉所著錄之《讕言》匹配一事，實屬時人所妄。然值得注意者，顏師古何以此舉爲非？此乃由於顏師古不信《家語》之記載，故以時人此舉爲非。蓋顏師古以爲今所見之《家語》非兩漢之舊，故於注中言「非今所有《家語》」，是則〈後序〉所載亦不可據信。換言之，由於《家語》非〈漢志〉之舊本，時人據今本之《家語·後序》之言，以《讕言》爲孔穿所造，當不可據信。

然無論如何，顏師古一言非今所有《家語》，一不信《家語·後序》之記載，又於藏《古文尚書》之人，不專信《家語》之記載而與《漢紀》之說並存，正顯示顏師古於《家語》之記載，多不據以爲信。

三、唐太宗據《家語》之文論閔子騫之孝過於曾參

唐太宗李世民（599～649）亦曾據《家語》之文，與孔穎達論及閔子騫、曾參之孝。據《舊唐書·禮儀志》記載：

貞觀十四年三月丁丑，太宗幸國子學，親觀釋奠。祭酒孔穎達講《孝經》，太宗問穎達曰：「夫子門人，曾、閔俱稱大孝，而今獨爲曾說，不爲閔說，何耶？」對曰：「曾孝而全，獨爲曾能達也。」制旨駁之曰：「朕聞《家語》云：『曾晳使曾參鋤瓜，而誤斷其本，晳怒，援大杖以擊其背，手仆地，絕而復蘇。孔子聞之，告門人曰：『參來勿內。』既而曾子請焉，孔子曰：『舜之事父母也，使之常在側，欲殺之，乃不得。小箠則受，大仗則走。今參於父，委身以待暴怒，陷父於不義，不孝莫大焉。』由斯而言，孰愈於閔子騫也？」穎達不能對。太宗又謂侍臣：「諸儒各生異意，皆非聖人論孝之本旨也。孝者，善事父母，自家刑國，忠於其君，戰陳勇，朋友信，揚名顯親，此之謂孝。具在經典，而論者多離其文，迥出事外，以此爲教，勞而非法，何謂孝之道耶！」〔註25〕

此段記載乃太宗於貞觀十四年三月丁丑，親幸國子學觀釋奠之禮。此時國子監祭酒孔穎達正講《孝經》一書，然唐太宗對孔穎達講《孝經》之時多言曾參之孝一事，頗有疑義。蓋太宗以爲孔門弟子稱孝者尚有閔子騫，何以孔穎達多言曾參而少言閔子騫？孔穎達答以「曾孝而全，獨爲曾能達也」，意旨曾子之孝行，最能涵蓋儒家所謂孝道孝行，亦最爲通達者，故專以曾參爲主。然太宗對此回答頗爲不滿，遂引《家語》記載駁之，此段記載之大意如下：

曾晳好食瓜，曾參爲其耘瓜而誤斷其根，曾晳遂怒而以杖擊曾參。曾參伏地受擊不逃而後暈之。孔子知曉此事之後，告門人勿納曾參。曾參以爲其事奉父親甚孝，何以孔子不納？孔子回答舜於父之小箠則受之，若其父欲殺之則舜亦逃之，避免受之而使父有不義之名。今曾參受父杖而不逃，若因此而死，將使其父有不義之名，則曾參不孝亦大矣。

唐太宗據此事質問孔穎達，是曾參可謂知孝？其孝能過於閔子騫？孔穎達遂不能對（或不敢再對，以避免違逆聖上之意），旋後太宗又下詔指摘諸儒言孝皆離孝道甚遠，並公布真正之孝道者，當如經文所謂「善事父母，自家刑國，忠於其君，戰陳勇，朋友信，揚名顯親」諸項，要諸生不可離經發言。

據此觀之，唐太宗引《家語》之文與孔穎達論對，孔穎達雖礙於聖上之面，未敢再答，未能知悉其心中以爲然否。然至少可知，太宗絕非視《家語》一書爲後出，若太宗已視《家語》爲王肅所僞、所增加，則用以與孔穎達論

〔註25〕〔後晉〕劉昫：《舊唐書‧禮儀志》，卷24，頁916～917。

對，恐其自身亦當覺有不當之處。

四、李賢《後漢書》注以《家語》之文優先引用

　　顏師古注《漢書》多不信《家語》之文，然唐李賢（651～684）注《後漢書》時，不僅引用《家語》多至廿幾處，且對《家語》一書之文獻記載，極爲重視。以下先就李賢引《家語》之文注《後漢書》數例，稍作論述。

　　李賢於〈隗囂公孫述列傳第三〉「昔虞舜事父，大杖則走，小杖則受」句，注云：

　　　　《家語》孔子謂曾子之詞也。〔註26〕

又於〈鍾離宋寒列傳第三十一〉「昔虞舜事親，大杖則走」下注云：

　　　　《家語》孔子謂曾子之言也。〔註27〕

再於〈崔駰列傳第四十二〉「舜之事父，小杖則受，大杖則走，非不孝也」下注云：

　　　　《家語》曰：「曾子耘瓜，誤傷其根。曾晳怒，建大杖以擊其首。曾子仆地不知人，有頃乃蘇。孔子聞之怒，謂門弟子曰：『參來勿內也。昔瞽叟有子曰舜，瞽叟欲使之，未嘗不往，則欲殺之，未嘗可得。小箠則待，大杖則逃，不陷父於不義也。』」〔註28〕

凡此數條皆爲《後漢書》引「曾子耘瓜」一事入注，然此事見於《家語》之中，故李賢引《家語》之文加以發明。然考「曾子耘瓜」一事，實又見漢韓嬰所編之《韓詩外傳》、及漢劉向所編之《說苑·建本》中，何以惟引《家語》之文？或可謂李賢偶然失檢，或可謂李賢未見《韓詩外傳》、《說苑》之記載，然今檢李賢注中，亦有引及《韓詩外傳》、《說苑》者，引前者如〈光武帝紀〉「南陽荒饑」下注云：

　　　　《韓詩外傳》曰：「一穀不升曰歉，二穀不升曰饑，三穀不升曰饉，四穀不升曰荒，五穀不升曰大侵。」〔註29〕

同篇「二月己酉，幸修武」下，又注云：

　　　　縣名，屬河內郡，本殷之甯邑。《韓詩外傳》曰：「武王伐紂，勒兵

〔註26〕〔宋〕范曄（398～445）著、〔唐〕李賢等注：《後漢書·隗囂公孫述列傳》，卷13，頁527。
〔註27〕同前註，〈鍾離宋寒列傳〉，卷41，頁1406。
〔註28〕同前註，〈崔駰列傳〉，卷52，頁1732。
〔註29〕同前註，〈光武帝紀〉，卷1，頁2。

於寍，改曰修武。」今懷州縣也。〔註30〕

引《說苑》者，如〈顯宗孝明帝紀〉「昔楚莊無災，以致戒懼」下，注云：

> 《說苑》曰：「楚莊王見天不見妖而地不出孽，則禱于山川曰：『天
> 其忘余歟？』此能求過于天，必不逆諫矣。」〔註31〕

〈皇后紀〉「延平之際，海內無主，元元屓運，危於累卵」，又注云：

> 《說苑》曰：「晉靈公驕奢，造九層之臺，國困人貧，恥功不成。令
> 曰：『左右諫者斬也。』荀息乃求見。公曰：『諫邪？』息曰：『不敢。
> 臣能累十二博棊，加九雞子其上。』公曰：『危哉。』息曰：『復有
> 危於此者。公爲九層之臺，男女不得耕織，社稷一滅，君何所望！』
> 君曰：『寡人之過。』乃壞臺焉。」〔註32〕

凡此數條，皆可見李賢之注有引及《韓詩外傳》、《說苑》者，而「曾子耘瓜」
一事，既見於《家語》、《韓詩外傳》、《說苑》，而李賢不引《韓詩外傳》、《說
苑》者，正見李賢以《家語》之文，優於《韓詩外傳》、《說苑》，故以《家語》
之文注之，而不引《韓詩外傳》、《說苑》。

五、劉知幾《史通》以《家語》「傳諸孔氏」

唐劉知幾（661～721）《史通》一書，爲史學評論之先，其書專論史體、
史筆、史官諸事，及針對史學史進行論述。《家語》本非史書，因此劉知幾無
專篇討論《家語》者，惟有約略提及四處。然此四處已可反映出劉知幾對《家
語》一書之看法，其中又以前二次較爲明顯，今稍作論述如下。

第一處提及《家語》者，乃於《史通》內編之〈六家〉篇，其說如下：

> 至晉廣陵相魯國孔衍，以爲國史所以表言行，昭法式，至於人理常
> 事，不足備列；乃刪漢、魏諸史，取其美詞典言，足爲龜鏡者，定
> 以篇第，纂成一家。由是有《漢尚書》、《後漢尚書》、《漢魏尚書》
> 凡爲二十六卷。至隋秘書監太原王邵，又錄開皇、仁壽時事，編而
> 次之，以類相從，各爲其目，勒成《隋書》八十卷。尋其義例，皆
> 準《尚書》。原夫《尚書》之所記也，若君臣相對，詞旨可稱，則一
> 時之言，累篇咸載。如言無足紀，語無可述，若此故事雖有脫略，

〔註30〕同前註，頁28。

〔註31〕同前註，〈顯宗孝明帝紀〉，卷2，頁107。

〔註32〕同前註，〈皇后紀〉，卷10上，頁430。

而觀者不以爲非。爰逮中葉，文籍大備，必剪截今文，模擬古法，事非改轍，理涉守株，故舒元所撰漢魏等書，不行於代也。若乃帝王無紀，公卿缺傳，則年月失序，爵里難詳；斯並昔之所忽，而今之所要。如君懋《隋書》，雖欲祖述商周，憲章虞夏，觀其所述，乃似《孔子家語》、《臨川世說》，可謂畫虎不成，反類犬也。故其書受嗤當代，良有以焉。〔註33〕

就此內編之〈六家〉一段而言，乃劉知幾論史家之流別，可分爲「尚書」、「春秋」、「左傳」、「國語」、「史記」、「漢書」六家，而此段則專論「尚書家」。起首先述「尚書家」之源流與衍變，並以爲「尚書」一體，雖自有所承，然漢魏以降頗有學者以此體編撰史書，並舉晉孔衍所編之《漢尚書》、《後漢尚書》、《漢魏尚書》與隋王劭《隋書》爲例，敘述此類史書皆屬尚書體。

其次，分別敘述兩人所編之史書各有何缺失，以孔衍所撰諸書而言，劉知幾以爲其書之所以不行於世，乃在於株守舊法，用於當世更難卒讀。王劭所撰之《隋書》，於帝王則無本紀，於公卿則缺列傳，於年月記載則前後失序，於官爵故里則無法詳知，然此四要項皆爲當世所重，故王劭《隋書》雖仿《尚書》用以記言，卻於此四要項皆失之，故劉知幾評王劭爲「乃似《孔氏家語》、《臨川世說》，可謂畫虎不成，反類犬也」，遂因此而提及《家語》一書。

此處劉知幾以王劭《隋書》與《孔子家語》、《世說新語》相比，而《隋書》本以「尚書體」編纂，此體特色又以「君臣相對」爲主，因此於第一層次可知《家語》與《世說》二者之特質，亦有君臣互相問對之特點存在，然此就大致之性質而言。今又檢唐魏徵等修《隋書・王劭列傳》載云：

劭在著作，將二十年，專典國史，撰《隋書》八十卷。多錄口勅，又採迂怪不經之語及委巷之言，以類相從，爲其題目，辭義繁雜，無足稱者，遂使隋代文武名臣列將善惡之跡，埋沒無聞。初撰《齊誌》，爲編年體，二十卷，復爲《齊書》紀傳一百卷，及《平賊記》三卷。或文詞鄙野，或不軌不物，駭人視聽，大爲有識所嗤鄙。然其採摘經史謬誤，爲《讀書記》三十卷，時人服其精博。〔註34〕

此處魏徵於《隋書・王劭列傳》中，針對王劭所撰之《隋書》進行批評，尤

〔註33〕〔唐〕劉知幾著、〔清〕浦起龍釋，白玉崢校點：《史通通釋》（臺北：藝文印書館，1978年），頁3。

〔註34〕〔唐〕魏徵等：《隋書・王劭列傳》，卷69，頁1609～1610。

以「多錄口敕，又採迂怪不經之語及委巷之言」一點批之，並言此書無足稱者。然此處之意見甚為重要，蓋此意見正與劉知幾之說，相為表裡。劉知幾譏王劭《隋書》欲規模「尚書體」以撰史，然後評其畫虎不成而類犬，反流於《家語》、《世說》之體。此處劉知幾惟言王劭《隋書》一體，流於《家語》、《世說》諸書相類，其間是否隱含貶抑《家語》、《世說》等書之意？今就此點稍加論述如下。

劉知幾云「觀其所述，乃似《孔氏家語》、《臨川世說》，可謂畫虎不成，反類犬也」，則知劉知幾乃就王劭《隋書》之記載內容而言，而檢魏徵所言此書乃「又採迂怪不經之語及委巷之言」一點，遂知劉知幾亦當指此書有此迂怪不經之性質，故與《家語》、《世說》等同。〔註35〕

然此並非劉知幾視《家語》之惟一態度而已，其於〈雜述〉篇云：

> 在昔《三墳》、《五典》、《春秋》、《檮杌》，即上代帝王之書，中古諸侯之記，行諸歷代，以為格言。其餘外傳，則神農嘗藥，厥有《本草》，夏禹敷土，實著《山經》；《世本》辨姓，著自周室，《家語》載言，傳諸孔氏。是知偏記小說，自成一家，而能與正史參行，其所由來尚矣。〔註36〕

觀以上一段，實有二重要觀點隱含其中：其一，就「《家語》載言，傳諸孔氏」一句而言，劉知幾以為《家語》一書，確傳自孔氏族人，未與王肅增加之說相涉，亦無提及此書為王肅偽造，是劉知幾認為此書確為孔氏真傳。其二，就「《家語》為偏記小說」一句而言，劉知幾以為《三墳》、《五典》、《春秋》、《檮杌》諸書，前二者為上古帝王之書，後二者為中古諸侯之史記，然皆行於世，已為後世之格言典範。至於《本草》、《山經》、《世本》、《家語》之屬，既與上述《三墳》、《五典》帝王之書不同，又與《春秋》、《檮杌》諸侯之史記不類，惟能視為「外傳」、「偏記小說」。惟此諸書雖為「外傳」、「偏記小說」之屬，與帝王之書、諸侯之史記有別，但早與正史並行不悖，可自成一家。觀此二點，是劉知幾並未貶抑外傳諸書之屬，甚以其可自成一家而側於「帝王之書」、「諸侯之史記」之後。復次，「小說」一詞，於唐時尚未衍為後世文體之小說，亦無貶抑之意，而劉知幾舉《家語》一書，與《本草》、

〔註35〕今《家語》所記，亦多有迂怪不經之處，如〈辯物〉篇季桓子穿井獲羊諸事即是。

〔註36〕〔唐〕劉知幾撰、〔清〕浦起龍釋，白玉崢校點：《史通通釋》，頁247。

《山經》、《世本》並列，凡此數種皆爲先秦兩漢之舊，而劉知幾深闇史學，若其視《家語》爲王肅所增、所僞造，斷不然與此等書籍並列。

此外，〈雜述〉同篇續云：

> 爰及近古，斯道漸煩，史氏流別，殊途並騖；榷而爲論，其流有十
> 焉。一曰偏記。二曰小錄。三曰逸事。四曰瑣言。五曰郡書。六曰
> 家史。七曰別傳。八曰雜記。九曰地里書。十曰都邑簿。〔註37〕

上段爲劉知幾分外傳之流別有十，而後偏舉諸書以釋此十類，並續云：

> 若劉義慶《世說》、裴榮期《語林》、孔思尚《語錄》、陽玠松《談藪》；
> 此之謂瑣言者也。〔註38〕

此處劉知幾歸《世說新語》於「雜述」類之「瑣言」，然其於〈內篇〉已譏王劭之作與《家語》、《世說》之流類似，則《家語》《世說》二書於劉知幾之觀點中，應性質略有近似之處。因此，若劉知幾將《世說新語》歸於「瑣語」之中，或可依《世說新語》之例亦歸《家語》於「雜述」之「瑣語」一類中。

若再稍加細繹，劉知幾將《家語》、《世說》視爲雜述類，實與〈隋志〉略有差別。蓋〈隋志〉依〈漢志〉之例，置《家語》於《論語》類之中，仍屬經部之屬，而劉知幾則視爲「雜述家」、「外傳」、「偏記小說」，與經部地位相去甚遠，似已入子部矣，而此點則又較劉知幾視《家語》爲屬瑣語一節，又更爲明確。

六、司馬貞《史記索隱》視《家語》爲先秦兩漢之舊

今存以《家語》對勘他書以存異者，於南朝有梁裴駰《史記集解》，北朝有北周盧辯《大戴禮記》注。入唐後五經正義於疏解時，雖有引《家語》之文以廣聞見、存異聞，然數量不豐。司馬貞、張守節則又繼裴駰《集解》之後，大量引及《家語》以與《史記》之文互相對勘存異，而又集中於〈孔子世家〉、〈仲尼弟子列傳〉兩篇居多。

若單就對勘存異一項而言，由於此書自王肅始傳，距離唐時又已橫隔三百多年，且《史記》於此之間又歷經多次之傳鈔轉錄，恐不能無異文，故以《家語》之文與《史記》相關者相互對勘以存異，本爲可行之舉。然若不論其勘存異之成果爲何，究竟司馬貞於《史記索隱》中如何看待《家語》一書？

〔註37〕同前註。
〔註38〕同前註，頁248。

今就此點稍加論述。

司馬遷（145～86B.C.）於《史記‧五帝本紀》記載：

> 太史公曰：學者多稱五帝，尚矣。然《尚書》獨載堯以來，而百家
> 言黃帝，其文不雅馴，薦紳先生難言之。孔子所傳宰予問〈五帝德〉
> 及〈帝繫姓〉，儒者或不傳。〔註39〕

即司馬遷以爲〈五帝德〉、〈帝繫姓〉二篇，當時漢儒多不傳習。司馬貞《索隱》則於此段之下注云：

> 〈五帝德〉、〈帝繫姓〉皆《大戴禮》及《孔子家語》篇名。以二者
> 皆非正經，故漢時儒者以爲非聖人之言，故多不傳學也。〔註40〕

司馬貞指出今〈五帝德〉、〈帝繫姓〉二篇見於《大戴禮記》，而〈五帝德〉一篇又見於《家語》一書，〈帝繫姓〉則爲《家語》所無。惟司馬貞續云「二者皆非正經，故漢時儒者以爲非聖人之言，故多不傳學也」，則已顯露其態度。由此數句而言，司馬貞已視《家語》一書爲兩漢之時即有，並非王肅所能假託。觀此，則《索隱》並非視《家語》一書爲晚出。

此外，上述《索隱》有以《家語》之文與《史記》相互對勘存異，然此非司馬貞惟一之工作，其於《索隱》中亦有據《家語》之文訂正《史記》之說者。如〈孔子世家〉載云：

> 孔子要経，季氏饗士，孔子與往。陽虎紲曰：「季氏饗士，非敢饗子
> 也。」孔子由是退。〔註41〕

《索隱》於此段注云：

> 《家語》：「孔子之母喪，既練而見」，不非之也。今此謂孔子實要経
> 與饗，爲陽虎所紲，亦近誣矣。一作「要經」。要經猶帶經也，故劉
> 氏云嗜學之意是也。〔註42〕

此處〈孔子世家〉記載孔子雖處要経，然仍欲往赴季氏饗士之宴，陽虎則以「季氏饗士，非敢饗子也」爲由，而紲孔子於外，孔子不得進遂而退還。然司馬貞《索隱》則引《家語》「孔子之母喪，既練而見」相關之記載，指正《史記》記載孔子要経赴宴，而爲陽虎所紲一事，是爲近誣。今檢《家語》一書，

〔註39〕〔漢〕司馬遷著、〔宋〕裴駰集解、〔唐〕司馬貞索隱、〔唐〕張守節正義：
《史記》，卷1，頁46。
〔註40〕同前註，頁47。
〔註41〕同前註，〈孔子世家〉，卷47，頁1907。
〔註42〕同前註。

此段在第四十四篇〈公西赤問〉，原文如下：

> 孔子有母之喪，既練，陽虎弔焉，私於孔子曰：「今季氏將大饗境
> 內之士，子聞諸？」孔子曰：「丘弗聞也。若聞之，雖在衰絰，亦
> 欲與往。」陽虎曰：「子謂不然乎，季氏饗士，不及子也。」陽虎
> 出，曾參問曰：「語之何謂也？」孔子曰：「己則喪服，猶應其言，
> 示所以不非也（王注：孔子衰服，陽虎之言犯禮，故孔子答之，
> 以示不非其言者也）。」〔註43〕

就《家語》此段稍作觀察，乃記載孔子當時正喪母而既練，陽虎往弔時私下
就季氏饗士一事，詢問孔子是否知情？孔子答曰未聞，並言若有聞及則即使
衰絰，己亦將前往參與。此時陽虎則又云季氏饗士，但實未邀及孔子，孔子
不答而後陽虎離去。曾參有疑，孔子答以本該當面回應陽虎之言，然己正值
服喪其間，遂不願出言以非之。

　　《索隱》以〈孔子世家〉所記「因孔子要絰往與季氏之饗，而為陽虎所
絀，因而退之」一事近誣，然今觀《家語》之文，其所記載此事之要點有三：
其一，當時孔子並非要絰乃已除練。其二，孔子未聞季氏饗士一事，亦未往
與之。其三，陽虎並未因要絰一事絀孔子不得參與，乃孔子未知此事而錯過，
故孔子云「若聞之，雖在衰絰，亦欲與往」。凡此三處，皆為〈孔子世家〉與
《家語》之文記載互有出入。然司馬貞於此斷定〈孔子世家〉近誣，則其態
度甚為明確。由於其視《家語》一書之記載近實，且此書並非後人所偽，故
據此論斷《史記》記載近誣。以上並非《索隱》之特例，又如同篇〈孔子世
家〉載云：

> 公山不狃以費畔季氏，使人召孔子。孔子循道彌久，溫溫無所試，莫
> 能己用，曰：「蓋周文武起豐鎬而王，今費雖小，儻庶幾乎！」〔註44〕

《索隱》於此段下注云：

> 檢《家語》及孔氏之書，並無此言，故桓譚亦以為誣也。〔註45〕

此處〈孔子世家〉載「公山不狃以費畔季氏，使人召孔子」一事，司馬貞以
《家語》及與孔子有關之文獻，皆無〈孔子世家〉此段記載，因此亦同意東

〔註43〕〔魏〕王肅注：《孔子家語·公西赤問》，卷10，頁20。
〔註44〕〔漢〕司馬遷著、〔宋〕裴駰集解、〔唐〕司馬貞索隱、〔唐〕張守節正義：
　　　　《史記》，卷47，頁1914。
〔註45〕同前註，頁1915。

漢桓譚（24B.C.～56）之說，以〈孔子世家〉此段爲誣。

觀此，若司馬貞以爲《家語》爲魏晉時人所出非先秦兩漢之舊者，則斷不至用以摘謫《史記》之記載爲誣。

然今觀《索隱》一書，司馬貞並非全用《家語》之文斷定《史記》記載失實，實亦有同意《史記》之記載而非《家語》之文者，如同篇〈孔子世家〉載云：

> 有隼集于陳廷而死，楛矢貫之，石砮，矢長尺有咫。陳湣公使使問仲尼。仲尼曰：「隼來遠矣，此肅愼之矢也。……」試求之故府，果得之。〔註46〕

《索隱》則於「陳湣公使使問仲尼」下注云：

> 《家語》、《國語》皆作「陳惠公」，非也。按：惠公以魯昭元年立，定四年卒。又按〈系家〉，湣公（十）六年孔子適陳，十三年亦在陳，則此湣公爲是。〔註47〕

案今《家語》第十六〈辯物〉篇載云：

> 孔子在陳，陳惠公賓之于上館，時有隼集陳侯之庭而死，楛矢貫之石砮，其長尺有咫，惠公使人持隼如孔子館而問焉。孔子曰：「隼之來遠矣，……。」〔註48〕

是今本《家語》亦如司馬貞所言作「陳惠公」，而司馬貞進而以〈陳杞世家〉相關史料考證，指出孔子適陳時當爲陳湣公，據此而斷《家語》、《國語》記載作「陳惠公」爲誤。凡此，皆爲司馬貞訂正《家語》之文者，是知司馬貞運用《家語》一書，雖視先秦兩漢之舊，然亦非全然以《家語》之記載爲無誤，而是《史記》、《家語》與其它文獻交互對勘存異，因而加以訂正。

七、張守節《史記正義》以《家語》之文對勘存異

張守節《史記正義》引《家語》之文證《史記》者，計有十四處。其中之十二處者，乃以對勘存異之方式展現，較少如司馬貞《索隱》對《家語》之態度明顯。然其中亦有二處值得注意，其一，如〈孔子世家〉記載：

> 孔子生魯昌平鄉陬邑。其先宋人也，曰孔防叔。防叔生伯夏，伯夏

〔註46〕同前註，頁1922。
〔註47〕同前註。
〔註48〕〔魏〕王肅注：《孔子家語·辯物》，卷4，頁11～12。

生叔梁紇。紇與顏氏女野合而生孔子，禱於尼丘得孔子。〔註49〕

張守節《正義》於「紇與顏氏女野合而生孔子」句下注云：

> 男八月生齒，八歲毀齒，二八十六陽道通，八八六十四陽道絕。女七
> 月生齒，七歲毀齒，二七十四陰道通，七七四十九陰道絕。婚姻過此
> 者，皆爲野合。故《家語》云「梁紇娶魯施氏女，生九女，乃求婚於
> 顏氏，顏氏有三女，小女徵在」。據此，婚過六十四矣。〔註50〕

張守節於此處則據《家語》之文，斷定「梁紇與顏氏」婚過時已六十四，是
又據《家語》之文補充〈孔子世家〉之記載。據此可知，《正義》實有據《家
語》之文以補充《史記》者，非徒視《家語》爲後出之文獻，

又如，〈仲尼弟子列傳〉「鄭國字子徒」下，《正義》注云：

> 《家語》云：「薛邦字徒」，《史記》作「國」者，避高祖諱。「薛」
> 字與「鄭」字誤耳。〔註51〕

《正義》於此引《家語》「薛邦字徒」一句，說明《史記》作「國」字，乃因
避劉邦之諱而改，是知張守節視《家語》一書確爲先秦兩漢之舊。此段《索
隱》亦注云：

> 《家語》「薛邦字徒」，《史記》作「國」而《家語》稱「邦」者，蓋
> 避漢祖諱而改。「鄭」與「薛」，字誤也。〔註52〕

《索隱》之文與《正義》相同，唯有一二字小異，未知兩者是否相互援引或
同有來源。然此處甚爲重要，蓋《索隱》與《正義》皆據《家語》之文，指
出《史記》作「國」字乃避劉邦諱而改。凡司馬貞、張守節皆以《史記》有
避劉邦諱，而《家語》則無，如此則兩人皆視《家語》爲先秦兩漢之舊，故
於此處未曾改寫，遂不避劉邦諱。由此觀之，司馬貞、張守節二人頗有視《家
語》爲先秦兩漢之舊的觀點存在。

八、杜佑《通典》以《家語》之文可發明周、秦之制

杜佑（734～812）《通典》爲政書之屬，共分「食貨」、「選舉」、「職官」、
「禮」、「樂」、「兵刑」、「州郡」、「邊防」八門，每門又各分子目。此書所引

〔註49〕〔漢〕司馬遷著、〔宋〕裴駰集解、〔唐〕司馬貞索隱、〔唐〕張守節正義：
　　　　《史記》，卷47，頁1905。

〔註50〕同前註，頁1906。

〔註51〕同前註，〈仲尼弟子列傳〉，卷67，頁2224。

〔註52〕同前註。

及之書，今多有亡佚者，頗爲輯佚學家所重。觀其中所引之書，多次提及、引及《家語》者，惟未明言其視《家語》一書之態度爲何。然杜佑雖未明言其視《家語》之態度爲何，但觀其編排體例，與引用《家語》之情形，則可推知杜佑視《家語》一書所提及之典制，實可與先秦之舊制互相發明。

蓋《通典》一書，凡於各類典制，皆追溯首尾究其源委。今杜佑凡於典制可追溯周、秦之制者則追溯之，而《家語》中有相關文獻之記載可與周、秦舊制相發明者則亦引之以互相發明。是知杜佑視《家語》一書，非純就王肅所增加、作僞一點視之，若視爲王肅所增加、僞作，則豈能以魏晉之作，用以發明周秦之舊制？

今茲將杜佑引《家語》發明周秦之舊制者，整理如下表：

【表5-1】杜佑引《家語》發明先秦典制者

典類	子目	溯源	小字自注／或引證說明
職官	大理卿	今大理者，亦舜攝帝位，皋繇作士，正五刑，周秋官之任。	《韓詩外傳》曰：「……。」《新序》曰：「……。」又《家語》曰：「季羔爲衛士師，刖人之足。俄而衛有亂，季羔逃，刖者守門，謂羔曰：『彼者缺。』羔曰：『君子不隧。』又曰：『此有室。』季羔入焉。既罷，羔問焉：『吾親刖子之足，而逃我，何也？』刖者曰：『曩者，君理人以法令，先君後臣，欲臣之免也，臣知之。臨當論刑，君愀然不樂，見於顏色，臣又知之。君豈私臣哉！天生君子，其道固然，此臣之所脫君也。』孔子聞之曰：『善哉！爲吏者用法，一思仁恕則樹德，如嚴暴則樹怨，公以行之，其子羔乎？』」（頁709）〔註53〕
	將軍總序	魏獻子、衛文子並居將軍之號。	《左傳》曰：「……。」又《禮記》曰：「……。」又《家語》曰：「衛將軍文子問於子貢。」是也。文子爲衛之將軍，名彌牟。（頁780）
禮	天子加元服	周制，文王年十二而冠……公冠成王，命祝雍頌曰：「……。」	說曰：「……。」今按：《大戴禮》有〈公冠篇〉云：「公冠四加，天子亦四加。」又《家語·冠頌》云：「王太子之冠，擬諸侯之冠；天子之元子，亦擬諸侯四加；諸侯之子同於士。」據此，自天子至於諸侯，非無冠禮，但因秦焚書，遂同蕩滅。其周制士冠禮，頗備，王者時採行焉。（頁1572～1573）

〔註53〕據〔唐〕杜佑撰，王文錦等點校：《通典》（北京：中華書局，1988年），頁數附各段之末。

| 皇太子冠 | 周制，天子元子猶士也，天下無生而貴者也。 | 元子，嗣子也。無生而貴，皆由下升也。明人有賢行著德，乃得貴之。《家語‧冠頌》曰：「天子之元子之冠，擬諸侯之冠，四加」。（頁1576） |
| 諸侯士大夫冠 | 《夏小正記》：二月，冠子之時也。……《左傳》曰：「……及衛，冠於成公之廟……。」 | 《大戴禮‧公冠篇》云「公冠四加」。《家語‧冠頌》云「諸侯之子，冠同於士」。（頁1580） |

就上表稍作觀察，「禮類」之「冠禮」部分，杜佑論周之冠禮時，據《大戴禮記》、《家語》之記載，斷定先秦自天子以至於諸侯皆有冠禮。又云「據此，自天子至於諸侯，非無冠禮，但因秦焚書，遂同蕩滅。其周制士冠禮，頗備，王者時採行焉」，並據而論說各等冠禮之施行為何。此即杜佑視《家語》可發明周、秦之舊制者。

上述為史學類著作中，相關學者對《家語》之看法，今轉論子學類相關著作者。

第三節　子學類著作中相關學者視《家語》之態度

一、魏徵《群書治要》以《家語》之文足供治國之策

魏徵所撰《群書治要》一書，旨在採頡群書，以供治國之用，據《群書治要‧序》記載：

> 以為六籍紛綸，百家踳駁，窮理盡性，則勞而少功，周覽汎觀，則博而寡要，故爰命臣等採摭群書，翦截淫放，光昭訓典，聖思所存，務乎政術。綴敘大略，咸發神衷，雅致鈞深，規摹宏遠，網羅治體。事非一目，若乃欽明之后，屈己以救時，無道之君，樂身以亡國，或臨難而知懼，在危而獲安，或得志而驕居，業成以致敗者，莫不備其得失，以著為君之難。其委質策名，立功樹惠，貞心直道，忘軀殉國，身殞百年之中，聲馳千載之外，或大奸巨猾，轉日迴天，社鼠城狐，反白仰黑，忠良由其放逐，邦國因以危亡者，咸亦述其終始，以顯為臣不易。其立德立言，作訓垂範，為綱為紀，經天緯地，金聲玉振，騰實飛英，雅論徽猷，嘉言美事，可以弘獎名教，崇太平之基者，固

亦片善不遺，將以丕顯皇極。至於母儀嬪則，懿后良妃，參徽猷於十亂，著深誠於辭輦，或傾城悊婦，亡國豔妻，候晨雞以先鳴，待舉烽而後笑者，時有所存，以備勸戒。爰自六經，訖乎諸子，上始五帝，下盡晉年，凡五袠合五十卷，本求治要，故以治要爲名。〔註54〕

可知此書之編輯動機，在於提供統治者有關統治之要術。所謂統治者，一方面包含人君，以供其「政術」、「治體」之要，一方面包含人臣，以供其效法忠貞之士，而誠爲社鼠城狐之姦臣，一方面則包含人后，以供其母儀天下，而誠爲後宮之禍害。

就《治要》採頡之標準而言，在其〈序〉中所謂「可以弘獎名教，崇太平之基者，固亦片善不遺，將以丕顯皇極」數句，是知《治要》之編纂，乃欲藉由諸書中所記載治國之道術，採頡匯爲一編，以供人主、人臣、人后所採用或借鑑與警誡。

就《治要》所採諸書而言，其經部一類之書籍，依序爲《周易》、《尚書》、《毛詩》、《春秋左氏傳》、《禮記》、《周禮》、《周書》、《國語》、《韓詩外傳》、《孝經》、《論語》、《孔子家語》十二種。至於《家語》一書之後則爲《史記》，已入史部之書籍。就此經部一類之順序而言，魏徵置《家語》一書於《論語》之後，與〈漢志〉、〈隋志〉之例同，是知魏徵《群書治要》與〈隋志〉之意見相同，皆視此書非王肅所僞。再者，《治要》置《家語》於經部而非子部，是視《家語》一書之地位次於《論語》，而非退居子部儒家類之中與諸子並列。

此外，《治要》採頡《家語》一書皆出篇名，若與今本《家語》四十四篇相較計有廿二篇，可知其採取之篇幅已然不少。今製成下表：

【5-2】《群書治要》所採《家語》篇名與今本對照表

《孔子家語》卷1	《群書治要》	《孔子家語》卷2	《群書治要》
〈相魯〉1		〈致思〉8	〈致思〉
〈始誅〉2	〈始誅〉	〈三恕〉9	〈三恕〉
〈王言解〉3	〈王言〉	〈好生〉10	〈好生〉
〈大婚解〉4	〈大婚〉		
〈儒行解〉5			

〔註54〕〔唐〕魏徵等編：《群書治要·序》，（臺北：臺灣商務印書館，1922年，四部叢刊本），頁1～2。

〈問禮〉6	〈問禮〉		
〈五儀解〉7	〈五儀〉		
《孔子家語》卷3	**《群書治要》**	**《孔子家語》卷4**	**《群書治要》**
〈觀周〉11	〈觀周〉	〈六本〉15	〈六本〉
〈弟子行〉12		〈辯物〉16	
〈賢君〉13	〈賢君〉	〈哀公問政〉17	〈哀公問政〉
〈辯政〉14	〈辯政〉		
《孔子家語》卷5	**《群書治要》**	**《孔子家語》卷6**	**《群書治要》**
〈顏回〉18	〈顏回〉	〈五帝〉24	
〈子路初見〉19		〈執轡〉25	〈執轡〉
〈在厄〉20		〈本命解〉26	
〈入官〉21		〈論禮〉27	
〈困誓〉22	〈困誓〉		
〈五帝德〉23			
《孔子家語》卷7	**《群書治要》**	**《孔子家語》卷8**	**《群書治要》**
〈觀鄉射〉28		〈冠頌〉33	
〈郊問〉29		〈廟制〉34	
〈五刑解〉30	〈五刑〉	〈辯樂解〉35	
〈刑政〉31	〈刑政〉	〈問玉〉36	〈問玉〉
〈禮運〉32		〈屈節解〉37	〈屈節〉
《孔子家語》卷9	**《群書治要》**	**《孔子家語》卷10**	**《群書治要》**
〈七十二弟子解〉38		〈曲禮子貢問〉42	
〈本姓解〉39		〈曲禮子夏問〉43	〈子夏問〉
〈終記解〉40		〈曲禮公西赤問〉44	
〈正論解〉41	〈正論〉		

　　據《群書治要》所引《家語》之篇章者計有廿二篇，與今本《家語》十卷四十四篇之數對照，已正一半之數。若再進一步統計《群書治要》所採頡《家語》各篇章之字數稍作統計如下表：

【5-3】《群書治要》所採《家語》各篇字數與今本對照表

《孔子家語》卷 1 篇名／字數	《群書治要》 篇名／字數	《孔子家語》卷 2 篇名／字數	《群書治要》 篇名／字數
〈始誅〉／801	〈始誅〉／446	〈三恕〉／1311	〈三恕〉／219
〈王言解〉1251	〈王言〉／980	〈好生〉／1649	〈好生〉／131
〈大婚解〉845	〈大婚〉／445		
〈問禮〉743	〈問禮〉／230		
〈五儀解〉1607	〈五儀〉／1298		
《孔子家語》卷 3	《群書治要》	《孔子家語》卷 4	《群書治要》
〈觀周〉／876	〈觀周〉／395	〈六本〉／2687	〈六本〉／480
〈賢君〉／1385	〈賢君〉／686	〈哀公問政〉／1200	〈哀公問政〉641
〈辯政〉／1325	〈辯政〉／172		
《孔子家語》卷 5	《群書治要》	《孔子家語》卷 6	《群書治要》
〈顏回〉／1116	〈顏回〉／220	〈執轡〉／1653	〈執轡〉／395
〈困誓〉／1471	〈困誓〉／170		
《孔子家語》卷 7	《群書治要》	《孔子家語》卷 8	《群書治要》
〈五刑解〉／984	〈五刑〉／316	〈問玉〉／717	〈問玉〉／174
〈刑政〉／678	〈刑政〉／435	〈屈節解〉／1837	〈屈節〉／205
《孔子家語》卷 9	《群書治要》	《孔子家語》卷 10	《群書治要》
〈正論解〉3777	〈正論〉／385	〈曲禮子夏問〉／ 2393	〈子夏問〉／131

以下將表【5-3】數據轉成圖表顯是如下：

【5-4】《群書治要》所採《家語》各篇字數與今本對照圖（1）

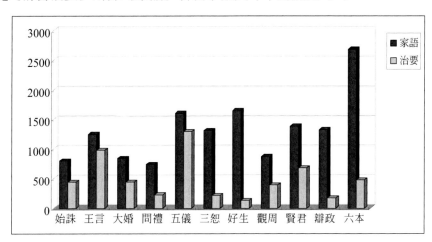

【5-5】《群書治要》所採《家語》各篇字數與今本對照圖（2）〔註55〕

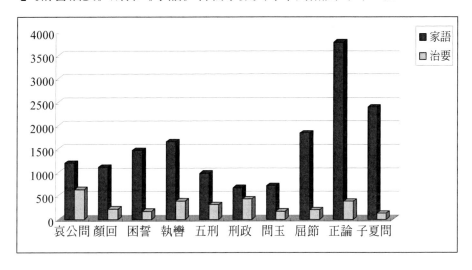

　　根據上圖【5-4】、【5-5】觀之，《治要》所採頡《家語》之廿二篇中，如
〈始誅〉、〈王言〉、〈大婚〉、〈五儀〉、〈觀周〉、〈賢君〉、〈哀公問政〉、〈刑政〉
等八篇，所採頡之字數已將近今本各篇一半以上。其中〈王言〉、〈五儀〉、〈刑
政〉三篇，幾已近全篇之數。再者，《群書治要》凡採頡諸書，又多以節引、
檃括之方式重新編寫，故往往字數雖較原書篇章爲少，然原意卻多能涵蓋之，
因此《治要》之字數雖較《家語》原篇爲少，然於原意之掌握上並未失之。

────────────────────

〔註55〕此處統計之字數，乃以白文爲主，不含王注、標點符號。

　　復次，《治要》所採頡之原則，皆與「治要」有關，亦即以群書爲對象，以治要爲核心，透過相關記載之擷取，以供唐太宗治理國家取策之用。今《家語》不僅在採頡之列，而其所採之篇章，又達今本《家語》之半，正見魏徵視此書相當重要之依據。若魏徵視此書爲王肅所增加，則斷不置《家語》於經部《論語》之後，實應退居子部之屬，抑或不擷取其篇章以入《治要》。凡此，皆爲魏徵所編《治要》重視《家語》一書之重要例證。

二、楊倞《荀子》注引《家語》之文以存異文

　　今存最早之《荀子》注本爲唐楊倞所注，其注引及《家語》者，計有十四處。然考其所引《家語》實多視爲存異之用，並無其它明顯之看法。如〈宥坐〉篇「其洸洸乎不湢盡，似道」下，楊注云：

> 洸，讀爲滉。滉，水至之貌。湢，讀爲屈，竭也。似道之無窮也。《家語》作「浩浩無屈盡之期，似道」也。〔註56〕

同篇「子貢觀於魯廟之北堂，出而問於孔子曰：『鄉者賜觀於太廟之北堂，吾亦未輟，還復瞻被九蓋皆繼，被有說邪？匠過絕邪？』」下，楊注云：

> 子貢問：北盍皆繼續？彼有說邪？匠過誤而遂絕之邪？《家語》作「北蓋皆斷」，王肅云：「觀北面之蓋，皆斷絕也。」〔註57〕

凡此皆爲楊倞引《家語》之文，與《荀子》相關之處作對勘存異，至於楊倞視《家語》一書之態度爲何，則未能進步知曉。

　　以隋唐學者視《家語》一書之態度觀之，經學類著作中之相關看法，以《五經正義》最爲駁雜，往往進退不一，其態度約有四種：其一，承魏馬昭所謂「王肅所增加」、「非鄭所見」加以延伸，其中又分爲「王肅『私定』而『未足可依』、『非孔子正旨』與「『言多不經』而『未可據信』」二種。其二，以爲此書「出自孔家」然爲「後世所錄」。其三，存《家語》之文「以廣聞見」。其四，據用《家語》之文爲疏。此四種態度中，第一與第四者頗有衝突之處，此較爲嚴重者。至於賈公彥《周禮注疏》、《儀禮注疏》，則明確繼承馬昭之意見，較爲單純。若以史學類相關著作觀之，除顏師古之意見屬於反對以外，其餘學者多視《家語》非王肅所增加。尤其唐太宗、魏徵、司馬貞、張守節、杜佑等人之意見，皆視《家語》爲先秦兩漢之舊，非爲王肅所僞。

〔註56〕王先謙集解，沈嘯寰、王星賢點校：《荀子集解》，頁525。
〔註57〕同前註，頁528。

　　以上乃就學者對《家語》之看法，略作梳理，至於《家語》眞正之影響，仍須以實際之措施加以觀之，以下就《家語》作爲唐代文化建設之憑藉此一現象，略作論述如下。

第四節　《家語》與唐代學術及文化之建設

　　就上述各節而言，唐朝學者於《家語》一書之文獻認知，除經學類相關著作與顏師古之意見外，其餘多視《家語》爲先秦兩漢之舊，即使有懷疑其來歷者，亦與所謂僞書之說差異甚遠。然而，就唐朝學者視《家語》爲先秦兩漢之舊一點而言，實屬消極之觀察，若以積極之角度而言，《家語》於唐代學術及文化之建設中，仍佔有一席之地，以下就此二點加以敘述。

一、《家語》與唐代學術之意義

　　以《家語》與唐代之學術而言，《家語》出現之後所蘊含之學術意義，實際上正代表鄭學面臨嚴峻之檢視。誠然，在經學史之發展過程而言，鄭學雖於鄭、王之爭中勝出，且清儒亦多不重視王學之價值，然《家語》於唐時仍有三點之時代意義。

　　其一，《家語》仍然據引於於五經正義之中，有其學術價值所在。以五經正義而言，實代表魏晉南北朝時期經疏相關著作之統一，其中保存不少兩漢魏晉南北朝之舊注，而正義中引亦及不少《家語》之文，即使疏文之中多主張鄭玄之說，但士人研讀五經正義時，仍然有機會涉及《家語》之文。蓋此時僞書說尙未定型，且疏解之中又有直據《家語》之文入疏者，因此學者於研讀正義時，仍有平心靜氣接觸《家語》之可能，與清儒動輒以《家語》一書爲王肅僞作，摒棄不觀者，相去懸絕。

　　其二，五經正義中保留《家語》與鄭學之歧異處，提供學者重新審視之契機。正義於鄭王之歧異處，往往引及《家語》之書，以互相梳理，如此已保留當代與後世學者重新審視鄭學之契機。無論疏解中與學者是否宗鄭斥王，或尊鄭注而黜《家語》之文，此皆學者之價值意識，讀者可自我抉擇。然正義中既已保存此中之歧異處，即使疏解者尊鄭斥王，或尊鄭注而黜《家語》之文，讀者仍有契機可自我思辨，不與清儒動言其僞而未加審視者不同。此外，唐太宗之意見與魏徵〈隋志〉、《治要》等書，皆極爲重視《家語》，五

經正義雖對《家語》之態度有所微詞，然帝王之意見頗爲重要，若太宗重視《家語》一書，學者亦未敢直斥其書無用。

其三，王肅其人其書，並未廢行，於學術之建設當有其價值。據《舊唐書·儒學列傳》記載：

> 太宗又以經籍去聖久遠，文字多訛謬，詔前中書侍郎顏師古考定五經，頒於天下，命學者習焉。又以儒學多門，章句繁雜，詔國子祭酒孔穎達與諸儒撰定五經義疏，凡一百七十卷，名曰五經正義，令天下傳習。十四年，詔曰：「梁皇侃、褚仲都，周熊安生、沈重，陳沈文阿、周弘正、張譏，隋何妥、劉炫等，並前代名儒，經術可紀。加以所在學徒，多行其疏，宜加優異，以勸後生。可訪其子孫見在者，錄名奏聞，當加引擢。」二十一年，又詔曰：「左丘明、卜子夏、公羊高、穀梁赤、伏勝、高堂生、戴聖、毛萇、孔安國、劉向、鄭眾、杜子春、馬融、盧植、鄭玄、服虔、何休、王肅、王弼、杜元凱、范甯等二十一人，並用其書，垂於國胄。既行其道，理合褒崇。自今有事太學，可與顏子俱配享孔子廟堂。」其尊重儒道如此。〔註58〕

太宗於二十一年下詔，將左丘明以下等二十一人之著作垂於國胄，並與顏回等人配享於孔廟之中，其中亦包含王肅其人其書。由此詔文觀之，正見太宗不廢王肅其人其書，且前已述及太宗視《家語》一書並非僞作，而《治要》亦多引及《家語》之文，則太宗於《家語》一書之重視，實不言可喻。再者，此處既言並用王肅其人與其書，則《家語》當不在排除之外。

二、《家語》與唐代文化之建設

《家語》與唐代文化建設之關係，可於兩處觀之：其一，《治要》擷取《家語》之文，使《家語》之文獻內容，得以進入皇室之文化教育系統之中。其二，以《家語》之文作爲禮制建設之依據，以下就此二點加以論述。

（一）《家語》與王室教育

《家語》雖未正式成爲唐王室教育之重要書籍，然此書既已收入於《治要》之中，則與王室之教育已有密不可分之關係。今觀《治要》編纂之用意，本有二項重要意義：第一，太宗期於「致治稽古，臨事不惑」之鑒戒心態，

〔註58〕〔後晉〕劉昫：《舊唐書·儒學列傳》，卷189上，頁4941～4942。

亦即太宗欲以《群書治要》提供治道及鑒戒。第二，欲使「太子諸王」皆能熟習此書，以培養未來執政者之統治之術。據唐劉肅《大唐新語》中記載：

> 太宗欲見前代帝王事得失以爲鑒戒，魏徵乃以虞世南、褚遂良、蕭德言等采經史百家之內嘉言善語，明主暗君之跡，爲五十卷，號《羣書理要》，上之。太宗手詔曰：「朕少尚威武，不精學業，先王之道，茫若涉海。覽所撰書，博而且要，見所未見，聞所未聞。使朕致治稽古，臨事不惑。其爲勞也，不亦大哉！」賜徵等絹千匹，緗物五百段。太子諸王，各賜一本。〔註59〕

又如歐陽修等人所編之《新唐書・儒學傳》，亦有相關記載：

> 太宗欲知前世得失，詔魏徵、虞世南、褚亮及德言，褒次經史百氏帝王所以興衰者上之，帝愛其書博而要，曰：「使我稽古臨事不惑者，公等力也！」賚賜尤渥。〔註60〕

上引《新唐書》之記載，雖簡於劉肅之《大唐新語》，然兩者皆已指出太宗編纂此書之用意，在於欲觀前代得失以爲施政之鑒戒，故兩處之中前云「致治稽古，臨事不惑」、後云「稽古臨事不惑者」皆是此意，亦即上述第一種編纂用意。其次，劉肅《大唐新語》中有提及《新唐書》所未言者，乃此書編成之後唐太宗甚爲滿意，於是「太子諸王，各賜一本」。觀太宗此舉，雖不免有欲其子孫寶而珍之之意，然太宗既愛此書之博，又肯定此書能「致治稽古，臨事不惑」，其實際之意，乃欲其子孫研習此書以學習治術，此即上述第二種編纂用意。惟需說明者，乃第二種用意並非起始即有之，亦非先有一規劃欲使《治要》進入於王室教育之中，惟於編纂之後於「太子諸王，各賜一本」時，所引起之附加效益，然太子諸王是否眞有精讀者，則不可知曉。

　　《治要》之編纂，既然有上述二種意義存在，則凡編纂者擷取他書之文以入此書者，即視其擷取之部分，或能「致治稽古，臨事不惑」者，又或能「鑒戒」者，而《家語》一書既有不少篇幅入於《治要》，則編纂者欲以《家語》之文，作爲帝王「致治稽古，臨事不惑」與「鑒戒」之用意，則甚爲明顯。就《治要》所節錄《家語》之文觀之，大致可分爲二類：一類可作爲帝王之修養術，一類可作爲帝王之治術，以下轉論此二類。

〔註59〕〔唐〕劉肅著，許德楠、李鼎霞點校：《大唐新語》（北京：中華書局，2004年），頁133。

〔註60〕〔宋〕歐陽修、〔宋〕宋祁等：《新唐書・儒學列傳》，卷198，頁5653。

1. 帝王之修養術

　　魏徵等人編纂此書時，雖主要焦點著眼於「致治稽古，臨事不惑」，然無形中卻有不少節文涉及個人道德修養之術者，此不獨《家語》爲然，惟今僅就《家語》爲例而已。大致而言，《治要》節錄《家語》之文，以期帝王之修養具有以下幾項特質：第一，期望帝王養成「謙虛卑下」，如節錄《家語》之〈三恕〉篇：

> 孔子觀於魯桓公之廟，有欹器焉。孔子問於守廟者曰：「此爲何器？」對曰：「此蓋爲宥坐之器。」孔子曰：「吾聞宥坐之器，虛則欹，中則正，滿則覆，明君以爲誡，故置於坐側也。」顧謂弟子曰：「試注水焉。」水實之，中則正，滿則覆。夫子喟然歎曰：「嗚呼！夫物惡有滿而不覆者哉？」子路進曰：「敢問持滿有道乎？」子曰：「聰明叡智，守之以愚；功被天下，守之以讓；勇力振世，守之以怯；富有四海，守之以謙；此所謂損之又損之之道也。」〔註61〕

此段則藉「宥坐」之器，告誡人君當以此器爲警惕，須以其「虛則欹，中則正，滿則覆」之特點，作爲待人處事之原則，並以「守之以愚、」、「守之以讓」、「守之以怯」、「守之以謙」、「損之又損之之道」之道，告誡人君當以謙虛卑下爲原則。

　　第二，期望君王養成「慎言誠言」，如節錄〈觀周〉篇：

> 孔子觀周，遂入大祖后稷之廟，廟堂右階之前有金人焉，參緘其口，而銘其背曰：「古之慎言人也。戒之哉，無多言，多言多敗；無多事，多事多患。安樂必誡，無行所悔。勿謂何傷，其禍將長；勿謂何害，其禍將大；勿謂不聞，神將伺人；焰焰不滅，炎炎若何；涓涓不壅，終爲江河。綿綿不絕，或成網羅；豪末不扎，將尋斧柯。誠能慎之，福之根也。口是何傷，禍之門也。強梁者不得其死，好勝者必遇其敵。盜憎主人，民惡其上。君子知天下之不可上也，故下之；知眾人之不可先也，故後之。溫恭慎德，使人慕之。執雌持下，人莫踰之。人皆趨彼，我獨守此；人皆惑惑，我獨不徙。內藏我智，不示人技。我雖尊高，人弗我害，唯能於此。天道無親，常與善人。戒之哉！戒之哉！」孔子既讀斯文，顧謂弟子曰：「小子志之，此言實

〔註61〕〔唐〕魏徵等編：《群書治要》，卷10，頁13。

而中，情而信。」〔註62〕

〈觀周〉篇此段即著名之〈金人銘〉，此銘之意重在揭示「慎言誡言」之重要，然所涉及之含意，則不僅慎言一事而已。舉例而言，如告誡世人「無多言」、「無多事」、「安樂必誡」等等。就整體而言，此銘所蘊含之處事哲學，當與道家所言相近，例如此銘中提到「強梁者不得其死，好勝者必遇其敵」、「故下之」、「故後之」、「執雌持下」、「內藏我智」等等，皆爲道家處事之重要原則與精神。觀此，編纂者節錄此文之用意，當有告誡人君「慎言誡言」之外，尚須遵從道家謙退守柔之待人處事原則。

第三，期望君王養成「自損有益」，又如節錄〈六本〉篇：

> 孔子讀《易》，至於損益，喟然而歎。子夏避席問曰：「夫子何歎焉？」
> 孔子曰：「夫自損者，必有益之；自益者，必有決之，吾是以歎也。」
> 子夏曰：「然則學者不可以益乎？」子曰：「非道益之謂也，道彌益而身彌損。夫學者損其自多，以虛受之。天道成而必變，凡持滿而能久者，未嘗有也。故曰：『自賢者，則天下之善言，不得聞其耳矣。』」
> 〔註63〕

此篇敘述即編纂者欲藉由孔子論損益二卦，說明「自損有益」、「自益有決」之理，並藉由孔子強調「損其自多，以虛受之」之原則，期許人君養成「自損有益」、「以虛受之」之待人處事原則。

第四，期望君王養成「納諫」之雅量，如節錄〈六本〉篇：

> 孔子曰：「藥酒苦於口而利於病，忠言逆於耳而利於行。湯武以諤諤而昌，桀紂以唯唯而亡。君無爭臣，父無爭子，兄無爭弟，士無爭友，其無過者，未之有也。故曰：君失之，臣得之；父失之，子得之；兄失之，弟得之；士失之，友得之，是以國無危亡之兆，家無悖亂之惡，父子兄弟無失，而交友無絕。」〔註64〕

強調若「君無爭臣」、「父無爭子」、「兄無爭弟」、「士無爭友」者，則未能無過者，故人君應當重視爭臣，應當納其所諫爭者，如此國家方能無危亡之兆。又如節錄〈困誓〉篇：

> 衛蘧伯玉賢而靈公不用，彌子瑕不肖而反任之。史魚驟諫，公不從。

〔註62〕同前註，頁14～15。
〔註63〕同前註，頁19。
〔註64〕同前註，頁18～19。

史魚病將卒，命其子曰：「吾在公朝，不能進蘧伯玉退彌子瑕，是吾
為臣不能正君也。生而不能正君，死不可以成禮矣。吾死，汝置屍牖
下，於我畢矣。」其子從之。靈公弔焉，怪而問之，其子以其父言告
公，公愕然失容，曰：「是寡人之過也。」於是命之殯於客位，進蘧
伯玉而用之，退彌子瑕而遠之。孔子聞之曰：「古之烈諫者，死則已
矣，未有若史魚死而屍諫，忠感其君者也，可不謂直乎！」〔註65〕

此篇載史魚諫衛靈公當進用賢能之蘧伯玉，而退不肖之彌子瑕，然靈公不從。
史魚將死，深以為人臣者而未能正其君為憾，故命其子於其死後置屍於牖下，
以為自責。衛靈公得知之後深為感動，於是命其子「殯於客位」以合禮數，
並進蘧伯玉而退彌子瑕。觀編纂之用意，正欲人君效法衛靈公雖未能於即時
接納諫言，但於退省其過後當從而接納之，切勿剛愎自用，不納諫言。

第四，期望君王養成「鑑古知今」，如節錄〈觀周〉篇：

孔子觀於明堂，覩四方之墉。有堯舜桀紂之象，而各有善惡之狀，
興廢之誡焉。又有周公相成王，抱之而負斧扆，南面以朝諸侯之圖
焉。孔子徘徊而望之，謂從者曰：「此則周之所以盛也。夫明鏡者，
所以察形；往古者，所以知今。人主不務襲跡於其所以安存，而忽
怠於所以危亡，是猶未有以異於卻步，而欲求及前人也，豈非惑哉！」
〔註66〕

就此段而言，其中所謂「夫明鏡者，所以察形；往古者，所以知今」數句，
即編纂者期望人君養成「鑑古知今」，期望人君於施政時，能以古為鑑。

第五，期望君王養成「親賢」，如節錄〈六本〉篇：

孔子曰：「吾死之後，則商也日益，賜也日損。」曾子問曰：「何謂
也？」子曰：「商也好與賢己者處，賜也好悅不如己者。不知其子視
其父，不知其人視其友，不知其君視其所使。故曰：與善人居，如
入芝蘭之室，久而不聞其香，即與之化矣；與不善人居，如入鮑魚
之肆，久而不聞其臭，亦與之化矣。是以君子必慎其所與者焉。」
〔註67〕

此段即編纂者告誡人君，應當以親賢為己任，必當親盡賢人、善人，如此既

〔註65〕同前註，頁23。
〔註66〕同前註，頁14。
〔註67〕同前註，頁19～20。

久以後，君王亦當感染賢人善人之氣息，使自己亦能爲賢爲善。

2. 帝王之統治術

　　培養「帝王之統治術」實爲《治要》之主要焦點，故太宗稱此書能「致治稽古，臨事不惑」，而《治要》中關於此類之節錄極多，《家語》被節入者亦復不少。歸納其所節入者，其要點大致有以下幾項：

　　第一，期望君王以「德治禮教」爲施政原則。大致而言，所謂德治者，即指儒家之政治主張，如節入〈賢君〉篇：

> 哀公問政於孔子，孔子對曰：「政之急者，莫大乎使民富且壽也。」
> 公曰：「爲之奈何？」孔子曰：「省力役，薄賦斂，則民富矣；敦禮教，遠罪疾，則民壽矣。……《詩》不云乎：『愷悌君子，民之父母。』未有其子富而父母貧者也。」〔註68〕

此處所謂使民「富且壽」、「省力役」、「薄賦斂」、「敦禮教」、「遠罪疾」，以及所謂「未有其子富而父母貧者也」等主張，皆爲《論語》、《孟子》中已強調之德政。又如儒家強調養老政策，而編纂者亦有節入〈正論〉中有關敬老、養老之政策者，如下文即是：

> 定公問於孔子曰：「大夫皆勸寡人，使隆敬於高年，可乎？」孔子對曰：「君之及此言也，將天下實賴之，豈惟魯而已哉？」公曰：「何也？」孔子曰：「昔者有虞氏貴德而上齒，夏后氏貴爵而上齒，殷人貴富而上齒，周人貴親而上齒。虞夏殷周，天下之盛王也，未有遺年者焉。年之貴于天下久矣，次于事親，是故朝廷同爵則上齒。七十杖於朝，君問則席；八十不仕朝，君問則就之，而悌達於朝廷矣。其行也，肩而不並，不錯則隨，見老者，則車從避。斑白者不以其任行於路，而悌達於道路矣。居鄉以齒，而老窮不匱，強不犯弱，眾不暴寡，而悌達於州巷矣。古之道，五十不爲甸役，頒禽隆諸長者，而悌達於蒐狩矣。軍旅什伍，同爵則上齒，而悌達于軍旅矣。夫聖王之教孝悌，發諸朝廷，行于道路，至于州巷，放于蒐狩，修于軍旅，則眾同以義死之，而弗敢犯也。公曰：「善！」〔註69〕

此段乃魯定公問孔子爲何大夫皆主張隆敬高年者，而孔子回答敬老之舉，由來已久。次舉虞夏殷周爲例，無論其施政主旨爲何，其共通點皆未有遺漏敬

〔註68〕同前註，頁17。
〔註69〕同前註，頁29～30。

老者。其次，並詳述關於敬老之相關措施細則。觀此，即編纂者欲人君對於敬老、養老等措施加以在意。至於重視禮教者，如節入〈問禮〉篇：

> 哀公問於孔子曰：「大禮何如？子之言禮，何其尊也？」孔子曰：「丘聞之，民之所以生者，禮爲大，非禮則無以節事天地之神焉，非禮則無以辨君臣、上下、長幼之位焉，非禮則無以別男女、父子、兄弟、婚姻、親族疏數之交焉。是故君子此爲之尊敬，然後以其所能教示百姓，卑其宮室，節其服御，車不雕璣，器不雕鏤，食不二味，心不淫志，以與萬民同利。古之明王之行禮也如此。」〔註70〕

此段即說明禮教之重要性，在於節事天地之神，在於辨人倫之位、親疏之別，並藉此期望君王重視禮教。

第二，期望君王以「德法並重」爲施政原則。《家語》中有不少篇幅言及刑治、法治者，然於此並非單獨強調刑或法之重要性，而是以德法並重，禮刑並施爲原則。凡此，《治要》皆有節入者，如〈執轡〉篇：

> 閔子騫爲費宰，問政於孔子。孔子曰：「以德以法。夫德法者，御民之具，猶御馬之有銜勒也。君者，人也；吏者，轡也；刑者，策也。人君之政，執其轡策而已矣。」子騫曰：「敢問古之爲政？」孔子曰：「古者天子以內史爲左右手，以德法爲銜勒，以百官爲轡，以刑罰爲策，以萬民爲馬，故御天下數百年而不失。善御馬者正銜勒，齊轡策，均馬力，和馬心，故口無聲而馬應轡，策不舉而極千里。善御民者，一其德法，正其百官，均齊民力，和安民心，故令不再而民順從，刑不用而天下化治，是以天地德之，而兆民懷之……。」〔註71〕

此處孔子答閔子騫之問政，以爲施政當以德以法，並執其德法以駕馭吏民，即可得治。閔子騫又問古時之施政爲何，孔子重點仍在於德法之敘述。換言之，只要德法一、百官正、民力齊、民心安，則令行民從，至此則刑罰可置而不用。由此觀之，編纂者實欲人君德法並行。又如節入〈刑政〉篇：

> 仲弓問於孔子曰：「雍聞至刑無所用政，至政無所用刑。至刑無所用政，桀紂之世是也；至政無所用刑，成康之世是也。信乎？」孔子曰：「聖人之治化也，必刑政相參焉。太上以德教民而以禮齊之，其次以政導民，以刑禁之。化之弗變，導之弗從，傷義敗俗，於是乎

〔註70〕同前註，頁7。
〔註71〕同前註，頁23～24。

用刑矣。」〔註72〕

此段爲仲弓問孔子關於「至刑時則無所用政」，或「至政時即無所用刑」之說是否可信？孔子答以刑政必須相參方爲施政原則，然此亦非首要之施政措施，蓋人君當先行德治禮教，其次才設政導民爲善，若仍不趨善者，方才以設刑禁之，而之所以設刑禁之者，乃因德治禮教之化導皆未能奏效，又恐人民傷義敗俗，故方以刑禁之。又如節入〈致思〉篇：

> 季羔爲衛士師，刖人之足。俄而衛有亂，季羔逃之。刖者守門焉，謂季羔曰：「彼有缺。」季羔曰：「君子不踰。」又曰：「彼有竇。」季羔曰：「君子不隧。」又曰：「於此有室。」季羔入焉。既而追者罷，季羔將去，謂刖者曰：「吾不能虧主之法，而親刖子之足。今吾在難，此正子報怨之時，而子逃我，何故？」刖者曰：「斷足故我之罪也，無可奈何。曩者，君治臣以法令，先人後臣，欲臣之免也，臣知之；獄決罪定，臨當論刑，君愀然不樂，見於顏色，臣又知之。君豈私臣哉！天生君子，其道故然，此臣之所以悅君也。」孔子聞之曰：「善哉！爲吏，其用法一也。思仁恕則樹德，加嚴暴則樹怨，公以行，其子羔乎！」〔註73〕

此篇敘述季羔行刑之經過，並舉刖者爲例，以爲刖者不因季羔之用刑，而於季羔逃難之時加以報復。此乃由於刖者見季羔於行刑之時，有哀矜之情並現於顏色，因而雖受刑而不挾怨於心。此處即編纂者期望君王等執政者，當效法季羔行刑，既忠於君上，卻又對於所刑之民哀矜勿喜，並期望人君多「思仁恕以樹德」。

第三，期望君王以「不可窮盡民力」爲施政原則，如節入〈顏回〉篇：

> 魯定公問於顏回曰：「子亦聞東冶畢之善御乎？」對曰：「善則善矣，雖然，其馬將必逸。」公不悅。其後三日，東冶畢之馬逸，公聞之，促駕召顏回，顏回至，公曰：「前日寡人問吾子以東冶畢之善御，而子曰其馬將逸，不識吾子奚以知之？」顏回對曰：「以政知之而已矣。昔者帝舜巧於使民，而造父巧於使馬，舜不窮其民力，造父不窮其馬力，是以舜無逸民，造父無逸馬。今東冶畢之御也，歷嶮致遠，馬力盡矣。然而其心猶求馬不已，臣以此知之。」公曰：「善哉！吾

子之言，其義大矣，願少進乎？」顏回曰：「臣聞之，鳥窮則噣，獸窮則攫，人窮則詐，馬窮則逸，自古及今，未有窮其下而能無危者也。」公悅。〔註74〕

此段爲魯定公與顏回討論東冶畢是否善御，顏回以爲東冶畢之御，窮盡馬力，其馬必將散逸。其後果然，魯定公又詳問其故，顏回則於回答之際推及於爲政，期許人君施政必不可窮盡民力，否則「人窮則詐」。總之，編纂者之意，即欲人君不可窮盡民力，以招致危亂。

第四，期望君王以「識才鑑能」、「納賢舉材」爲施政要點，如節入〈五儀〉篇：

哀公問於孔子曰：「寡人欲論魯國之士，與之爲治，敢問如何取之？」

孔子曰：「人有五儀，有庸人、有士人、有君子、有賢、有聖，審此五者，則治道畢矣。

所謂庸人者，心不存慎終之規，口不吐訓格之言，不擇賢以託其身，不力行以自定，見小闇大，而不知所務；從物如流，而不知所執，此則庸人也。

所謂士人者，心有所定，計有所守，雖不能盡道術之本，必有率也；雖不能備百善之美，必有處也。是故智不務多，務審其所知；言不務多，務審其所謂；行不務多，務審其所由。智既知之，言既得之，行既由之，則若性命形骸之不可易也。富貴不足以益，貧賤不足以損，此則士人也。

所謂君子者，言必忠信而心不怨，仁義在身而色不伐，思慮通明而辭不專，篤行信道，自強不息，油然若將可越，而終不可及者，此君子也。

所謂賢者，德不踰閑，行中規繩，言足法於天下而不傷於身；道足化於百姓而不傷於本，富則天下無宛財，施則天下不病貧，此賢者也。

所謂聖者，德合天地，變通無方，窮萬事之終始，協庶品之自然，敷其大道，而遂成情性，明並日月，化行若神，下民不知其德，覩者不識其鄰，此聖者也。」

公曰：「善哉！非子之賢，則寡人不得聞此言也……。」〔註75〕

〔註74〕同前註，頁22～23。
〔註75〕同前註，頁8～9。

此段爲魯哀公問孔子關於取人之法，孔子回答取人先論五儀，即庸人、士人、
君子、賢人、聖人五種。此五種各有不同之才能，其中之庸人則無所取，而
士人以上，其賢又各自不同。此即編纂者欲人君養成「識才鑑能」之能力，
使賢能者能受重視而進用。又如節入〈五儀〉篇：

> 哀公問於孔子曰：「請問取人之法。」孔子對曰：「事任之官，無取
> 捷捷，無取鉗鉗，無取嘽嘽。捷捷，貪也；鉗鉗，亂也；嘽嘽，誕
> 也。故弓調而後求勁焉，馬服而後求良焉，士必愨而後求智能焉。
> 不愨而多能，譬之豺狼，不可邇也。」〔註76〕

此段爲哀公問孔子有關取人之法，而孔子以「無取捷捷」、「無取鉗鉗」、「無取
嘽嘽」爲標準，告誡哀公取人當避開此三種。蓋取此三種者，將使「貪」、「亂」、
「誕」之人入於國家，使國家不得安治。此即編纂者欲藉由此篇之節入，告誡
人君取材當有標準，要有「識才鑑能」之能力。又如節入〈賢君〉篇：

> 子貢問孔子曰：「今之人臣孰爲賢乎？」子曰：「齊有鮑叔，鄭有子
> 皮，則賢者矣。」子貢曰：「齊無管仲，鄭無子產乎？」子曰：「賜，
> 汝徒知其一，未知其二也。汝聞用力爲賢乎？進賢爲賢乎？」子貢
> 曰：「進賢賢哉。」子曰：「然。吾聞鮑叔達管仲，子皮達子產，未
> 聞二子之達賢己之才者也。」〔註77〕

及同篇：

> 子路問於孔子曰：「賢君治國，所先者何在？」孔子曰：「在於尊賢
> 而賤不肖。」子路曰：「由聞晉中行氏尊賢而賤不肖矣，其亡何也？」
> 子曰：「中行氏尊賢而弗能用，賤不肖而不能去，賢者知其不己用而
> 怨之，不肖者知其必己賤而讎之，怨讎並存於國，鄰敵構兵於郊，
> 中行氏雖欲無亡，豈可得乎？」〔註78〕

前段子貢問孔子當今之爲人臣者誰賢，孔子答以齊之鮑叔牙及鄭之子皮。然
子貢以爲當以齊之管仲與鄭之子產爲是。孔子續答以鮑叔牙及子皮兩人皆能
進賢，而管仲、子產卻未有進賢之舉，故其賢不如鮑叔牙、子皮。

後段則爲子路問孔子治國當以何者爲先，孔子以爲在於「尊賢而賤不
肖」，然子路又舉晉之中行氏確有尊賢而賤不肖之舉，但仍然亡國爲例，以反

〔註76〕同前註，頁10。
〔註77〕同前註，頁16。
〔註78〕同前註，頁16～17。

問孔子。孔子答以晉中行氏之「尊賢而賤不肖」並不徹底，於是怨讎並存於國，而鄰國又搆兵於郊，是故國亡。此外，又節入〈哀公問政〉：

> 哀公問政於孔子。孔子對曰：「文武之政，布在方策，其人存，則其政舉；其人亡，則其政息。故爲政在於得人。取人以身，修身以道，修道以仁。仁者，人也，親親爲大；義者，宜也，尊賢爲大。親親之殺，尊賢之等，禮所生也，是以君子不可以不修身⋯⋯。」〔註79〕

此段哀公向孔子問政，孔子以爲重點在於「得人」，而得人之方式則在於觀其身。由於常人若以仁修道，則其身自然能展現，故人君得人之法在於觀其身。就上引三段而言，皆爲編纂節入《家語》中有關「識才鑑能」、「納賢舉材」之部分，亦可知編纂者對人君「識才鑑能」、「納賢舉材」之期望。

三、《家語》與唐代禮制

儒家經典於傳統中國之制度影響甚深，尤其不少制度之設立，皆與儒家經典有關，而禮制之措施，亦往往依據儒家之經典而設。《家語》於未受僞書說影響時，亦同樣於制度、禮制上，影響著當時之政權，如魏晉南北朝之時，不少政權之禮制設立，有採王肅之說者，而王肅之說亦有據《家語》而立者。因此《家語》之重要性，不單爲文獻上之新出而已，事實上已進入政權設立制度、禮制時之重要參考依據之一，此於唐世亦然。唐制與唐禮，多存於《舊唐書》、《新唐書》、《通典》、《大唐開元禮》之中，今暫舉二例唐制中採用《家語》之說者，說明唐朝時《家語》一書不僅當政者未視爲僞書，更採用其中所記載之文獻內容，成爲當時禮制設立之重要憑藉之一。

（一）廟　制

唐代廟制多以「室」稱之，而室之稱雖與舊時所習稱之「廟」不同，然其屬廟制之範圍則無疑。關於九室之立，《舊唐書》、《通典》、《大唐開元禮》皆有相關記載，據《舊唐書·禮儀志》記載開元十年正月玄宗之制：

> 至十年正月，下制曰：「⋯⋯仍創立九室，宜令所司擇日啓告移遷。」〔註80〕

> 開元十年，玄宗特立九廟，於是追尊宣皇帝爲獻祖，復列於正室，

〔註79〕同前註，頁20。
〔註80〕〔後晉〕劉昫：《舊唐書·禮儀志》，卷25，頁953。

光皇帝爲懿祖，以備九室。〔註81〕

又如《舊唐書·玄宗本紀》記載：

六月辛丑……己巳，增置京師太廟爲九室，移孝和皇帝神主以就
正廟。〔註82〕

《通典》「大唐天子宗廟」條記載亦詳，其九室內容如下：

十年，制移中宗神主就正廟，仍創立九室。其後制獻祖、懿祖、太
祖、代祖、高祖、太宗、高宗、中宗、睿宗太廟九室也。〔註83〕

《大唐開元禮》所載亦與《通典》相同，其文如下：

以下次奉出懿祖，次奉出太祖，次奉出代祖，次奉出高祖，次奉出太
宗，次奉出高宗，次奉出中宗，次奉出睿宗，神主置於坐，如獻祖之
儀。〔註84〕

據上述記載觀之，唐代九室之確立，在於唐玄宗一朝，各室分別爲獻祖、懿
祖、太祖、代祖、高祖、太宗、高宗、中宗、睿宗。

九室之設，實際上即與王肅之說有關，《舊唐書·禮儀志》所記載開元十
年正月玄宗之制：

至十年正月，下制曰：「……朕以爲立愛自親始，教人睦也；立敬自
長始，教人順也。是知朕率於禮，緣於情，或教以道存，或禮從時
變，將因宜以創制，豈沿古而限今。況恩以降殺而疏，廟以遷毀而
廢。雖式瞻古訓，禮則不違；而永言孝思，情所未足。享嘗則止，
豈愛崇而禮備；有禱而祭，非德盛而流永。其祧室宜列爲正室，使
親而不盡，遠而不祧，廟以貌存，宗猶尊立。俾四時式薦，不間於
毀主；百代靡遷，匪惟於始廟。所謂變以合禮，動而得中，嚴配之
典克崇，肅雍之美茲在。又兄弟繼及，古有明文。今中宗神主，猶
居別處，詳求故實，當宁不安，移就正廟，用章大典。仍創立九室，
宜令所司擇日啓告移遷。」〔註85〕

〔註81〕同前註，頁1003。

〔註82〕同前註，〈玄宗本紀〉，卷8，頁183。

〔註83〕〔唐〕杜佑撰，王文錦等點校：《通典·禮·沿革·吉禮》，卷47，「大唐天子
宗廟」條，頁1315。

〔註84〕〔唐〕中敕：《大唐開元禮》（北京：民族出版社，2000年，據東京大學東洋
文化研究所大木庫本光緒十二年氏公善堂校刊本），卷37，頁8a。

〔註85〕〔後晉〕劉昫：《舊唐書·禮儀志》，卷25，頁953。

就此段而言，爲玄宗下詔廟制建設之過程。起始「朕以爲立愛自親始，教人睦也；立敬自長始，教人順也」一段，乃唐玄宗以爲「愛親」與「敬長」爲人倫和睦與和順之關鍵起點，又云「禮從時變」、「因宜以創制」二句，則意謂禮制可因時制宜，未必定要沿古制而限今制。此二段意見皆爲玄宗廟制改革之重要依據，前者所說明者在於禮制之精神，後者說明禮制並非在於墨守前規。要之，玄宗以爲「立愛自親始」、「立敬自長始」，而「愛親」、「敬長」具體表現之一則爲廟制之設，然又云「禮從時變」、「因宜以創制」，則意謂廟制並非不可更改。此外，就以「立愛自親始」一段而言，此說見於《禮記·祭義》，其文如下：

> 子曰：「立愛自親始，教民睦也；立教自長始，教民順也……。」
> 〔註86〕

又見於《家語·哀公問政》，其文如下：

> 孔子曰：「立愛自親始，教民睦也；立敬自長始，教民順也……。」
> 〔註87〕

然〈祭義〉之「立教自長始」，於〈哀公問政〉作「立敬自長始」，兩者略有不同，而玄宗此詔則從〈哀公問政〉亦作「立敬自長始」。就《禮記》而言，此書於太宗之時選入五經正義之中，地位與《家語》不可同日而語，然此處太宗之詔卻從《家語》之文，則可見其禮制之精神仍依據《家語》之書。

其次，太宗此詔又敘及祧廟之解釋，即文中所謂「其祧室宜列爲正室，使親而不盡，遠而不祧，廟以貌存，宗猶尊立。」此段即與王肅於《家語·廟制》「古者祖有功而宗有德，諸見祖宗者，其廟皆不毀」下之注文觀點略同，其文如下：

> 祖宗者，不毀之名，其廟有功者謂之祖，至於周，文王是也。有德者謂之宗，武王是也。二廟自有祖宗，乃謂之二祧，又以爲配食明堂之名，亦可謂違聖指失實事也。」〔註88〕

由於王肅主張二祧廟必須獨立，故其廟制之說實際上有九廟，而此處太宗之詔「其祧室宜列爲正室」，亦主張祧廟獨立，實際上則主《家語》之說，即採九之數以爲廟制。

〔註86〕〔漢〕鄭玄注、〔唐〕孔穎達等疏：《禮記·祭義》，卷47，總頁811d。
〔註87〕〔魏〕王肅注：《孔子家語·哀公問政》，卷4，頁18。
〔註88〕同前註，〈廟制〉，卷8，頁4。

（二）郊　祀

　　鄭玄郊祀之重要主張主要有「郊丘分立」、「孟春南郊于感生帝」、「郊祀五帝」三點，而王肅郊祀之主張，則以「郊、丘合一」、「上辛祗穀於圜丘」為主。以《大唐開元禮》所記載之郊祀觀之，大致上包含「皇帝冬至祀圜丘」、「皇帝正月上辛祈穀于圜丘」、「皇帝孟夏雩祀于圜丘」、「皇帝季秋大享于明堂」四種，其中之「皇帝正月上辛祈穀于圜丘」則採王肅之說。王肅「上辛祈穀」之說，見於《家語・郊問》篇，其文如下：

> 孔子曰：「郊之祭也，迎長日之至也（王注：周人始以日至之月，冬日至而日長。），大報天而主日配以月，故周之始郊，其月以日至，其日用上辛，至於啓蟄之月，則又祈穀于上帝（王注：祈，求也，為農求穀于上帝。〈月令〉：「孟春之月，乃以元日祈穀于上帝」，兼無仲冬大郊之事，至於祈農與天子同，故《春秋傳》曰：「夫郊祀后稷，以祈農事也」，是故啓蟄而郊，郊而後耕也，而學者不知推經禮之指歸，皮膚妄說，至乃顛倒神祇，變易時日，遷改兆位，良可痛心者也。），此二者天子之禮也。魯無冬至，大郊之事降殺於天子，是以不同也。」〔註89〕

〈郊問〉篇此處言「上辛日」、「啓蟄之月」，又言「祈穀于上帝」，是知王肅所謂「正月上辛祈穀」之說本此，而《大唐開元禮》此處「皇帝正月上辛祈穀于圜丘」之設，正是依王肅及《家語》之說。然其中亦有採鄭玄之「五方帝」者，其文如下：

> 冬至祀昊天上帝于圜丘，壇上以高祖神堯皇帝配坐。……正月上辛祈穀祀昊天上帝於圜丘，以高祖神堯皇帝配坐，又祀五方帝於壇之第一等。……孟夏雩祀昊天上帝於圜丘，以太宗、文、武聖皇帝配坐，又祀五方上帝於壇之第一等，又祀五帝於壇之第二等，又祀五官於內壝之外。季秋大享明堂祀昊天上帝，以睿宗大聖真皇帝配坐，又以五方帝、五帝、五官從祀。〔註90〕

由上述觀之，郊祀之中有五方帝系統者，屬於鄭學之說，而《大唐開元禮》中採之，是知其禮制之設仍有採鄭說者，並非專取王肅之說。然無論如何，《大唐開元禮》中有採及王肅與《家語》之說，皆說明開元禮制之建設，有一部

〔註89〕同前註，〈郊問〉，卷7，頁3～4。
〔註90〕〔唐〕中敕：《大唐開元禮》卷1，頁3b～6b。

份仍依據王肅及《家語》而來，而此書既然可作爲禮制建設之依據，則不僅唐玄宗之時，並未視此書爲僞作，且於禮制建設之時，又依用此書，則《家語》一書之重要性不在話下。

由《五經正義》、《群書治要》與《大唐開元禮》三書採用《家語》，及其採用時所蘊含之學術、文化意義觀之，《家語》於唐時仍然受到重視，絕非如清儒單純視爲僞書因而摒棄不觀者不同。

第六章 兩宋時期《家語》流傳考述

　　唐朝五經正義及賈公彥視《家語》一書之態度，乃承繼魏馬昭「增加」之說或據其說加以延伸之外，其餘多未緊扣《家語》爲王肅所增加而立論。然五經正義之中，其視《家語》一書之態度往往進退不一，是唐朝學者於《家語》一書之態度，並非以魏馬昭「增加」之說爲主流，且態度尚未趨於論斷《家語》爲王肅所僞。

　　入宋以後，北宋官方所編之重要經學類著作中，未見如唐人五經正義、賈公彥般繼承魏馬昭「增加」之說，其態度較趨平實，多就《家語》之文獻可發明經注處著手而已。至於重要學者之史學類、子學類等相關著作，亦多有據引《家語》之文獻內容者，此類著作亦多以《家語》之記載爲可信。

　　至南宋學者時，其於《家語》一書之態度方有明顯之轉變，此間之關鍵在於王柏（1197～1274）〈家語攷〉一文。王柏之〈家語攷〉首斷《家語》一書爲王肅割裂他書織之而成，遂於馬昭「增加」之說、五經正義「私定」之說上，衍生而成割裂他書之說，遂使《家語》一書斷爲僞書。至此，《家語》僞書正式由王柏於前人之基礎上，加以衍生而成。然值得注意者，北宋學者呂南公（1047～1086）〈讀亢倉子〉一文中，實已認定《家語》爲王肅所僞，是《家語》僞書說之先聲。以下各節，遂轉入探討北宋、南宋學者視《家語》一書之態度。

第一節　北宋時期重要學者視《家語》之態度

一、邢昺《論語》等注疏以《家語》之文以廣聞見、考史源、存異說

　　唐人五經正義，惟就《易》、《書》、《詩》、《禮記》、《左傳》之經注加以疏解，後又有賈公彥《周禮》、《儀禮》二正義，及徐彥《公羊傳》疏、楊士勛《春秋穀梁傳》疏。北宋官方又針對《論語》、《孝經》、《爾雅》、《孟子》四種經注進行疏解。此四種疏解中，邢昺（932～1010）負責魏何晏（190～249）《論語集解》、唐李隆基（685～762）《孝經注》、晉郭璞（276～324）《爾雅注》三書之疏解，而孫奭（962～1033）則負責漢趙岐（？～201）《孟子注》之疏解。

　　先就邢昺四種疏解著作中，引及《家語》時之態度而言，大致有以「廣聞見」、「考史源」「存異說」、「從鄭說」四種態度，今將此四說整理成下表：

【表 6-1】《論語正義》所引《家語》之文及其態度

篇名	注解	《論語正義》	態　度
學而	何注	鄭曰：「子禽，弟子陳亢也。子貢，弟子，姓端木，名賜……」（卷 1，總頁 7d）	廣聞見
	邢疏	云「子禽，弟子陳亢。子貢，弟子，姓端木，名賜」者，《家語·七十二弟子篇》云：「陳亢，陳人，字子禽，少孔子四十歲。」《史記·弟子傳》云：「端木賜字子貢，少孔子三十一歲。」（卷 1，總頁 8a）	
公冶長	何注	孔曰：「冶長，弟子，魯人也，姓公冶，名長……」（卷 5，總頁 41a）	考史源
	邢疏	案《家語·弟子篇》云：「公冶長，魯人，字子長，爲人能忍恥，孔子以女妻之。」又案《史記·弟子傳》云：「公冶長，齊人」，而此云魯人，用《家語》爲說也。（卷 5，總頁 41a-b）	
	何注	王曰：「南容，弟子南宮縚，魯人也，字子容。……」（卷 5，總頁 41b）	考史源
	邢疏	「南容，弟子南宮縚，魯人也，字子容」者，此《家語·弟子篇》文也。（卷 5，總頁 41b）	
	何注	孔曰：「子賤，魯人，弟子宓不齊。」（卷 5，總頁 41b）	廣聞見
	邢疏	案《家語·弟子篇》云：「宓不齊，魯人，字子賤，少孔子四十九歲。爲單父宰，有才知，仁愛百姓，不忍欺之，故孔子大之也。」（卷 5，總頁 41c）	
	何注	包曰：「申棖，魯人。」（卷 5，總頁 43b）	廣聞見
	邢疏	《家語》云：「申續字周」。（卷 5，總頁 43c）	
	何注	包曰：「臧文仲，魯大夫臧孫辰。文，謚也。蔡，國君之守龜，出蔡地，因以爲名焉，長尺有二寸。居蔡，僭也。」（卷 5，總頁 44c）	存異說
	邢疏	《家語》稱「漆彫平對孔子云：『臧氏有守龜，其名曰蔡。文仲三年而爲一兆，武仲三年而爲二兆。』」是大蔡爲大龜，蔡是龜之名耳。鄭玄、包咸皆云出蔡地，因以爲名，未知孰是。（卷 5，總頁 44c-d）	

子罕	何注	鄭曰：「牢，弟子子牢也。……」（卷9，總頁78c）	從鄭說
	邢疏	《家語·弟子篇》云：「琴牢，衛人也，字子開，一字張。」此云「弟子子牢」當是耳。（卷9，總頁78c）	
先進	何注	孔曰：「鯉，孔子之子，伯魚也。孔子時爲大夫，言從大夫之後，不可以徒行，謙辭也。」（卷11，總頁97a）	存異說
	邢疏	王肅《家語》注云：「此書久遠，年數錯誤，未可詳也。」或以爲假設之辭也。（卷11，總頁97b）	
	何注	弟子高柴，字子羔。……（卷11，總頁98c）	廣聞見
	邢疏	《史記·弟子傳》云：「高柴，字子羔。」鄭玄曰：「衛人，少孔子三十歲。」《左傳》亦作「子羔」。《家語》作「子高」。《禮記》作「子皋」，三字不同，其實一也。（卷11，總頁99a）	
微子	何注	馬曰：「微、箕二國名。子，爵也。微子，紂之庶兄。箕子、比干，紂之諸父。微子見紂無道，早去之。箕子佯狂爲奴，比干以諫見殺。」（卷18，總頁164a）	廣聞見
	邢疏	《家語》曰：「比干是紂之親則諸父」，知比干是紂之諸父耳，箕子則無文。（卷18，總頁164b）	

【表6-2】《孝經正義》、《爾雅注疏》所引《家語》之文及其態度

篇名	注解	《孝經正義》	態　度
序	李序	御製序并注（總頁4a）	廣聞見
	邢疏	按《大戴禮·盛德篇》云：「德法者御民之本也……」《家語》亦有此文，是以秦漢以來，以御爲至尊之稱。（總頁4a～5d）	
	李序	濫觴於漢，傳之者皆糟粕之餘。（總頁7b）	廣聞見
	邢疏	《家語》「孔子謂子路曰：『夫江始於岷山，其源可以濫觴，及其至江津也，不舫舟，不避風雨，不可以涉。』」王肅曰：「觴所以盛酒者，言其微也。」（總頁7b）	
開宗明義	李注	仲尼，孔子字。居，謂閒居。（卷1，總頁10b）	廣聞見
	邢疏	案《家語》云：「孔子父叔梁紇，娶顏氏之女徵在。徵在既往廟見，以夫年長，懼不時有男，而私禱尼丘山以祈焉。孔子故名丘，字仲尼。夫伯仲者，長幼之次也。仲尼有兄字伯，故曰仲。」其名則案桓六年《左傳》：「……。」案《家語》又〈孔子世家〉皆云：「孔子其先宋人也。宋閔公有子弗何，長而當立，讓其弟厲公。何生宋父周，周生世子勝，勝生正考父，正考父受命爲宋卿，生孔父嘉。嘉別爲公族，故其後以孔爲氏。」（卷1，總頁10b-c）	
篇　名	注　解	《爾雅注疏》	態　度
釋魚	郭注	《家語》曰：「其小者鰝魚也。」（卷9，總頁165d）	考史源
	邢疏	案《家語》「宓子賤爲單父宰，孔子使巫馬期往觀政焉。期陰免衣弊裘入界，見鮫者得魚輒捨之，期問焉。曰：『凡鮫者爲得魚也，何以得魚卻捨之？』曰：『魚之大者名爲鱄鱤，吾大夫愛之。其小者名爲鰝，吾大夫欲長之。是以得二者輒捨之。』」（卷9，總頁165d）	

　　上述《論語正義》、《孝經正義》、《爾雅注疏》三疏，其引用《家語》時之態度已較唐人五經正義一致，亦無進退不一之現象產生。然邢昺、孫奭究竟如何看待《家語》一書？就「廣聞見」、「考史源」、「存異說」、「從鄭說」四項而言，是否能側知邢昺、孫奭二人視《家語》一書之態度？以下稍就此點加以論述。

　　「廣聞見」以下四項，當以「考史源」一點，較能側面觀知疏解者於《家語》一書之態度。以《爾雅注疏》而言，郭璞引《家語》注《爾雅》，邢昺則引《家語》原文加以補充郭注，明其出處始末，此原非邢昺視《家語》一書早出之觀點。但若就《論語正義》之「考史源」一項而言，則確能側知邢昺之態度，乃以此書爲先秦兩漢之舊。據魏何晏《論語集解》於〈公冶長〉篇「以其子妻之」句下注云：

　　　　孔曰：「冶長，弟子，魯人也，姓公冶，名長……。」〔註1〕

邢昺於「子謂至妻之」疏云：

　　　　案《家語‧弟子篇》云：「公冶長，魯人，字子長，爲人能忍恥，孔
　　　　子以女妻之。」又案《史記‧弟子傳》云：「公冶長，齊人」，而此
　　　　云魯人，用《家語》爲說也。〔註2〕

何晏引孔安國之說以爲公冶長爲魯人，邢昺則引《家語‧七十二弟子解》與《史記‧仲尼弟子列傳》加以考核。〔註3〕邢昺據〈七十二弟子解〉以公冶長爲魯人，〈仲尼弟子列傳〉以爲齊人，兩者頗有不同，因而論斷何晏所引孔安國之說，乃據《家語》之文而來，此舉正側面顯示邢昺之態度。今檢《家語‧七十二弟子解》載云：

　　　　公冶長，魯人，字子長，爲人能忍恥，孔子以女妻之。〔註4〕

是知邢昺所引與今本《家語》之說無異，而邢昺又以此段爲孔安國據用《家語》之文立說，實已透露邢昺視此書於兩漢之際已有。蓋孔安國於漢得《家語》之過程，載於其《家語‧後序》之中，即所謂「元封之時，吾仕京師，竊懼先人之典辭，將遂泯滅，於是因諸公、卿士大夫，私以人事募求其副，

〔註1〕〔魏〕何晏集解、〔宋〕邢昺疏：《論語‧公冶長》，卷5，總頁41a。

〔註2〕同前註，「子謂至妻之」疏，卷5，總頁41a～b。

〔註3〕據何晏《論語集解‧序》所提及，其集解所引及者計有孔安國、包咸、周氏、馬融、鄭玄、陳群、王肅、周生烈八家，而其集解內簡稱「孔說」者，即指「孔安國」之說。

〔註4〕〔魏〕王肅注：《孔子家語‧七十二弟子解》，卷9，頁5。

悉得之，乃以事類相次，撰集爲四十四篇。」一段。由此觀之，邢昺據信〈後序〉之記載，遂斷定何晏所引孔安國之說乃據《家語》之文而立說者。換言之，邢昺以爲《家語》一書，於兩漢之際確曾流傳，而非王肅所能增加者。

此外，《論語正義》另一條考史源者，亦即何晏注云：

王曰「南容，弟子南宮縚，魯人也，字子容。……」〔註5〕

邢疏如下：

「南容，弟子南宮縚，魯人也，字子容」者，此《家語・弟子篇》
文也。〔註6〕

此段乃邢昺就何晏所引王肅之說，考其所據者乃爲《家語》之文，然未能進步側知其視《家語》之態度。

上述邢昺雖已視《家語》一書，於兩漢之時已有流傳，然邢昺亦非專據《家語》之文而疏解，亦有存異說、從鄭說兩種情形存在。存異說者如何晏〈公冶長〉「子曰臧文仲居蔡」下注云：

包曰：「臧文仲，魯大夫臧孫辰。文，諡也。蔡，國君之守龜，出蔡
地，因以爲名焉，長尺有二寸。居蔡，僭也。」〔註7〕

邢昺疏云：

《家語》稱「漆彫平對孔子云：『臧氏有守龜，其名曰蔡。文仲三年
而爲一兆，武仲三年而爲二兆。』」是大蔡爲大龜，蔡是龜之名耳。
鄭玄、包咸皆云出蔡地，因以爲名，未知孰是。〔註8〕

此處邢昺雖據《家語》之文，補充鄭玄、包咸「蔡龜」之解，然未敢斷云鄭玄、包咸之說爲非而以《家語》之文爲是，故下「未知孰是」一詞。

至於「從鄭說」者，如何晏於〈子罕〉篇「吾不試故藝」下注云：

鄭曰：「牢，弟子子牢也。……」〔註9〕

邢昺疏云：

《家語・弟子篇》云：「琴牢，衛人也，字子開，一字張。」此云「弟
子子牢」當是耳。〔註10〕

〔註5〕　〔魏〕何晏集解、〔宋〕邢昺疏：《論語・公冶長》，卷5，總頁41b。
〔註6〕　同前註，「子謂南容至妻之」疏，卷5，總頁41b。
〔註7〕　同前註，卷5，總頁44c。
〔註8〕　同前註，卷5，總頁44c-d。
〔註9〕　同前註，〈子罕〉，卷9，總頁78c。
〔註10〕　同前註，「牢曰子云吾不試故藝」疏，卷9，總頁78c。

就此疏而言，何晏引鄭玄之說以「牢曰」之「牢」爲「子牢」，而王肅〈序〉中，據《家語‧七十二弟子解》之文，以「牢」爲「琴牢」，二說不同。就何晏惟引鄭玄之說而言，或其意以鄭說爲然，然邢疏又補充《家語》之文，於文末斷以鄭說「當是耳」，是亦從何晏引鄭玄之說。

邢疏雖有上述「廣聞見」、「考史源」、「存異說」、「從鄭說」四種態度，然除此之外，疏中又有「或以爲假設之辭」之意見存在，今稍加論述如下。

何晏於〈先進〉「不可徒行也」下注云：

> 孔曰：「鯉，孔子之子，伯魚也。孔子時爲大夫，言從大夫之後，不可以徒行，謙辭也。」〔註11〕

邢昺則又於此疏云：

> 云「鯉，孔子之子，伯魚也」者，〈世家〉文也。云「孔子時爲大夫，言從大夫之後，不可以徒行，謙辭也」者，案〈孔子世家〉「定公十四年，孔子年五十六，由大司寇攝行相事。」魯受齊女樂，不聽政三日，孔子遂適衛。歷至宋、鄭、陳、蔡、晉、楚，去魯凡十四歲而反乎魯，然魯終不能用。孔子亦不求仕，以哀公十六年卒，年七十三。今案顏回少孔子三十歲，三十二而卒，則顏回卒時，孔子年六十一，方在陳、蔡矣。伯魚年五十，先孔子死，則鯉也死時，孔子蓋年七十左右，皆非在大夫位時，而此注云「時爲大夫」，未知有何所據也。杜預曰：「嘗爲大夫而去，故言後也。」據其年，則顏回先伯魚卒，而此云顏回死，顏路請子之車以爲之槨，子曰：「鯉也死，有棺而無槨」，又似伯魚先死者。王肅《家語》注云：「此書久遠，年數錯誤，未可詳也。」或以爲假設之辭也。徒，猶空也，謂無車空行也，是步行謂之徒行，故《左傳‧襄元年》「敗鄭徒兵於洧上」，杜注云：「徒兵，步兵也」。〔註12〕

邢疏此段乃就孔安國之說，加以疏解。首云「鯉，孔子之子，伯魚也」之說，出於〈孔子世家〉。其次，對孔安國「孔子時爲大夫，言從大夫之後，不可以徒行，謙辭也」一段，加以疏解。此段孔安國原就《論語‧先進》「以吾從大夫之後，不可徒行也」一句作解釋，由於《論語》記載孔子以其自身乃爲大夫之後，不能無車而步行，故不願以車送葬。然孔安國指出此時孔子正爲大

〔註11〕同前註，〈先進〉，卷11，總頁97a。
〔註12〕同前註，「顏淵死至徒行也」疏，卷11，總頁97a-b。

夫，因此其言「從大夫之後」一句，乃孔子自身之謙辭。邢疏據〈孔子世家〉相關記載，凡顏回、伯魚之死時，孔子皆非大夫之位，於是邢疏以「未知孔安國所據爲何」一句存疑。

　　復次，邢昺又舉杜預之說稍加補充，以爲「嘗爲大夫而後離去職」，故言「爲大夫之『後』」。然邢疏先云〈孔子世家〉記載顏回早於伯魚而死，而《論語》之文反爲伯魚先於顏回而死，兩說互有不同，又忽云「王肅《家語》注云：『此書久遠，年數錯誤，未可詳也。』或以爲假設之辭也」，似邢疏另有所指。

　　今先就邢昺所引《家語》之文，稍加檢核。此段出於《家語‧七十二弟子解》王注之文，即：

> 顏回，魯人，字子淵，少孔子三十歲，年二十九而髮白，三十一早死。（王注：此書久遠，年數錯誤，未可詳。校其年，則顏回死時，孔子年六十一歲，然伯魚五十，先孔子卒，卒時孔子且七十，此謂顏回先伯魚死，而《論語》云：「顏回死，顏路請子之車以爲之椁。子曰：『鯉也死，有棺而無椁』」或爲誤。）孔子曰：「自吾有回，門人日益。」回以德行著名，孔子稱其仁焉。〔註13〕

就此段觀之，王注以爲〈七十二弟子解〉之文以顏回三十一而死，則孔子時爲六十一歲，而伯魚死時，孔子時爲七十一歲，是顏回較伯魚先死。然王肅亦涉及如邢疏之問題，亦即《論語》之記載，乃以伯魚早死於顏回。王肅未能論定此二說孰是孰非，故一於〈七十二弟子解〉中以其爲謬，一於《論語》之記載中以其爲誤，兩不能下。邢昺疏解何晏引孔安國之說者，亦碰觸此一難題，然此一難題，王肅已先碰及，故此處邢疏引以論說，是知其忽引《家語》王注並非無由。然何以邢疏云「或以爲假設之辭也」？

　　今觀邢疏「王肅《家語》注云：『此書久遠，年數錯誤，未可詳也。』或以爲假設之辭也」一句，則前一句之對象，乃《家語》所謂「顏回早於伯魚而死」之記載，後一句「或以爲假設之辭也」，則針對《論語》所謂「伯魚早於顏回而死」之記載。蓋邢疏所引《家語》此段，乃王肅針對「顏回早於伯魚而死」之說，論斷此書年代久遠，恐有記載失實，故邢疏引之，或同意「顏回早於伯魚而死」之說，有失實之處。然王肅又於《論語》所謂「伯魚早於顏回而死」一說，並未直接加以肯定，惟云「或爲誤」，是又不以《論語》之說爲然，隱然以爲《家語》、《論語》其中一說有誤，然未能知孰是孰非，故言此或誤，彼或誤。

〔註13〕　〔魏〕王肅注：《孔子家語‧七十二弟子解》，卷9，頁1。

而邢疏雖引王注，然引及前者，則明指王肅所言，而於後者，卻未敢公然同意王注以《論語》之記載「或爲誤」，遂以「或爲假設之辭」一句疏解，意指《論語．先進》篇孔子所謂「鯉也死，有棺而無槨」乃孔子假設之辭，亦即孔子以爲「若伯魚亦死，是同顏回之死一般，有官而無槨而已」。如此，則邢疏隱然同意「顏回早死於伯魚」一說，亦即隱然同意《家語》記載顏回死時之年數，如此「顏回早死於伯魚」一點方能成立。因此，邢疏引及《家語》王注，乃取王注之前說，而改王注之後說，又非專據王注立論而已。

二、孫奭《孟子正義》引《家語》之文駁趙注

孫奭《孟子正義》引《家語》之文惟見二次，今製成下表：

【6-3】《孟子正義》所引《家語》之文及其態度

篇　名	注 解	《孟子正義》	態　度
梁惠王章句下	趙　注	文王以三仁尚在，樂師未奔，取之懼殷民不悅，故未取之也。（卷 2 下，總頁 43c）	廣聞見
	孫　疏	《家語》曰：「比干是紂之親則諸父。」知比干乃紂之諸父也。（卷 2 下，總頁 44b）	
盡心章句下	趙　注	孟子言人行如此三人者，孔子謂之狂也。琴張，子張也。子張之爲人，踸踔譎詭。《論語》曰：「師也僻」，故不能純善而稱狂也，又善鼓琴，號曰琴張。曾皙，曾參父也。牧皮，行與二人同，皆事孔子學者也。（卷 14 下，頁 262c-d）	駁趙說
	孫　疏	案《家語》有衛人琴牢字張，則此與《左傳》所謂琴張者，琴牢而已，非所謂子張善鼓琴也，趙注引爲顓孫師，亦未審何據。而「琴張曰師張」、「曰曾皙，曾參之父」蓋言於前矣，牧皮者未詳。（卷 14 下，頁 264b）	

大致而言，孫奭以《家語》「廣聞見」之態度，並無可議之處，惟「駁趙說」較爲重要。趙岐注以爲「琴張，子張也」，又以爲「又善鼓琴，號曰琴張」，則孫奭引《家語》及《左傳》之文，以琴張爲「琴牢」，而非顓孫師之子張。其所引《家語》之文，見〈七十二弟子解〉，即：

> 琴牢，衛人，字子開，一字張。與宗魯友，聞宗魯死，欲往弔焉，孔子弗許，曰：「非義也。」〔註 14〕

所引《左傳》之文，見〈昭公傳二十年〉，即：

〔註 14〕同前註，頁 7。

　　　　琴張聞宗魯死，將往弔之。〔註15〕

由此兩者觀之，琴牢即子開又字子張，而非顓孫師之子張，孫奭遂據此斷趙
岐之說爲誤。然趙岐所據實爲〈仲尼弟子列傳〉：

　　　　顓孫師，陳人，字子張。少孔子四十八歲。〔註16〕

且〈仲尼弟子列傳〉並無琴牢之記載，趙岐據〈仲尼弟子列傳〉以子張爲顓
孫師並非無據。孫奭則以《家語》、《左傳》之文斷趙注爲非，是其自身隱然
以此書於兩漢之時即有，若視此書爲王肅所僞，則用以斷趙岐「未審何據」
之說，是其自身應恐不當。

三、蘇轍〈孔子弟子列傳〉取《家語》之文編成

　　宋蘇轍（1039～1112）史學類著作中，以《古史》一書較爲學者所重視，
其中第八篇之〈孔子列傳〉、第九篇之〈孔子弟子列傳〉，多採《家語》之文
而編成，足見蘇轍對《家語》一書之重視。尤其蘇轍〈孔子弟子列傳〉一篇，
可視爲《史記‧仲尼弟子列傳》與《家語‧七十二弟子解》之集成版。如蘇
轍於〈孔子弟子列傳〉末云：

　　　　蘇子曰：孔子弟子，高弟七十七人。余以《太史公書》及《孔子家
　　　　語》考之，皆同。秦冉、顏何不載於《家語》，而琴牢、陳亢不錄於
　　　　《史記》，二書既不可偏廢，而琴張、陳亢又見於《論語》，故并錄
　　　　之，凡七十九人。〔註17〕

此段蘇轍所曰七十七之數，乃取〈仲尼弟子列傳〉之說，即：

　　　　孔子曰：「受業身通者七十有七人」。〔註18〕

司馬貞《索隱》注云：

　　　　《孔子家語》亦有七十七人，唯文翁孔廟圖作七十二人。〔註19〕

是唐司馬貞之時，《家語‧七十二弟子解》亦有七十七人，而蘇轍核二造所記載

〔註15〕〔晉〕杜預集解、〔唐〕孔穎達等疏：《左傳‧昭公二十年傳》，卷49，總頁855d。
〔註16〕〔漢〕司馬遷著、〔宋〕裴駰集解、〔唐〕司馬貞索隱、〔唐〕張守節正義：
　　　　《史記》，卷67，頁2203。
〔註17〕〔宋〕蘇轍：《古史》，卷32，收入《景印文淵閣四庫全書》，第371冊，總頁
　　　　496d～497a。
〔註18〕〔漢〕司馬遷著、〔宋〕裴駰集解、〔唐〕司馬貞索隱、〔唐〕張守節正義：
　　　　《史記》，卷67，頁2185。
〔註19〕同前註。

之人數時，亦皆爲七十七人。〔註20〕然蘇轍又進而指出，「秦冉」、「顏何」二人《家語》缺載而《史記》有之，遂據《史記》採入其《古史》之中。「琴牢」、「陳亢」二人《史記》缺載，然《家語》有之，且《論語》中確有此二人，故蘇轍又據此補入其書，共得弟子七十九人，然蘇轍之七十九人究竟爲何？

就楊儷中於〈《孔子家語・七十二弟子解》考校〉一文「右夫子弟子七十二人，皆升堂入室者」下云：

> 案：右夫子弟子實七十六人，篇名作「七十二」者，蓋從通稱也。此「七十二」人，疑涉篇名而誤增於「弟子」下，復傳寫誤倒在「弟子」上。太宰氏不知其爲誤增，故云「二當作六」。長洲本「七十二」作「七十五」，尤誤。是則「右件夫子七十二人弟子」，當從九行本改作「右夫子弟子」。疏證云：「案《史記・弟子列傳》七十七人，《索隱》云：《家語》同。今《家語》止七十六人，蓋脫去顏何一人。《索隱》於《史記》顏何下，引《家語》字稱，則唐本有顏何也。又案《史記》有公伯僚、秦冉、鄡單，而無琴牢、陳亢、鄡亶。蓋鄡亶即鄡單，餘二人與《史記》異。〔註21〕

今就楊儷中之說明，製成下表：

【6-4】〈仲尼弟子列傳〉、〈七十二弟子解〉差異表

〈仲尼弟子列傳〉	〈七十二弟子解〉
鄡單	鄡亶
公伯僚	×
秦冉	×
×	琴牢
×	陳亢 以上 76 人

〔註20〕 〔魏〕王肅注：《孔子家語・七十二弟子解》，卷9，頁9。然此句各本不同，見楊儷中〈《孔子家語・七十二弟子解》考校〉於「右件夫子七十二人弟子皆升堂入室者」下校云：「此十六字，湯本無。『右件夫子七十二人弟子』，九行本作『右夫子弟子』；長洲本作『右夫子七十五子』；何本作『右七十二弟子』；岡本作『右夫子七十二弟子』；毛本、舊鈔本、四庫本、劉本、太宰本俱作『右夫子弟子七十二人』。『件』字贅，當刪。太宰純云：『二當作六』。」可作參考。見楊儷中：〈《孔子家語・七十二弟子解》考校〉，收入王叔岷先生八十壽慶論文集編輯委員會編：《王叔岷先生八十壽慶論文集》（臺北：大安出版社，1993），頁151。
〔註21〕 楊儷中：〈《孔子家語・七十二弟子解》考校〉，頁151。

顏何 以上共 77 人	（唐本有顏何，宋本《家語》缺顏何） 以上共 77 人

　　今本《家語》惟有七十六人，然唐司馬貞《索隱》曾引及《家語・七十二弟子解》「顏何」相關資料，是知唐本之《家語》仍有「顏何」，與〈仲尼弟子列傳〉亦同爲七十七人。然雖七十七人，其中有二人相異，亦即〈仲尼弟子列傳〉其中二人作「公伯僚」、「秦冉」，而《家語》作「琴牢」、「陳亢」，此有彼無，此無彼有，故若以其一爲底本，以另一本補之，則恰爲七十九之數。然蘇轍七十九之數之組成，又與上述略有不同。

　　蘇轍〈孔子弟子列傳〉七十九之數，首先合併《史記》之「公伯僚字子周」（《家語》無），與《家語》「申續，字子周」（《史記》亦有）二者爲一，即蘇轍所謂：

　　　　公伯僚，字子周，魯人也。……公伯僚其如命何。〔註22〕

而原本《史記》與唐本《家語》皆有「顏何」，入宋以後《家語》脫去「顏何」，遂造成蘇轍以爲需用《史記》補入「顏何」，未知唐本《家語》已先有「顏何」，只需引《索隱》之說即可知曉。然無論如何，蘇轍併「公伯僚」、「申續」爲一人後，總數亦惟有七十五人，遂又據《家語》、《論語》補入「琴牢」、「陳亢」，據《史記》補入「秦冉」、「顏何」，以足七十九之數。

【6-5】〈仲尼弟子列傳〉、〈七十二弟子解〉與〈孔子弟子列傳〉差異表

〈仲尼弟子列傳〉	〈七十二弟子解〉	〈孔子弟子列傳〉
鄡單	鄡亶	鄡單
公伯僚（字子周）	×	×
×	申續（繚）、（續）、（績）／字子周	公伯僚／字子周 以上 75 人
秦冉	×	據《史記》補秦冉
×	琴牢	據《家語》補琴牢
×	陳亢 以上 76 人	據《家語》補陳亢
顏何 以上共 77 人	（唐本有顏何，宋本《家語》缺顏何） 以上共 77 人	據《史記》補顏何 以上 79 人

〔註22〕〔宋〕蘇轍：《古史》，卷 32，總頁 492c-d。

雖蘇轍於〈仲尼弟子列傳〉、〈七十二弟子解〉之合併方法，採取如上安排結果，然無論如何，蘇轍視《家語》一書，可補充《史記》之不足，如補入琴牢、陳亢二人，即以《家語·七十二弟子解》補入。然值得注意者，蘇轍雖利用《家語》一書編纂《古史》，然仍以《史記》記載爲主要基礎，如表【6-5】，〈孔子弟子列傳〉之「鄡單」乃從〈仲尼弟子列傳〉而不從〈七十二弟子解〉之「鄡亶」，而「公伯僚字子周」亦據〈仲尼弟子列傳〉爲主。又如〈七十二弟子解〉有「琴牢」、「陳亢」，不見於〈仲尼弟子列傳〉，然「琴張」、「陳亢」又見於《論語》，於是亦錄之於〈孔子弟子列傳〉。又如〈孔子弟子列傳〉載：

> 鄭邦字子徒。（蘇轍注：《家語》作薛邦。）〔註23〕

又云：

> 澹臺滅明字子羽，武城人也，少孔子三十九歲。……孔子聞之曰：「吾以言取人，失之宰予；以貌取人，失之子羽」（蘇轍注：《家語》：「子羽有君子之容，而行不勝其貌；宰我有文雅之詞，而智不充其辯。
>
> 孔子曰：『里語云：相馬以輿，相士以居，弗可廢矣。』」其言與《史記》異，考之《論語》，以《史記》爲信。）〔註24〕

凡此皆可知蘇轍仍以《史記》爲本，而以《家語》爲輔。

然而，即使如此，蘇轍於〈孔子弟子列傳〉篇末云「余以《太史公書》及《孔子家語》考之，皆同。秦冉、顏何不載於《家語》，而琴牢、陳亢不錄於《史記》，二書既不可偏廢，而琴張、陳亢又見於《論語》，故并錄之，凡七十九人」，其中「二書既不可偏廢」一句，正顯示蘇轍視《家語》一書，仍有其價值所在。另外，清儒全祖望（1705～1755）於〈孔子弟子姓名表〉中，已將相關孔子弟子之資料，以表格方式整理出來，其表如下：

【6-6】清全祖望〈孔子弟子姓名表〉

《史記》七十七人。	《家語》今本七十六人，舊本七十七人。	《石室圖》新舊本七十二人，異三人。	《古史考》七十九人。
顏回字子淵，魯人。	同。		同。
閔損字子騫，魯人。	同。		同。
冉耕字伯牛，魯人。	同。		同。

〔註23〕同前註，總頁496c。
〔註24〕同前註，總頁490b。

冉雍字仲弓，魯人。	同，伯牛之宗族。		同。
冉求字子有，魯人。	同，伯牛之宗族。		同《家語》。
仲由字子路，卞人。	同，「卞」作「弁」。		同。
宰予字子我，魯人。	同。		同。
端沐賜字子貢，衛人。	同。		同。
言偃字子游，吳人。《索隱》曰：今墓在吳郡，當為吳人。	同，魯人。		同，吳人。
卜商字子夏，溫國人。《索隱》曰：今溫國原屬衛。	同，衛人。		同。
顓孫師字子張，陳人。《索隱》曰：鄭《目錄》作陽城人，亦屬陳。	同。		同。
魯參字子輿，武城人。《索隱》曰：南北兩武城，俱屬魯。	同。		同。
澹臺滅明字子羽，武城人。	同。		同。
宓不齊字子賤。孔安國曰：魯人。「宓」，《正義》引《顏氏家訓》音伏。	同，《佩觿集》云：虙犧、虙子賤皆當從「虙」。		同。
原憲字子思，魯人。	同，宋人。按〈檀弓〉作仲憲。		同，魯人。
公冶長字子長，齊人。范甯曰：字芝。	同，魯人。《索隱》曰：名萇。		同，魯人。
南宮括字子容。孔《注》曰：字容，魯人，孟僖子子。	南宮縚。		同，孟僖子子。
公皙哀字季次。《索隱》作「公皙克」。	同，字季沉。《集解》作「齊人」。		同，齊人。
魯蒇字皙，曾參父。	曾點。		同。
顏無繇字路。《索隱》曰：顏繇，字路。	顏繇，字季路。按「繇」，通作「由」。《索隱》無「季」字。		同。
商瞿字子木，魯人。	同。		同。
高柴字子羔。鄭注：衛人。《左傳》作「季羔」。〈檀弓〉作「子皋」。	同，齊人，高氏之別族。注曰：高傒十代孫。		同，衛人。
漆彫開字子開。鄭注：魯人。	同，字子若，蔡人。		同《史記》。
司馬耕字子牛。孔注：宋人。	司馬犂耕，一本無「犂」字。		同。
樊須字子遲。鄭注：齊人。	同，魯人。		同《史記》。

有若	同，字子有，魯人，或云字子若。《正義》曰：字有。		同《家語》。
公西赤字子華。鄭注：魯人。	同。		同。
巫馬施字子旗。鄭注：魯人。	巫馬期。		同《史記》。
梁鱣《集解》曰：一作「鯉」，字叔魚。	同，齊人。		同。
顏幸字子柳，魯人。	同，魯人，一本作顏幸。		同。
冉孺字子魯，一作「曾」。	冉孺字子忠，魯人。		同《史記》。
曹卹字子循。	同。		同。
伯虔字子析。	同，字子楷。《正義》曰：字子哲。		同，字子析。
公孫龍字子石。鄭注：楚人。《正義》引《孟子》曰：趙人。	公孫寵，衛人。		同《史記》。
冉季字子產，魯人。	同。		同。
公祖句茲字子之，《正義》：「句」音「鉤」。	公祖茲或云魯人。		同《史記》。
秦祖字子南，秦人。	同。		同。
漆雕哆字子斂。	漆雕侈，魯人。		同《史記》。
顏高字子驕。	顏刻，魯人。		同《家語》。
漆雕徒父或云字子有。	漆雕從字子文，蔡人，漆雕開之族。		同，闕字，闕地。
壤駟赤字子徒。鄭注：秦人。	穰駟赤字子從。		同《史記》。
商澤	同，字子秀。《索隱》作「子季」，魯人。		同，字子季。
石作蜀字子明。	同，字同，成紀人。一本作子同。		同。
任不齊字選，楚人。	同，字子選。		同《史記》。
公良孺字子正。鄭注：陳人。	公良儒。		同《史記》。
后處字子里。鄭注：齊人。	石處字里之，齊人。		同《史記》。
奚容箴字子皙。《正義》曰：衛人。	奚箴，字子偕，衛人，一本作子楷。		同《史記》，字皙。
顏祖字襄，魯人。	顏相，字子襄，魯人。		同《史記》。
罕父黑字子索。	宰父黑。		同《史記》。
秦商字子丕。鄭注：楚人。	同，字不慈。《左傳》、《正義》引此作「丕茲」。		同《史記》。

顏之僕字叔，魯人。	同，字子叔。		同《史記》。
榮旂字子祺，或作旗。	榮旂，魯人。		同《家語》。
左人郢字行，魯人。	左郢，字子行。		同《史記》。
燕伋字思。	燕級，字子思，魯人。		同《史記》。
鄭國字子徒。《正義》曰：「鄭」與「薛」字誤，改「邦」作「國」，避漢諱。	薛邦，字子從。《正義》：字徒。今及祀鄭國。		鄭邦，字子徒。
秦非字子之，魯人。			同。
施之常字子恆。	同，字子常。按此或避文帝諱，改「恆」作「常」。		同《史記》。
顏噲字子聲。注：魯人。	同，一本作「會」。		同。
步叔乘字子車。鄭注：齊人。	同。		同。
樂欬字子聲。《正義》：魯人。	樂歆。		同《史記》。
廉絜字庸。鄭注：衛人。	同，字子曹。		同《史記》，齊人。
仲叔會字子期。鄭注：晉人。	同，魯人。一本作「會」。		同《家語》。
狄黑字皙。	同，字皙之，衛人。		同《史記》。
孔忠	孔弗，字子蔑。孔子兄孟皮之子。《索隱》作「孔忠」。		同《家語》。
公西蔵字子上。鄭注：魯人。	同，字子尚。		同《家語》。
顏何字冉。鄭注：魯人。	同，今本闕，見《索隱》所引《家語》及《顏真卿家譜》。		同。
邦巽字子斂，魯人。《索隱》曰：劉氏作「邦」。	邦選字子飲。《索隱》作「子斂」。		同《史記》。
右六十七人，三書皆同。			
公夏首字乘，魯人。	公夏守字子乘。		同，名從《史記》，字從《家語》。
縣成字子祺。鄭注：魯人。《風俗通》作「縣成久」。	懸成字子橫，魯人。		同《史記》。
原亢籍《正義》：「亢」作「宂」。	原桃字子籍。按《史記集解》引此曰：名亢，字籍。		原亢字籍。

公堅定字子中。鄭注：魯人，或曰晉人。	公肩字子仲。注曰：「肩」一作「有」。		同《史記》。
句井疆。鄭注：衛人。《正義》:「句」作「鉤」。	同，字子疆。注曰：衛人。		同《史記》。
公西輿如。	公西與，魯人，字子上。		同《家語》。
右六人，《史記》、《家語》同，而名、字小異。			
秦冉字開。			同。
申黨。			同。
右二人《史記》、《石室圖》同。			
	陳亢字子亢，陳人。按《論語》作「子禽」。	陳亢。	同《家語》。
	琴牢字子開，一字子張，衛人。	琴牢。	同《家語》。
右二人，《家語》、《石室圖》同。			
公伯繚字子周。馬融曰：魯人。按《論語》「繚」作「寮」。	申績字同。《正義》引此又作「申繚」，在公伯繚下，又本，作「續」。	蘧瑗。	
鄡單字子家。徐廣曰：一作鄔單。《正義》:「單」，音「善」。	懸亶字子象。注曰：「亶」一作「豐」。	林放。	
		申棖。	
		申黨。	
		容葳，此三人，今本無之。《索隱》引《石室圖》有此。	
右數人，三書各異。			

　　此表對於孔子弟子等相關研究，具有其價值所在，今附錄於此以供學者參考。此外，全祖望亦指出蘇軾《古史考·孔子弟子列傳》仍有其不足之處：

> 司馬遷、文翁、王肅三家，各有異同。其中如陳亢、琴牢見于《論語》，自是《史記》遺漏。蘇轍《古史考》補列傳之闕，作七十九人，是已。獨是林放、申棖，亦《論語》所載，何獨就刪，蓋未及較《石室圖》耳。公伯寮乃讒愬之人，似非弟子，譙周始疑以爲孔子因及門之故，所以不責其非而云命，其言尤屬無謂。子由則姑意擬之。

至郰單、懸亶二人，無從辨據。「單」、「亶」形異而音相近，「家」、「象」音異而形相近，若「郰」、「懸」則迥絕矣，果熟是歟？惟鄭國乃薛邦之訛，張守節注《史記》，已明言之，恐祀典不應以鄭國為正。他如申黨即申根，既轉而為「黨」，又轉而為「堂」。奚容蔵，或作容蔵，皆傳寫之訛，《石室圖》乃兩見之，并屈蘧伯玉作孔子門人，此誤之更顯然者。故三書相較，似文翁為踈，明代張瑰特遵《家語》，黜秦冉不祀，彼蓋不知今《家語》係王肅所定，而誤以為孔壁故物，遂舉《史記》、《石室圖》所載，歷代所記，而輕去之。此則不學之妄人，無足深論者也。〔註25〕

全祖望指出蘇軾之缺失，在於未及參考文翁《石室圖》之說，故於林放、申根皆有所遺漏，且又懷疑公伯繚似非孔子弟子，蘇軾卻以己意擬之等等，皆為全祖望有見之處。

四、呂南公〈讀亢倉子〉開《家語》王肅偽造說之先聲

呂南公（1047～1086）《灌園集》中有〈讀亢倉子〉一篇，對《家語》一書之看法甚為重要。其文如下：

> 治平四年，余見此書於今集賢鄧校理家，怪其詣致不倫，……後二年在淮南，始見唐史《新書》，乃知開元時王士源者造此，……亦其謬意期成恩於世耳。聞羌兒與越人鬭者，越人乘象，羌兒患其難擧，即刻木為狻猊首而繪之，又傚其皮而蒙以前驅，象猝遭而驚也，為之奔敗，蓋畏狻猊者，象也，非越人，而象之所為奔敗者，驚於偽而非驚於實者也。彼羌兒何所能哉？今夫以淺托高人，何以異此？往時王肅出《孔子家語》，近世丘濬解《論語》而題以韓退之，兩人之見，皆濟繆以勞，而通為羌兒之罪人。嗚呼！豈以為有益而為之歟，凡士源、肅、濬異世而同揆者，予又焉知學士之又無似此者歟！柳先生嘗論《亢倉》不宜傳解，而不慮為唐人詐造，其辯蓋猶未盡，余方自憐不惑之早，故為之志，以佐柳於盡焉。〔註26〕

〔註25〕　〔清〕全祖望著，朱鑄禹彙校集注：〈孔子弟子姓名表〉，《全祖望集彙校集注》（上海：上海古籍出版社，2000年），下冊，頁2467～2480。

〔註26〕　〔宋〕呂南公：《灌園集》，卷17，收入《景印文淵閣四庫全書》，第1123冊，總頁161c～162a。

就此段而言，乃呂南公辨別《亢倉子》爲唐開元時王士源所僞造。《四庫全書總目》亦有詳考，然引作「王士元」。今《四庫全書總目》於「子部」之「道家類」「《亢倉子》」一卷」下云：

【《亢倉子》一卷】（衍聖公孔昭煥家藏本）舊本題庚桑楚撰。唐柳宗元嘗辨其僞。晁公武《讀書志》曰：「案唐天寶元年詔號《亢桑子》爲《洞靈眞經》，然求之不獲。襄陽處士王士元謂《莊子》作「庚桑子」，《太史公》、《列子》作「亢倉子」，其實一也。取諸子文義類者補其它。今此書乃士元補亡者，宗元不知其故，而遽詆之，可見其銳於譏議也。今考《新唐書・藝文志》，載王士元《亢倉子》二卷，所注與公武所言同，則公武之說有據。又考《孟浩然集》首有〈宣城王士元序〉，自稱修《亢倉子》九篇；又有〈天寶九載章韋滔序〉，亦稱宣城王士元，藻思清遠，深鑒文理。常游山水，不在人間，著《亢倉子》數篇，傳之於代云云，與《新唐書》所言合，則《新唐書》之說亦爲有據。宋濂作《諸子辨》，乃仍摘其以人易民，以代易世，斷爲唐人所僞，亦未之考矣。……。劉恕《通鑑外紀》引封演之言曰：「王巨源採《莊子・庚桑楚》篇義，補葺分爲九篇。云其先人於山中得古本，奏上之。敕付學士詳議，疑不實，竟不施行。今《亢桑子》三卷是也。」（案此條《封氏聞見記》不載。蓋今本乃殘闕之餘，其以王士元爲王巨源，以亢倉子爲亢桑子，以二卷爲三卷，則傳聞異詞也。）然則士元此書，始猶僞稱古本，後經勘驗，知其不可以售欺，乃自稱爲補亡矣。然士元本亦文士，故其書雖雜剽《老子》、《莊子》、《列子》、《文子》、《商君書》、《呂氏春秋》、劉向《說苑》、《新序》之詞，而聯絡貫通，亦殊疊疊有理致，非他僞書之比……。〔註27〕

《四庫全書總目》辨別《亢倉子》一書甚詳，並引唐柳宗元（773～819）、晁公武、《新唐書・藝文志》、《孟浩然集》諸書，考辨《亢倉子》一書原題王士元所撰，遠較呂南公所辨較爲詳實。

觀呂南公〈讀亢倉子〉一文，旨在辨別《亢倉子》由王士源所造，企圖惡世，遂舉例王士源《亢倉子》此書之成，與王肅出《孔子家語》、近世丘濬

〔註27〕〔清〕紀昀等撰、四庫全書研究所整理點校：《四庫全書總目》，頁 1947～1948。

解《論語》而題以韓退之之例相同。

　　呂南公之意見，並非直言《家語》爲王肅所僞，乃間接譬喻而成。其譬喻方式則以王士源、王肅、丘濬皆爲羌人，欲與越人（未知其所譬喻爲何人，或爲其學之敵對者？）戰鬥，然越人乘象，羌人難以攀擊（意指學有根底，或其學有依據，未可駁倒？）遂刻木爲獅子之首，並倣效獅子之皮紋披之（意旨造《亢倉子》、《家語》、《論語解》而題先賢或明儒所撰），欲使越人所乘之象，驚而敗之。呂南公又云「象之所爲奔敗者，驚於僞而非驚於實者也」一句，則側面顯示出凡象者之所以驚敗者，乃驚於僞造之狻猊，而此僞造之狻猊，即譬喻《亢倉子》、《家語》、《論語解》諸書皆爲羌人所僞，即王士源、王肅、丘濬諸人，其目的正欲用以難人者。

　　呂南公此意見甚爲重要，蓋今人以爲王肅僞造《家語》一書之說，起於南宋之王柏，如化濤云：

　　　　就目前材料所知，王柏是提出《孔子家語》僞書說的第一人，這種
　　　　觀點對後世影響巨大，尤其極盛於清代學術界。〔註28〕

然此時北宋之呂南公已開先聲，非待南宋王柏〈家語攷〉一文，方有學者論斷《家語》爲王肅所僞。惟稍有不同者，乃呂南公非專論《家語》一書，其用意乃在辨別《亢倉子》一書而兼及《家語》，至於王柏〈家語攷〉一文，則專就《家語》一書辨僞。再者，王柏於南宋之時，遠較呂南公之影響爲大，其文又條析屢陳，較呂南公以比喻方式行文，較具理論效力。此外，王柏〈家語攷〉一文又經《四庫全書總目》引用且贊同其說，遂使學者多視〈家語攷〉一文，爲論斷《家語》王肅所僞之先。

五、張耒〈書家語後〉以《家語》傳自孔門之下者

　　宋張耒（1054～1114）《柯山集》中，有〈書《家語》後〉一篇，其文如下：

　　　　昔夫子弟子其高弟所聞，微妙之言，則已共記爲《論語》矣。而門
　　　　人之下者，又雜記聖人之言或陳其所學于聖人者，又著爲《家語》。
　　　　孔氏之子孫，論其家之所傳，則爲《孔叢子》，然皆得聖人之緒餘，
　　　　可推以考孔子之意，不可誣也。〔註29〕

〔註28〕化濤：〈歷代孔子家語的流傳〉，頁601。
〔註29〕〔宋〕張耒：《柯山集》，卷44，收入《景印文淵閣四庫全書》，第1115冊，

就此段而言，張耒之意在於論述《論語》、《家語》、《孔叢子》三書之編成過程。首先，就《論語》之編成而言，張耒以爲乃由孔門弟子中之高弟，紀錄孔子之微妙言論而編成。其次，就《家語》之編成而言，張耒以爲乃由孔門弟子中，次於高弟者取其所雜記孔子之相關言論，或與孔子所問學之相關記錄而編成。復次，就《孔叢子》之編成而言，張耒則以爲由孔子子孫將其家傳等相關言論，集結而編成。

　　張耒對此三書之編成觀點，著眼於編者之身分不同。其中《論語》、《家語》皆孔門弟子所編，性質當然較近，然又有「孔門高第」、「孔門之下者」二種差別，而《孔叢子》則爲「孔氏子孫」所編成，亦與前二者有異，惟張耒認爲由此三書皆可考見孔子學說思想，不可誣爲後人所託。由此觀之，張耒視此三書，乃傳自孔門、孔氏子孫。

第二節　南宋時期重要學者視《家語》之態度

　　由北宋入南宋以後，《家語》僞書說於王柏（1197～1274）〈家語攷〉一文中，正式確立，而王柏之所以有〈家語攷〉一文，又與朱熹（1130～1200）編定《中庸章句》章次順序有關。然論述朱熹《中庸章句》之章次編定前，先論述其它學者之意見。

一、李綱〈論語詳說序〉以《家語》擇焉而不精

　　李綱（1085～1140）《梁谿集》之〈論語詳說序〉，亦曾提及《家語》一書之性質，其說如下：

> 孔子之言傳于後世者，序《詩》《書》，論《禮》、《樂》，《易》有〈彖〉〈象〉〈繫辭〉，《春秋》有褒貶筆削，與曾子論孝者爲《孝經》，其家之所傳者爲《家語》，而對國君卿大夫，教群弟子及相與問答之言，則有《魯論語》二十篇。盛哉聖人言之著也。自《詩》、《書》、《禮》、《樂》、《易》、《春秋》、《孝經》之外，《家語》擇焉而不精，獨《論語》精微衍奧，皆道德仁義性命之旨。〔註30〕

總頁 378a。

〔註30〕〔宋〕李綱：《梁谿集》，卷138，收入《景印文淵閣四庫全書》，第1126冊，總頁 576a～577a。

此段為李綱論及孔子之言仍傳於世者，於六經者則有《詩》、《書》之屬，與曾子論孝者則有《孝經》之屬，其家所傳之言論者則有《家語》之屬，與國君卿大夫及弟子相互問答者則有《魯論語》之屬。此類書籍除六經、《孝經》之外，《家語》一書則擇焉不精，惟獨《論語》一書最為精衍，是為道德仁義性命之學之典範。換言之，李綱以為除六經、《孝經》之外，《論語》一書最為精微，至於《家語》一書，雖是孔家所傳，然於編纂選材時並未如《論語》般，以精微衍奧之道德仁義性命之學為主。

　　由此觀之，李綱認為《家語》一書確實為孔家所傳，惟於擇材方面，遠不如《論語》之精微衍奧。

二、范浚〈五帝紀辨〉以《家語》並非古書但可弘揚孔學

　　范浚（1102～1150）《香溪集》中之〈五帝紀辨〉，以為《家語》並非古書，其說如下：

> 世傳《孔子家語》載〈五帝德〉、〈帝繫姓〉等，皆非古書，使其說誠詳如之，則夫子著之於書久矣。意遷姑欲擴摭傳記以示洽博，非復考其言之當否。〔註31〕

范浚此段乃以《家語》及〈五帝德〉、〈帝繫姓〉等篇，皆非古書。若就范浚所論者而言，其所針對者乃《史記·五帝本紀》而言，司馬遷於此篇末之論贊云：

> 太史公曰：學者多稱五帝，尚矣。然《尚書》獨載堯以來，而百家言黃帝，其文不雅馴，薦紳先生難言之。孔子所傳宰予問〈五帝德〉及〈帝繫姓〉，儒者或不傳。余嘗西至空桐，北過涿鹿，東漸於海，南浮江淮矣，至長老皆各往往稱黃帝、堯、舜之處，風教固殊焉，總之不離古文者近是。予觀《春秋》、《國語》，其發明〈五帝德〉、〈帝繫姓〉章矣，顧弟弗深考，其所表見皆不虛。《書》缺有閒矣，其軼乃時時見於他說。非好學深思，心知其意，固難為淺見寡聞道也。余并論次，擇其言尤雅者，故著為本紀書首。〔註32〕

〔註31〕　〔宋〕范浚：《香溪集》，卷6，收入《景印文淵閣四庫全書》，第1140冊，總頁48a-b。

〔註32〕　〔漢〕司馬遷著、〔宋〕裴駰集解、〔唐〕司馬貞索隱、〔唐〕張守節正義：《史記》，卷1，頁46。

司馬遷以爲〈五帝德〉、〈帝繫姓〉各篇，儒者多或不傳，然此二篇與《春秋》、《國語》諸書，實可互相發明。范浚對此二篇則頗有疑義，以爲若此二篇果眞爲古書，則孔子當於書中或有提及，然今皆未見。此外，范浚又以爲此處乃爲司馬遷攟摭傳記，用以顯示其自身之博洽，而非眞考〈五帝德〉、〈帝繫姓〉所言是否爲當。

由此觀之，范浚以爲《家語》並非古書。然即使如此，范浚仍以爲此書可作爲發揚孔學重要憑藉之一，如於〈讀曾子〉云：

> 世傳《曾參書》述孝悌、仁義、陰陽之說甚著，雖不皆底於道，要與齊、魯《論》、《孔子家語》、《禮記》等書，言相出入，亦宏揚姬孔之一助也。〔註33〕

范浚於此主要論述《曾子書》之性質，此書內容以述論孝悌、仁義爲主，間雜有陰陽之說，又與《齊論》、《魯論》、《孔子家語》、《禮記》諸書之論互有出入，然仍可作爲弘揚孔子學說之重要憑藉。此處范浚雖指《曾子》一書，可視爲發揚孔氏學說之憑藉，然《曾子書》既與《齊論》、《魯論》、《孔子家語》、《禮記》諸書相出入，則《家語》亦當能如《曾子書》般，可視爲發揚孔氏學說之憑藉。

三、王十朋《梅溪集》以《家語》是否據信當需持平

王十朋（1112～1171）《梅溪集》中，已顯示出時人有質疑《家語》之書者，其文如下：

> 有謂《周禮》非周公之書，《家語》非孔氏之書，文籍去古稍遠，而見疑於後世者非一，五經且不見信，而況其他耶！夫孟子之不信《詩》、《書》也，以血流漂杵與夫子遺之言，誠有不足信者，而後世諸儒所疑經史，其亦有所見如《孟子》否耶？抑亦出於穿鑿而好爲異論耶？豈歷世浸久，簡編漏落，傳聞繆誤，實有可疑者耶？其所疑，亦必有得有失，而不可以一概論耶，信其所可信，疑其所可疑，斯善觀書者也，願與諸君辯之，而斷以高明之見。〔註34〕

〔註33〕〔宋〕范浚：《香溪集》，卷5，收入《景印文淵閣四庫全書》，第1140冊，總頁40b-c。

〔註34〕〔宋〕王十朋：《梅溪前集》，卷13，收入《景印文淵閣四庫全書》，第1151冊，總頁227c-d。

就此段而言，王十朋於此乃欲呼籲疑古者，於經書之信或不信之間，當以持平之態度觀之，如此方為善於觀書。惟此處已隱含一重要意見，即王十朋所處當時，已有學者視《周禮》非周公之書，而《家語》一書亦非孔氏所傳，故首舉「有謂《周禮》非周公之書，《家語》非孔氏之書」一句，加以發論。因此，王十朋之時，已有學者意識到此書非孔氏所傳之書。

然王十朋未於《家語》一書是否真為孔氏家傳，做出論斷，惟以持平之角度呼籲學者應當「信其所信」而「疑其所疑」，如此方為善觀書者該有之態度。

四、陳造〈題孔叢子〉以《家語》為漢儒之言當精取之

陳造（1133～1203）《江湖長翁文集》中有〈題孔叢子〉一篇，雖為專論《孔叢子》一書之性質，然有間接提及《家語》者，其說如下：

> 吾夫子五經、《論語》、《孟軻氏》七篇，與四時俱運，日月儷明，可學不可議，可窺不可窮。其餘《家語》、《戴氏記禮》，雜以漢儒之言，非孔孟比，學者精擇審取之，其悖鮮矣。《孔叢子》又次二書，然持論正守道嚴，孔氏家法儼然在是。自孔氏者，不可無此書，是本字大而楷少差誤，可寶藏者，蓋傳之於四明公庫云。〔註35〕

首先，陳造以為五經、《論語》、《孟子》諸書已屆經典之地位，可與四時並行，日月相輝映，實不能窮盡之，亦不可隨意議之。其次，《家語》、《大戴禮記》、《禮記》諸書，皆雜有漢儒之言，故與《論語》、《孟子》不可同日而語，故學者研習《家語》、《大戴禮記》、《禮記》時，必須加以檢擇方能不悖。復次，《孔叢子》一書之內容，可謂持論正守道嚴，確為孔氏家法，不可缺之。

以此觀之，陳造視《孔叢子》一書，遠較《家語》為優，蓋《家語》仍如兩戴《禮記》一般，雜有漢儒之言。

五、楊簡《慈湖遺書》指《家語》非孔子之言且言多有誤

楊簡（1141～1225）於《慈湖遺書》中，曾指出《家語》之記載有誤者，及表示不信《家語》之態度，其說如下：

> 《家語》雖曰：「孔子觀周，遂入太廟后稷之廟」，然此乃記者之言，

〔註35〕〔宋〕陳造：《江湖長翁文集》，卷31，收入《景印文淵閣四庫全書》，第1166冊，總頁397c-d。

非孔子之言，況《家語》所記多誤。〔註36〕

〈祭義〉曰：「殷人貴富而尚齒」，此非聖人之言也。富非道之所貴也，而《家語》謂孔子之言，豈記者之差乎，聖言之傳，訛記謬者亦多矣。〔註37〕

《家語》、《小戴記》並載〈儒行〉一篇，其間可疑者良多。最其甚者曰：「其過失可微辯而不可面數也，其剛毅有如此」者，殆非孔子之言。〔註38〕

就以上三段觀之，第一、二段皆爲楊簡明指《家語》之記載爲誤。第三段則以《家語》、《禮記》之〈儒行〉一篇，多有可疑。由此觀之，楊簡對於《家語》之態度，多以質疑立場爲主。

六、程珌〈六經疑難〉疑戴聖《禮記》雜取《家語》等書而成

宋程珌（1164～1242）於《洺水集》之〈六經疑難〉一篇，指出《禮記》乃取《家語》等書而成，其說如下：

《禮記》一書，或謂成於孔門之諸子，又以爲戴聖雜取《家語》及《子思》、《孟軻》、《荀卿》之書，不知果今之《禮記》邪？〔註39〕

就程珌之意見而言，實亦取〈後序〉之說法而成，即所謂「子國孫衍爲博士，上書辯之，曰：『……又戴聖近世小儒，以《曲禮》不足，而乃取《孔子家語》雜亂者，及《子思》、《孟軻》、《孫卿》之書以裨益之，總名曰《禮記》，今尚見其已在《禮記》者，則便除《家語》之本篇，是滅其原而存其末，不亦難乎？臣之愚以爲宜如此爲例，皆記錄別見，故敢冒昧以聞。』」惟程珌所言較爲精簡，與〈後序〉仍有詳略之不同。

然程珌於此懷疑《禮記》一書，乃戴聖雜取《家語》、《子思》、《孟子》、《荀子》等書而成，其末則云「不知果今之《禮記》邪」，是語氣頗爲保留。換言之，程珌雖視《禮記》可能雜取《家語》等書而成，卻未敢肯定是否即今本之《禮記》。然無論如何，程珌之意見中實隱含一觀點，即《家語》一書

〔註36〕〔宋〕楊簡：《慈湖遺書》，卷9，收入《景印文淵閣四庫全書》，第1156冊，總頁755c。

〔註37〕同前註，總頁756b。

〔註38〕同前註，總頁761b。

〔註39〕〔宋〕程珌：《洺水集》，卷5，收入《景印文淵閣四庫全書》，第1171冊，總頁280c。

漢時即有流傳，若漢時《家語》並無流傳，則戴聖編採《禮記》難以採及《家語》。

七、馬廷鸞〈書洙泗裔編後〉以《家語》爲先秦之舊

馬廷鸞（1222～1289）爲馬端臨之父，其於《碧梧玩芳集》中有〈書洙泗裔編後〉一篇，於《論語》、《家語》、《孔叢子》三書之來歷皆有所敘及，其文如下：

> 《論語》、《家語》、《孔叢子》皆孔氏家書也，而有粹駁之不同。《家語》駁於《論語》，《孔叢子》又駁於《家語》。蓋更春秋而戰國，戰國而秦漢，孔氏之家學，其亦與世道相爲升降也耶。《家語》自安國撰次，當孝成時其孫愻上書自言而不得立，至魏王肅始得之孔子二十二世孫猛，而後傳焉。《孔叢子》至本朝宋咸始著明其書，朱文公訛其鄙淺不列諸子之數。〔註40〕

就此段觀之，其視《論語》、《家語》、《孔叢子》三書，主要意見有三：

其一，就《論語》、《家語》、《孔叢子》三書之共同點而言，在於三者「皆孔氏家書也」。換言之，馬廷鸞並非視《家語》、《孔叢子》爲後人所依託，實傳自孔氏一家。

其二，就《論語》、《家語》、《孔叢子》三書之差異點而言，在於三者「駁雜程度不一」，此與張耒之意見則有所不同。蓋張耒以編者之身分觀察，而有孔門高第、孔門高第之次者、孔氏子孫三種，分別編成《論語》、《家語》、《孔叢子》三書，然無論編者之身分有何分別，諸書皆能推考孔子之旨意則一也。馬廷鸞亦與張耒同樣論及《論語》、《家語》、《孔叢子》三書，但其著眼點則非編者之身份，乃以諸書之駁雜程度作觀察。若以內容所記而言，最爲駁雜者爲《孔叢子》，而《家語》則較純，至於《論語》則又較《家語》爲純。

其三，就駁雜程度不一之原因而言，馬廷鸞以爲其原因所在，乃由於孔氏家書於春秋、戰國、秦漢之際有所更迭，而記者分處於此三時，遂致使三書駁雜不一。換言之，《論語》成於春秋之時，《家語》成於戰國之時，《孔叢子》則成於秦漢之際，故三書漸次而駁雜。

其四，就《家語》、《孔叢子》之流傳而言，馬廷鸞以爲《家語》一書成

〔註40〕〔宋〕馬廷鸞：《碧梧玩芳集》，卷14，收入《景印文淵閣四庫全書》，第1187冊，總頁103b-d。

自孔安國，於漢孝成帝之時，其孫孔衍上奏欲立爲學官而不得，遂轉爲家學直至孔子二十二世孫孔猛，方轉予王肅後乃正式傳世。《孔叢子》則至本朝宋咸方注此書，使其廣傳。

就以上四點稍作觀之，馬廷鸞視《家語》爲先秦兩漢之舊，而入漢後由孔安國整理撰次而成，孔衍一度曾上奏欲使此書立爲學官，然而不果。

第三節　朱熹《中庸章句》章次編定與《家語》僞書說定型

一、朱熹《中庸章句》取《家語》之文以定章次

朱子（1130～1200）一生之著述極豐，且其著述亦多爲學術界所推崇，影響後世甚深。然其著作中並無以《家語》爲主題作爲研究對象者，惟有零星論及《家語》者，如《朱子語類》中即是。此書兩處提及有關《家語》者，分見於下：

> 《家語》雖記得不純，卻是當時書。《孔叢子》是後來白撰出。
> 《家語》只是王肅編古錄雜記。其書雖多疵，然非肅所作。《孔叢子》
> 乃其所注之人僞作。讀其首幾章，皆法《左傳》句，已疑之。及讀
> 其後序，乃謂渠好《左傳》，便可見。〔註41〕

就前段而言，朱子以爲《家語》一書雖記載不純，然卻爲「當時書」（先秦兩漢之舊），至於《孔叢子》一書，則確屬後出。朱子此說即以《家語》一書爲先秦兩漢之舊，非王肅所僞造者。就後段而言，其與前者之敘述稍有不同，蓋此處以爲《家語》之材料有其淵源，王肅不過將此批「古錄雜記」之材料編爲《家語》，雖有瑕疵但非王肅僞作。若兩處合觀，則朱子以爲《家語》是王肅所編集，然其材料仍屬先秦兩漢之古錄雜記，即使此批古錄雜記之材料有其瑕疵所在，然此非代表王肅所僞作者。

由於朱子視《家語》之材料屬於先秦兩漢之古錄雜記，而非王肅所僞作，因此於《中庸章句》之編定時，遂能名正言順取之以證《中庸》。如朱子於《晦庵集》中指出：

〔註41〕〔宋〕黎靖德編，王星賢點校：《朱子語類》（北京：中華書局，2004年），卷137，頁3252。

「哀公問政」以下數章，本同時答問之言，而子思刪取其要，以發
明傳授之意，鄙意正謂如此。舊來未讀《家語》，嘗疑數章文章相屬
而未有以證之，及讀《家語》，乃知所疑不繆耳。〔註42〕

朱子於此敘述其未讀《中庸》之前，嘗疑《中庸》中有數章應當相屬，卻未
有證據，直至讀及《家語》時，方證先前所疑者爲不謬。換言之，朱子所疑
《中庸》數章不相屬者而應當相屬者，於《家語》中確正好相屬。由此觀之，
朱子頗以《家語》之記載爲然，否則當不至於見《家語》數章相屬，即云「乃
知所疑不謬耳」。此外，朱子又指出：

遺書節本已寫出，愚意所刪去者，亦須用草紙抄出，逐段署注，刪
去之意，方見不草。草處若只暗地刪却，久遠却惑人也。記《論語》
者只爲不曾如此，留下《家語》，至今作病痛也。〔註43〕

就此段而言，朱子先云凡編書者應於刪去部分，當別紙抄出加以注明，方知
何以刪去之意，亦可使刪去之文與原文間之連結關係仍然存在，且使刪去之
文與所留之文兩者之關係能刪而不斷。若是刪去部分並未注明，久遠以後，
學者將不知刪去之意。

其次，朱子續云由於《論語》之編纂者，並未施行此法，故留下《家語》
一書，猶如貽學者以病痛也。換言之，朱子似將《家語》視爲《論語》編纂
時所刪去之部分，由於刪去之時並未注明刪去之意，遂使學者無法得之何以
刪去。再者，所刪去之文與《論語》原來之字句，其連結關係已不復見，致
使後來學者欲利用《家語》時，產生諸多不便之處。由此可見，朱子似將《家
語》視爲編纂《論語》時所刪去之材料，與前謂朱子視《家語》之材料爲「古
錄雜記」，有其共通點。

此外，朱子於〈答張敬夫〉書信中，更明顯欲據《家語》之文以定《中
庸章句》，其文如下：

所引《家語》只是證明《中庸章句》，要見自「哀公問政」至「擇善
固執處」只是一時之語耳，於義理指歸，初無所害，似不必如此力
加排斥也。大率觀書但當虛心平氣，以徐觀義理之所在，如其可取，
雖世俗庸人之言，有所不廢，如有可疑，雖或傳以爲聖賢之言，亦

〔註42〕〔宋〕朱熹：《晦庵集》，卷33，收入《景印文淵閣四庫全書》，第1143冊，
　　　　總頁750a-b。
〔註43〕同前註，總頁755c-d。

須更加審擇，自然意味平和，道理明白，腳踏實地，動有據依，無
籠罩自欺之患。若以此爲卑近不足留意，便欲以明道先生爲法，竊
恐力量見識不到它地位，其爲泛濫殆有甚焉，此亦不可不深慮也。
且不知此章既不以《家語》爲證其章句之分，當復如何爲定耶？《家
語》固有駁雜處，然其間亦豈無一言之得耶？一槩如此立論，深恐
終啓學者好高自大之弊，願明者熟察之。其他如首章及論費隱處，
後來暑已修改如來喻之意，然若必謂兩字全然不可分説，則又是向
來伯恭之論體用一源矣，如何？如何？〔註44〕

此信朱子再三致意，其以《家語》之文證《中庸章句》時，於義理指歸上並
無所害，要張敬夫不必刻意排斥《家語》。其次，朱子要張敬夫平心靜氣去看
待《家語》一書，即使《家語》駁雜爲事實，然並非全無所取，亦再次爲其
以《家語》證《中庸章句》一事，向張敬夫說明《家語》於《中庸章句》之
編定，仍有其參考價值。

　　由以上數則觀之，朱子視《家語》一書之材料爲古錄雜記，屬於先秦文
獻，然由王肅編集而成，雖然內容駁雜，但於《中庸章句》之編定，有其參
考價值。

二、張栻〈答朱元晦秘書〉質疑朱熹以《家語》章節次序釐定 《中庸》

　　朱子於編定《中庸章句集注》時，曾根據《家語・禮運》等相關文獻，
來釐定《中庸》相關章節之次序，此舉頗有不少學者提出疑義，如宋張栻（1133
～1180）即是。張栻《南軒集》中保存不少與朱子之往來書信，《四庫全書總
目》計其數有七十三札，其中第五、六、七札則與朱子討論《中庸集注》一
書有關，如張栻致書於朱子之〈答朱元晦秘書〉：

示及《中庸》首章解義，多所開發，然亦未免有少疑，具之別紙，望
賜諭也。所分章句，極有功，如後所分十四節，尤爲分明，有益玩味，
但《家語》之證終未安。《家語》其間駁雜處非一，兼與〈中庸〉對，
其間數字不同，便覺害事，以此觀之，豈是反取《家語》爲〈中庸〉
耶？又如所引證「及其成功，一也」之下，有哀公之言，故下文又有

────────────

〔註44〕同前註，卷31，總頁684d～685b。

「子曰」字，觀《家語》中一段，其間哀公語有數處，何獨於此以子
曰起之耶？某謂傳世既遠，編簡中如子曰之類，亦未免有脫略，今但
當玩其辭氣，如明道先生所謂致與位字，非聖人不能言，子思蓋傳之
耳。此乃是讀經之法，若必求之它書以證，恐卻泛濫也，不知如何？
又如云「此一節明道之隱處」、「此一節明道之費處」，亦恐未安，「君
子之道費而隱」，此兩字減一箇不得，聖人固有說費處，說隱處，然
亦未嘗不兩具而兼明之也，未知如何？〔註45〕

就此篇而言，張栻以爲朱子之《中庸章句》引《家語》以證〈中庸〉，於義有
未安處。蓋《家語》駁雜非一，若欲以《家語》之章次釐定《中庸》，恐將《家
語》中與〈中庸〉相關者，直視爲〈中庸〉矣，此舉頗不可行。再者，張栻
以朱子《中庸章句》「及其成功，一也」之下有哀公之語，其下則題爲「子曰」，
然《家語》與此段相關者，其哀公之言亦有數段，但並無子曰而作孔子曰，
故詢問朱子《中庸集注》何獨於此有「子曰」起頭？張栻自身則懷疑是錯簡
所致，並轉而提示朱子讀經之法當以明道先生所教爲是，不應求之他書以證
本經。言下之意，張栻似乎建議朱子不當以《家語》之文，去釐定《中庸》
之章句，當以明道之讀經法發明《中庸》即可。此外，張栻又致書云：

來書披玩再四，所以開益甚多，所謂愛之理，發明甚有力。前書亦
略及之矣。區區並見別紙，嗣有以見告是幸。〈中庸〉所引《家語》
之證，非是謂《家語》中都無可取，但見得此章證得，亦無甚意思，
俟更詳之，所改定本亦幸早示，得以玫究求教。〔註46〕

此處張栻以爲《家語》並非都無可取，然即便《家語》此處可以證於《中庸》，
於經義並無多大發明之處，亦無其它可發明《中庸》之處。

由上述兩段觀之，張栻雖不直接排斥《家語》，然其視《中庸》之地位更
高於《家語》。張栻又以爲，若欲發明《中庸》，仍當以明道之讀經法求之，
以《家語》求之，則將過於氾濫。

三、呂祖謙《東萊集》疑子思從《家語》中裁取出而成《中庸》

呂祖謙（1137～1181）《東萊集》中，以《中庸》可能由子思從《家語》

〔註45〕〔宋〕張栻：《南軒集》，卷20，收入《景印文淵閣四庫全書》，第1167冊，
　　　　總頁587d～588a。
〔註46〕同前註，總頁591c-d。

中釐出，若朱熹再用《家語》之章次編定《中庸》之章次，可能錯亂原先子思所編定《中庸》之章次，其說如下：

> 「哀公問政」以下六章，雖載在《家語》，皆同時問答之言，然安知
> 非子思裁取之，以備《中庸》之義乎？有未然處望見教。〔註47〕

呂祖謙於此似以爲子思先從《家語》中釐出並裁取成《中庸》，則《中庸》已較《家語》爲精。若朱熹《中庸章句》欲據《家語》之章次，去釐定《中庸》之章次，無疑是以粗糙者處置精當者。由此觀之，呂祖謙逆向思考，提醒朱子《中庸》可能爲子思從《家語》中取出而重新裁成，已較原始《家語》之文不同。

四、孫應時〈上晦翁朱先生〉疑《家語》之文乃鈔入《中庸》者

孫應時（1154～1206）於《燭湖集》中之〈上晦翁朱先生〉書，亦對朱熹以《家語》一書編定《中庸章句》之章次頗有疑義，因而懷疑《家語》之文乃鈔入《中庸》者，未可據用《家語》之文以定《中庸》章次，其說如下：

> 若《中庸章句》中「哀公問政」一編，疑聖人於哀公未必直說許多，
> 或者《家語》反抄《中庸》入之。又頗疑《大學》所定，其他皆分
> 明，只「淇澳」一段，恐或本在首章正經之下，通證「明德新民」
> 至「修身爲本」之意，似差混成，而於舊本下文連接亦順。然此乃
> 先生數十年精思熟講，然後出之，豈可輕議？顧心之所懷，不敢不
> 吐，既末由面請復未及別錄輒附見於此乞賜批誨。〔註48〕

就此段觀之，孫應時對朱子以《家語》釐定《中庸》章句，未肯據信，是孫應時對《家語》一書之態度，語多保留。換言之，孫應時所重視者仍在《中庸》，故有所謂《家語》鈔入《中庸》之文者。換言之，孫應時之說與呂祖謙正好相反，呂祖謙以爲《中庸》可能爲子思從《家語》中裁出重編，與《家語》之原文相比，《中庸》之文較爲爲精當，而孫應時則以《中庸》一篇較爲原始，而《家語》之文乃後人將《中庸》一篇抄錄《家語》之中，反較《中庸》之文粗糙。惟兩人意見雖然正反不同，但於朱子取《家語》之文證《中

〔註47〕〔宋〕呂祖謙：《東萊集》，卷8，收入《景印文淵閣四庫全書》，第1150冊，總頁244a-b。

〔註48〕〔宋〕孫應時：《燭湖集》，卷5，收入《景印文淵閣四庫全書》，第1166冊，總頁571c-d。

庸章句》一事而言，兩者實皆有疑慮存在。

五、王柏〈家語攷〉以今《家語》爲王肅割裂他書而成

　　王柏（1197～1274）於《魯齋集》之〈家語攷〉中，極力證成《家語》
爲王肅所僞。觀其所以辨《家語》爲王肅所僞，起因亦與朱熹以《家語》釐
定《中庸章句》之章次有關。王柏以爲此舉不當，遂逐層深入考辨《家語》
一書之流傳。此即其文所言者：

> 予每讀《中庸集註》，以《家語》證《中庸》之有缺有衍，私竊疑之，
> 因書與趙星渚言，答曰：「文公謂《家語》爲先秦古書，無可疑者」，
> 因求《家語》之始末，而益有大可疑，請從而論之。〔註49〕

此段起始，王柏即云每讀讀朱子《中庸章句》時，見朱子以《家語》相關之
文，證《中庸》何處有缺、有衍，頗有疑義。遂行書於趙星渚求問，然趙回
答朱子以此書爲先秦之舊，無須疑義。王柏仍有所不信，遂就《家語》一書
之流傳始末加以考核，覺其中有所疑者，並依次考論如下：

> 考古非易事也，此先儒之所甚謹，豈後學之所當妄議，必學博而理
> 明，心平而識遠，殆庶幾乎得？蓋學不博，不足以該貫羣書之言；
> 理不明，不足以融會羣書之旨；心不平，則不能定輕重之權；識不
> 遠，則不能斷古今之惑。予不敏，何足以知之？竊嘗謂學者莫不讀
> 《論語》也，自漢以來，諸儒名家，亦莫不牋釋《論語》也，至我
> 本朝伊洛紫陽諸老先生出，而《論語》之義始大明。曰脫簡、曰錯
> 簡、曰衍文、曰缺文、曰某當作某，始敢明註于下。然未有定《論
> 語》爲何人所集也，固嘗曰此《魯論》也，此《齊論》也，此爲子
> 貢之門人記矣，此爲閔子之門人記矣，此成於有子、曾子之門人矣。
> 然子貢、閔子、有子之門人，後世不聞，其有顯者，惟曾子傳得其
> 宗，當時執刪纂之柄者，豈非子思乎？吾聞夫子年三十有五，而弟
> 子益進，轍環天下，幾四十年，登其門者，凡三千人，其格言大訓，
> 宜不勝其多也，豈《論語》五百章所能盡哉？於此五百章之中，而
> 高第弟子之言，居十之一，七十子之言，不能盡載也，三千人之姓
> 名，不能盡知也，況其言乎？嗚呼！《論語》之書精則精矣，而於

〔註49〕〔宋〕王柏：《魯齋集》，卷9，收入《景印文淵閣四庫全書》，第1186冊，總
　　　　頁147d～148a。

夫子之言，未可謂之大備也，宜乎諸子百家，各持其所聞，而發越
推闡，莫知所以裁之，毫釐之差，千里之謬，固有不能免者。〔註50〕
此段王柏續謂《論語》一書編成之相關源流，尚未切入《家語》可疑之點。
要之，王柏意謂《論語》一書，自漢以來皆有箋釋者，而至宋朝之前輩學者，
始敢有標注「脫簡」、「錯簡」、「衍文」、「缺文」、「某當作某」之例，然《論
語》為何人所集則尚未有定論。王柏以為孔子之門人中，以曾子為顯，遂推
測《論語》當為子思所編纂。然王柏又謂《論語》雖然編成，惟孔門弟子三
千，登堂入室者七十，而《論語》惟有五百章，因此七十子之言未能盡載，
三千名姓未能盡知，因此歎《論語》一書雖然精審，然記夫子之言，未能大
備。隨後，王柏則提及《家語》，其文如下：

> 予讀《家語》而得《論語》之原，其序謂當時公卿、大夫、士及諸
> 弟子，悉集錄夫子之言，總名之曰《家語》，斯言得之矣。正如今程
> 子、朱子之《語錄》也。蓋顏子之所聞，曾子未必知也；子貢之所
> 聞，子游未必知也；齊、魯之君問答，二國不能互聞也，以今準古，
> 揆之以事，度之以理，不有以大會粹為一書，則散漫而無統，浩博
> 而難求，門人何以別其精微？故曰《家語》之原乎！然記者非一人，
> 錄者非一人，才有高下，詞有工拙，意有疏密，理有精粗，紛然而
> 來，兼收並蓄，亦不得而却也。於斯時也，七十子既喪，而大義已
> 乖，駸駸乎入於戰國矣，各剽畧其所聞，假託其所知，縱橫開闔，
> 矯偽飾非，將之以雄辭詭辨，以欺諸侯，以戕百姓，其禍根盤結於
> 海內，紫亂朱，鄭亂雅，大道晦蝕，異端搶攘，誣聖言愓後世，此
> 有識者所以夙夜寒心，思有以拯之，不得不於《家語》之中，采其
> 精要簡明者，集為《論語》，以正人心，以明聖統，以承往緒，以啓
> 來哲，為悠遠深長之計，其滔滔橫潰於天下者，固不能遽遏絕也，
> 俟其禍極而勢定，則大本大原，正大光明，巍然與日月並行，於天
> 地萬世之下，莫不於此而宗之，其功又豈在禹下哉！當是時也，任
> 是責者非子思子，吾將疇歸，故曰集《論語》者，必子思子也，始
> 著書以幸後學者，亦必子思子也。〈藝文志〉有《曾子》十八篇，此
> 不過記錄之書也。《子思》二十三篇，若〈中庸〉、〈大學〉，則子思
> 著作之書也，以《論語》之體段，推《家語》之規模，大槩止記錄

〔註50〕同前註，總頁148a-c。

而已，然精要簡明，既萃於《論語》，則其餘者存於《家語》，雖不
得爲純全之書，其曰先秦古書，豈不宜哉？〔註51〕

就此段而言，王柏之旨意約有以下五點：

其一，王柏據《家語·後序》得知《論語》成書之經過，並同意〈後序〉
所謂《家語》一書乃孔子相關言論之集錄此一觀點。

其二，王柏解釋起始以「集錄」之方式編定，有其理由所在。蓋若當時
不以「大會粹」之方式集錄之，則此有彼無反之亦然，則門人披尋恐亦難求，
更遑論據此而別出精微、駁雜者。

其三，由於此書屬於雜錄之性質，且記者之才有高下不同，於是有工拙、
精粗、疏密之不同。入戰國後七十子喪而大義乖違，於是子思子就其《家語》
之雜錄者，採取其中精要簡明者編爲《論語》。

其四，觀子思所作之〈中庸〉、〈大學〉體制，則同爲子思所編之《論語》，
亦當從《家語》記錄下來而已，故云「大槩止於記錄而已」，然《論語》卻較
《家語》精要簡明。

其五，萃爲《論語》之後，所餘之《家語》雖爲未全純之書，然亦屬先
秦之舊，朱子稱其爲先秦古書，何有不可？

復次，王柏〈家語攷〉又論及《家語》由秦入漢之流傳過程，其文如下：

雖然，予嘗求《家語》之沿革矣，其〈序〉故曰：「當秦昭王時，荀
卿入秦，王問儒術，卿以孔子語及弟子言，參以已論獻之，卿於儒術
固未醇也，而昭王豈能用儒術者哉？可謂兩失之，此《家語》爲之一
變矣。於是以其書列于諸子，得逃焚滅之禍，秦亡，書悉歸漢。高堂
生得《禮古經》五十六卷，《經》七十篇，《記》百三十一篇，註云：
「七十子及後學所記」，此豈非《家語》之遺乎？河間獻王得而上之，
宣帝時，后倉明其業，乃爲曲臺記授戴德、戴聖、慶育三家，大戴刪
其繁爲八十五篇，小戴又刪爲四十六篇，育無傳焉。馬融得《小戴禮》，
又足〈月令〉、〈明堂〉、〈樂記〉三篇，鄭康成受業於融，爲之註解，
究其原多出於荀卿之所傳，故《戴記》中多有荀卿之書。班固曰：「《孔
子家語》二十七卷」，卷與篇不同，顏師古已註云：「非今所有之《家
語》」。成帝時，孔子十三世孫衍上書，言戴聖近世小儒，以《曲禮》
不足，乃取《孔子家語》雜亂者，及《子思》、《孟軻》、《荀卿》之書

以禪益之,總名曰《禮》,遂除《家語》本篇,是滅其原而存其末也。

以是觀之,《禮記》成,而《家語》又幾於亡矣。予於是有曰:「《論語》者,古《家語》之精語也,《禮記》者,後《家語》之精語也。
〔註52〕

王柏此段乃就〈後序〉論述《家語》於先秦兩漢之際流傳情形,其要點有以下三項:

其一,戰國時荀子攜《家語》入秦,從昭王問答儒術,而荀子以孔子之語、弟子語,並參以己論於《家語》之中,遂使《家語》一書已非原貌。

其二,入秦後《家語》與諸子同屬,故不列於焚書之中。入漢後,高堂生所得者即爲《家語》所遺留之材料,並由河間獻王獻上。宣帝時,大戴、小戴各自刪編爲《禮記》,而馬融得《小戴禮記》又增〈月令〉、〈明堂〉、〈樂記〉三篇,並傳授於鄭玄。

其三,成帝時,孔衍上書指出戴聖等儒,以《曲禮》不足,故雜取《家語》、《子思》、《孟子》、《荀子》等書增易之,名之曰《禮》,並滅《家語》本篇,遂使《禮記》成而後《家語》幾亡矣。據此,王柏以爲《論語》爲「古(先秦之時)《家語》」之精粹者,《禮記》爲「後(漢之時)《家語》」之精粹者。

復次,王柏〈家語攷〉則提及今本《家語》,爲王肅割裂他書而成,其文如下:

今之《家語》十卷,凡四十有四篇,意王肅雜取《左傳》、《國語》、《荀》、《孟》、《二戴》之緒餘,混亂精粗,割裂前後,纖而成之,託以安國之名,捨珠玉而存瓦礫,寶康瓠而棄商鼎,安國不應如是之疎也。且安國,武帝時人,孔壁之藏,安國之所守也,不能以金石絲竹之遺音,正曲臺之繁蕪,其功反出於二戴之下,必不然矣,是以朱子曰:「《家語》是王肅編古錄雜語,其書雖多疵,却非肅自作」,謂今《家語》爲先秦古書,竊意是初年之論,未暇深考,故註於《中庸》,亦未及修,故曰「《家語》爲王肅書」,此必晚年之論無疑也。吁!《家語》之書,洙泗之的傳也,不幸經五變矣。一變於秦,再變於漢,三變於大戴,四變於小戴,五變於王肅。洙泗之流風餘韻,寂然不復存,以古《家語》正《中庸》,其詞甚愨,其義甚明,奈不可得而見也;以今《家語》正《中庸》,終恐有所未安。以

朱子晚年之論，久之未必不改也，學者膠柱而調瑟，却成大病，是
以不容不論，惟明者擇焉。〔註53〕

就此段而言，有以下四項要點：

其一，今十卷本四十四篇之《家語》，爲王肅取《左傳》、《國語》、《荀子》、
《孟子》、二戴《禮》，割裂而成。

其二，朱子用《家語》證《中庸章句》是初年之論，觀朱子後年則言「《家
語》爲王肅書」，可知其態度已經轉變。

其三，《家語》一書確爲洙泗所傳，然歷經五變。第一變於荀子，第二變
於后倉，第三變於戴德，第四變於戴聖，第五變於王肅，而古《家語》因而
不復存矣。

其四，以今歷經五變之《家語》正古〈中庸〉之篇，誠屬不可行之事。

至此，王柏〈家語攷〉正式論斷《家語》一書爲王肅所僞。雖王柏仍然
承認有古本《家語》，然此《家語》屢遭析釐，而後又由王肅割裂他書而成。
因此，今本《家語》是王肅所僞作之者，於是斷不能以此後出、僞作之《家
語》，去釐定〈中庸〉之章次。

綜合兩宋學者之意見觀之，北宋時期之學者，視《家語》一書，仍爲正實
可信，即如官方所編定之經解著作，仍然以《家語》爲可信。自北宋末年後，
呂南公以譬喻方式間接說明《家語》爲僞書。入南宋以後，學者逐漸認定《家
語》爲王肅所僞。此一高峰與定型，又與朱熹編次《中庸章句集注》，以《家語》
章次釐定《中庸》章次，遂引發學者更加注意《家語》一書之性質，遂有不少
學者，懷疑《家語》一書。然朱子主張《家語》可信，又未能夠使他人信服，
遂至王柏時〈家語攷〉一文，強烈論證《家語》一書爲王肅所僞，此後學者則
多受此說影響，而《家語》由王肅所僞作，亦由此正式定型。

第四節　《家語》僞書說之形成與重新思考

一、重新審視《家語》僞書說之必要性

《家語》之所以能構成僞書說，於前提上正存有三項合理之懷疑空間，
學者據此合理之懷疑空間加以見縫插針，遂易使《家語》僞書說成形，以下

〔註53〕同前註，總頁 150a-b。

先論述此三項合理之懷疑空間。

（一）《家語》自肅始傳

《家語》「自肅始傳」一詞雖見於《四庫全書總目》，然此說本王肅〈序〉而來，並非四庫館臣之新創。以「自肅始傳」一觀點而言，此說實爲《家語》僞書說形成之重要關鍵。蓋由於今本《家語》自肅始傳，於是學者遂可合理懷疑何以王肅忽能獲得此本而傳世？此點觀照馬昭視《家語》爲王肅增加之說，即可知曉。由於此本自王肅始傳，於是馬昭遂可合理懷疑此書之內容，有王肅所增加之部分。

（二）《家語》與王肅之經解有重規疊矩之處

《家語》自肅始傳已於文獻之流傳過程中，足以產生做僞之合理懷疑空間，更令學者質疑者乃此書部分之內容，竟與王肅之經解旨趣有若干程度之吻合。如王肅於〈序〉中所云「以明相與孔氏之無違也」、「斯皆聖人實事之論」、「與予所論有若重規疊矩」三句，皆爲王肅自身說明此書與其經解有若干符合之處。然此一現象，即爲第二項之合理懷疑空間，蓋鄭學之徒，即可就此部分咬定爲王肅所增加，用以攻擊鄭學。

（三）《家語》篇章多與先秦兩漢典籍重出

第三項合理懷疑空間，當與《家語》一書之文獻性質有關。由於《家語》一書之內容，多與先秦兩漢典籍重出，於是難者即可針對此一特點，咬定爲王肅割裂他書而織成，如宋王柏〈家語攷〉一文，即主張此說最力。

以上三項爲《家語》僞書說形成之重要關鍵點，然時至今日，學者亦不需就此三項懷疑空間越鑽越深，反而應當由此三項懷疑空間移轉焦點。蓋今之出土簡牘，至少已說明《家語》之文獻有其來源，並非王肅所能一手僞造。再者，利用前二項之合理懷疑空間者，多爲反擊王肅之鄭學之徒，其態度並非客觀。因此，就此三項合理之懷疑空間轉移焦點，當屬勢在必行。

二、由合理之懷疑空間轉移研究焦點

由於合理之懷疑空間相對遭到壓縮，於是學者必須由合理之懷疑空間轉移研究焦點，畢竟時至今日，若再利用合理之懷疑空間繼續如先儒一般，指摘王肅僞造《家語》，實已不符合當今之學術思潮。至於轉移之焦點，可有以下三項：

　　第一，由自肅始傳之焦點轉移至《家語》之材料來源。《家語》自肅始傳是學者認定《家語》為王肅偽作、增加、私定之重要依據，然而出土文獻說明《家語》之材料有其來源，偽造說已經難以成立。於是學者應當將核心轉移至出土文獻與《家語》之間有何差異？或由出土文獻，觀察《家語》之成書過程為何？編纂主旨為何？凡此，皆是研究《家語》者所勢在必行者。

　　第二，由鄭王爭論之焦點轉移至《家語》內容本身之研究。由於鄭王之爭，加以鄭學於後來學術史上之勝出，及其地位之相形穩固後，王肅及《家語》之學術地位已然一落千丈，於是《家語》之內容，亦為學者所忽視。然鄭王之爭於當今之學術環境已失去意義，學者可以平心靜氣之客觀角度，重新審視鄭王之爭背後所代表之學術意義。惟《家語》之內容及其所蘊含之思想，至今仍缺乏深入與通盤之研究，實仍有研究之空間。

　　第三，由割裂他書而成之焦點轉移至《家語》與他書重見之學術意義為何。王柏〈家語攷〉首倡《家語》一書為王肅割裂他書而成，然未深入細考，理由有二：第一，王柏以「意」字而言，亦只根據重出現象加以推測，並未逐條比對《家語》各章重出情形為何。舉例而言，其意以為王肅取以上諸書割裂而織成《家語》，其中來源有《孟子》一書，然根據陳士珂《孔子家語疏證》逐條比對重出情形，《家語》並未與《孟子》重出。據此，王柏實有推論但未有考證。第二，面對《家語》與其他文獻之重出情形而言，實際上有三種假設之途徑：第一，《家語》割裂他書而言，亦即王柏之主之張，如下圖所示：

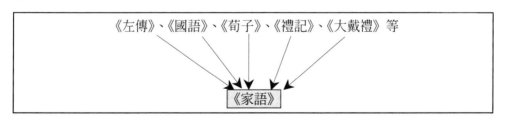

　　第二，他書割裂《家語》而成，如下圖所示：

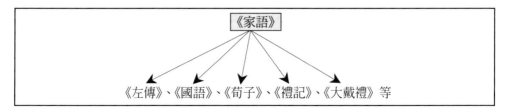

第三，《家語》與重出諸書，有共同的文獻來源，如下圖所示：

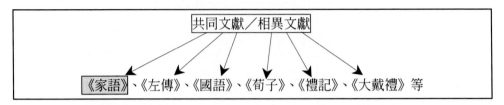

王柏之推論，只消極認定第一種途徑，卻未積極排除另外兩種可能的情形，因此其說仍未使人信服。

然此處所欲說明者，並非《家語》是否割裂他書而成，而是學者應當將研究焦點置於何以先秦兩漢典籍中，有多種著作之內容，彼此相互重見之頻率極高？再者，這些相互重見之典籍，以何因素造成彼此間互相重見？其重見一現象之學術意義又爲何？凡此，皆爲未來之研究重點。

第七章　結　論

　　《家語》一書之流傳過程，主要可以分爲三個階段：第一爲先秦兩漢時
期，就此時期而言，《家語》一書之材料來源、編成過程，及其流傳情形，仍
舊處於不明之狀態，亟需學者加以建構。第二爲魏晉至兩宋時期，此一時期
《家語》流傳之最大特色在於二點：其一，此階段《家語》惟有王肅注本獨
自流傳，其餘注本難以覓及。其二，《家語》一書之來歷，已由王肅增加、私
定之說，逐漸定型爲王肅所僞造，亦即此階段爲《家語》僞書說定型之重要
時期。第三爲元明清時期，此時期《家語》流傳之最大特色，在於眾多注本
之出現，而且相關研究亦蓬勃發展起來，可說是《家語》學正式成形之時期。
以本論文而言，所涉及《家語》之流傳議題上，以第一、第二階段爲主。

　　本論文第一章、第二章主要針對《家語》之相關研究，作一系統之回顧。
第一章乃就《家語》之研究議題上，分爲「校釋原書」、「僞書考辨與二重證
據研究」、「版本概況與流變」、「原文考佚」、「專題研究」等五項。其中關於
「校釋原書」、「僞書考辨與二重證據研究」二項之研究成果，遠較其他三項
豐碩，而「校釋原書」一項之研究，又遠較「僞書考辨與二重證據研究」爲
多。然不可否認者，「校釋原書」一項之主要成果，皆以清代學者與傳統日本
學者爲主，民國以後學者之相關研究反較少見，而「僞書考辨與二重證據研
究」一項，自從阜陽漢簡、定縣漢簡、上博簡等相關文獻出土以來，已逐漸
增多，研究成果亦相當可觀。

　　至於「版本概況與流變」、「原文考佚」、「專題研究」三項，則相較於前
二項之研究顯然爲少，而研究成果亦屬有限。

　　第二章乃就前章所論及《家語》之五項研究議題，又加以延伸觀察此五

項研究議題，各自遺留何種問題？或可供開拓之空間爲何？以「校釋原書」一項而言，當務之急當整合此類型之相關研究，進行《家語》之全面校勘集注，使《家語》之相關校釋成果，能作有系統之彙整，進而供學者加以使用。

以「僞書考辨與二重證據研究」一項而言，目前出土文獻已說明《家語》之材料有其來源，然出土文獻與《家語》之間，究竟存在何種改寫、重編等關係，仍然值得關注。

以「版本概況與流變」一項而言，應當於目前之研究成果上，進步將中日韓等相關著錄《家語》之版本，加以統整彙合，使讀者能夠加以利用。

以「原文考佚」一項而言，此研究議題極少有學者關注，然針對魏晉至兩宋前之古書援引《家語》之文，加以兼考存佚一舉，實有助於校勘《家語》之功，亦有助於《家語》古、今二本等相關議題之釐清。

至於「專題研究」一項中，無論「流傳史」、「古今二本」、「孔老（儒道）關係」或「經學與思想內涵研究」等，仍有諸多空間值得開拓。如就「流傳史」方面而言，元明清學者於《家語》一書，皆有不少相關研究出版，且於流傳方面，既與秦漢時期《家語》之流傳情形並未明朗者，有所不同，亦與魏晉南北朝至兩宋時期王肅注本獨傳與僞書說之定型者，亦復不同，反而此時期出現不少注本、節本等相關專門性著作，且觀僞書說於元明清之際，學者又有不同之意見，因此元明清時期《家語》之流傳情形，亟需深入研究。至於「古今二本」方面，學者首先須釐清古本、今本之概念，於先秦兩漢時期、魏晉南北朝至兩宋時期，有不同層次之意義後，再去探討古今二本對《家語》文獻是否有何種影響？「孔老（儒道）關係」或「經學與思想內涵研究」等面向之相關研究，由於研究數量不多，因此亟需更多學者投入研究，尤其是經學方面，如《家語》與《大戴禮記》、《禮記》之關係爲何？或者《家語》與《論語》、《孟子》、《荀子》之間，有何異同？凡此，皆可加以深入開掘。

第三章「秦漢之際《家語》之編成與流傳考述」，主要透過《家語‧後序》之記載，與上博簡、阜陽漢簡、定縣漢簡等出文獻，加以比對研究。大致而言，《孔子家語》一書之名應爲後起者，恐非先秦即已有之，而命名者當與孔安國有關。且《孔子家語》名稱之出現，正代表漢朝以「某語」或「某某語」等名書方式之成熟有關，亦象徵孔子地位之提升，將孔子之言論加以匯聚，使其與儒家語、七十二辭等其他文獻區別析離。

此外，就〈後序〉之敘述而言，序中提及「高祖克秦悉斂得之」、「皆載

於二尺竹簡」、「呂氏取歸藏之」、「私以人事募求其副」、「孔子之語、諸國事、七十二弟子辭妄相錯雜」等政治、學術背景，證之於相關之史料與出土文獻，仍有其合理範圍之吻合，並非王肅所能一一僞造。

再以上博簡、阜陽漢簡、定縣漢簡觀察《家語》之成書過程，大致而言，編纂者針對《家語》材料之前身，主要進行「篇名之擬定」、「合較長之二篇而成一篇」、「將孔子之語、七十二子辭之進一步析離」等重要工作。

若再藉由《家語》中所出現之兩漢帝諱字，及避諱改字情形，觀察《家語》一書於兩漢之流傳情形，則武帝以前之帝諱字，《家語》既出現避諱改字之情形，亦有不避諱之現象，反映出《家語》之材料於漢初至武帝時，有相當程度之流傳與傳鈔，且各篇中相同之帝諱字，亦有避諱與不避諱之情形出現，代表《家語》之材料可能以章或篇爲流傳單位，至編纂者編纂《家語》之時，方才匯聚成篇。此外，《家語》於武帝以後之各帝帝諱字出現頻率極高，且已無出現避諱改字之情形，此一現象正說明武帝以後《家語》流傳並未廣泛，傳鈔次數不多，故未有避諱改字之情形出現，說明《家語》自武帝以後轉以家傳之可能性，應當存在。

再者，若觀察《家語》與《漢書‧藝文志》之經學史觀，則兩者於「微言大義乖絕之經學史觀」、「《論語》爲孔子弟子纂成之經學史觀」、「《孝經》爲孔子所作之經學史觀」三點，實有明顯相同之處。

第四章「魏晉南北朝時期《家語》流傳考述」，主要提出王肅從孔猛處取得《家語》一書之時間斷限，當在魏明帝即位之時。此外，並指出劉汝霖《漢晉學術編年》以《家語》之流傳，當在王肅死後之說爲不確。其次，則針對孔猛世系作一考辨，考出孔猛世系計有「十七世」、「二十一世」、「二十二世」、「二十四世」四說，此四說中以「二十一世」、「二十二世」之說較爲可信。

復次，考察《家語》一書與王肅經學之建構，實有密切之關係。若以王肅早期經學之承受淵源觀之，實際上包含多元之承受來源，既有家傳之學、宋衷之學，又有鄭玄之學、今古文之學，此已奠立王肅能夠觀照出鄭玄融合今古文時之不當所在。然而王肅早期之經學立場，仍未出現強烈之價值意識。至王肅獲得《家語》一書後，發現此書與其所說有重規疊矩之處，如廟制之說、圜丘之說、婚齡之說等等，遂使其中晚期以後之經學立場轉向強化，此強化之表現即在於王肅以「奪易」、「規玄」、「改鄭」等方式處置鄭學。

再者，王肅無法以《家語》之說取代鄭學，歸納其原因當與《家語》之

「文獻內容之真實性時人無法驗證」，以及「王肅據《家語》之文進退不一」
二點有關。尤其後一項之中，王肅於注解《家語》時，雖有「校勘存異」、「疑
其闕誤」、「據信不疑」等三種客觀態度，然而其於《家語》之文與鄭學歧異
之處，而有利於自身者，則以「據信不疑」之態度加以注解，並於注文之中
加以批判鄭學，而非以「校勘存異」、「疑其闕誤」之態度面對之。至於與鄭
學無關緊要者，而《家語》之文與他書有異者，或《家語》有誤者，則以「校
勘存異」、「疑其闕誤」之態度加以處理。如此一來，吾人遂可問何以《家語》
中為王肅所「據信不疑」，而為其所用以難鄭之文者，亦有可能為《家語》之
「闕誤」？

　　至於《家語》自王肅始傳並流傳開之後，魏晉南北朝之學者除魏張融、
馬昭對《家語》一書採取否定立場外，其餘學者多持正面看法，並非視此書
為王肅所增加，且亦有據《家語》之文以建設禮制，或引其文以注解或發明
他書者。

　　第五章「隋唐時期《家語》流傳考述」，主要提出此時期惟有五經正義，
與賈公彥《周禮》、《儀禮》二疏，對《家語》較有非議以外，其餘學者多視
《家語》為先秦兩漢之舊。然而，若就五經正義而言，其視《家語》一書，
又往往進退不一，而其中計有四種主要態度：其一，承魏馬昭所謂「王肅所
增加」、「非鄭所見」加以延伸，其中又分為「王肅私定而未足可依」、「非孔
子正旨與言多不經而未可據信」二種。其二，「出自孔家」然為「後世所錄」。
其三，存《家語》之文「以廣聞見」。其四，據用《家語》之文為疏。此四種
態度中，第一與第四者，頗有衝突之處。至於賈公彥《周禮注疏》、《儀禮注
疏》，則明確繼承馬昭之意見。要之，唐朝學者視《家語》一書，即使有如五
經正義，於其來歷上有所質疑，然整體而言，仍視此書並非王肅所偽作。

　　此外，《家語》一書於唐代之學術及文化建設上，亦扮演極重要之角色。
以學術之意義而言，《家語》之文進入五經正義之中，代表鄭學曾面臨嚴峻之
審視，即使五經正義有宗鄭注者，然正義中既已保存《家語》與鄭學之歧異
之處，讀者尚有機會可平心靜氣加以比較，與偽書說定型之後之清朝學者，
動言《家語》為偽書而加以摒棄者不同。以文化之建設而言，由於《家語》
有一半篇章以上採入《群書治要》之中，於是《家語》書中所提倡之內容與
精神，對於王室教育已產生一定之影響，尤其於帝王之修養術與帝王之統治
術兩方面之培養為然。至於唐代之禮制建設而言，《大唐開元禮》之中有採用

《家語》之文者，如廟制、郊祀之制，即是採用《家語》之文者。

　　第六章「兩宋時期《家語》流傳考述」，大致而言北宋時期之學者，視《家語》一書仍為正實可信，即如官方所編定之經解著作，仍然以《家語》為可信。直自北宋末年，呂南公以譬喻方式間接說明《家語》為偽書後，已開啟《家語》偽書說之先聲。南宋以後，學者逐漸認定《家語》為王肅所偽，而此一高峰與定型，與朱熹編次《中庸章句集注》以《家語》章次釐定《中庸》章次，遂引發學者更加注意《家語》一書之性質有關。於是，遂有不少學者，開始懷疑《家語》一書。然朱子主張《家語》可信，又未能夠使他人信服，遂至王柏〈家語攷〉一文時，強烈論證《家語》一書為王肅所偽。此後學者多受此說影響，而《家語》由王肅所偽作之說，亦由此正式定型。

　　此外，若重新審視《家語》偽書說之形成，主要關鍵點在於三大合理懷疑空間之存在，此三大合理之懷疑空間，即為「《家語》自肅始傳」、「《家語》與王肅之經解有重規疊矩之處」、「《家語》篇章多與先秦兩漢典籍重出」。然而，由於相關簡牘文獻出土，因此由合理之懷疑空間轉移研究焦點，勢在必行。例如由自肅始傳之焦點轉移至《家語》之材料來源，或者由鄭王爭論之焦點轉移至《家語》內容本身之研究，以及由割裂他書而成之焦點轉移至《家語》與他書重見之學術意義為何等，皆為可行之研究焦點。

附錄一　阜陽雙古堆 1、2、3 號木牘章題與《家語》之對應關係

	阜陽雙古堆 1 號木牘【正面】			
	儒家者言章題	《說苑》／《新序》	《家語》	定縣八角廊《儒家者言》
1	子曰言病則豪	無相應文字。	無相應文字。	無相應文字。
2	子思曰學所以盡材	子思曰：「學所以<u>益</u>才也……。」《說苑·建本》	無相應文字。	無相應文字。
	【說明】 1. 阜陽漢簡章題作「盡」，《說苑》作「益」，兩者字異，會影響判讀。			
3	子曰北方有獸	……<u>孔子曰</u>：「<u>北方有獸</u>……。」《說苑·復恩》	無相應文字。	無相應文字。
	【說明】 1. 阜陽漢簡此章為獨立一章，而《說苑》此章前尚有數段，並非獨立一章。 2. 兩者於「孔子」之稱謂有詳略之異，但不影響判讀。			
4	孔子之匡	孔子之<u>宋</u>，<u>匡</u>簡子將殺<u>陽虎，孔子似之</u>。甲士以圍<u>孔子之舍</u>，<u>子路怒，奮戟將</u>下鬪。<u>孔子止之曰</u>：「<u>何仁義之不免</u>俗也。夫<u>《詩》、《書》之不習</u>，禮、樂之不脩也，<u>是丘之過</u>也。若似<u>陽虎，則非丘之罪也</u>。命也夫！<u>由歌，予和汝</u>。」<u>子路歌，孔子和之</u>，三終而甲罷。《說苑·雜言》	孔子之<u>宋</u>，<u>匡人</u>簡子以甲士圍之。<u>子路怒，奮戟將與戰</u>。<u>孔子止之曰</u>：「<u>惡有脩仁義而不</u>免俗者乎？夫<u>《詩》、《書》之不講，《禮》、《樂》之不習</u>，是丘之<u>過</u>也，若以述先王，好古法而為咎者，則非丘之罪也。命夫歌，予和汝。」<u>子路</u>彈琴而歌，<u>孔子和之</u>，曲三終，匡人解甲而罷。〈困誓〉	之匡間（簡）子欲殺陽虎孔子似之 □□孔＝子＝□舍子路怒奮戟欲下 子止之曰何〔仁義之意□□〕 詩書不習禮樂不修則 是丘之罪 陽虎如為陽虎則是非丘□

	【說明】 1. 阜陽漢簡、定縣漢簡起章作「之匡」，而《說苑》、《家語》起首皆言「之宋」，兩兩不同，將會影響文意判讀。 2. 此四者之間，定縣漢簡與《說苑》之敘述較相近。 3. 定縣漢簡與《說苑》、《家語》相較，其差異最大之處，在於陽虎相關之記載。定縣漢簡與《說苑》皆有陽虎相關記載，而《家語》則無。此外，定縣漢簡之「陽虎如爲陽虎」與《說苑》之「若似陽虎」，於《家語》則作「若以述先王，好古法而爲咎者」，皆自成一敘述脈絡。			
5	陽子曰事可之貧	<u>楊</u>子曰：「事<u>之可以之</u><u>貧</u>……。」《說苑‧權謀》	無相應文字。	無相應文字。
	【說明】 1.阜陽漢簡章題與《說苑》相較，《說苑》字繁，但不影響判讀。			
6	白公勝弑其君	<u>白公勝將弒楚惠王</u>，王出亡，令尹司馬皆死，拔劍而屬<u>之於屈廬</u>，<u>曰：「子與我，將舍之；</u><u>子不與我，必殺子。」</u>屈廬曰：「《詩》有之，曰：『莫莫葛藟，延于條枚，愷弟君子，求福不回。』今子殺子叔父，而求福於廬也，可<u>乎</u>？<u>且吾聞之</u>，知命之士，見利不動，<u>臨死不恐</u>；<u>爲人臣者</u>，時生則生，時死則死，是謂人臣之禮。故上知天命，下知臣道，其有可劫乎，子胡不推之。」白公<u>勝乃</u><u>內其劍</u>。《新序‧義勇》	無相應文字。	之屈廬曰 與我將舍子＝不我 與將殺子屈<u>廬</u> 乎且吾聞 □臨死不怒夫人臣 □ 勝乃內其劍
	【說明】 1. 阜陽漢簡章題與《新序》相較，兩者於「楚惠王」之稱謂有詳略不同，若無其他文獻佐助，將會影響文意判讀。 2. 定縣漢簡與《新序》相較，《說苑》之「臨死不恐」於定縣漢簡作「怒」，此處應爲字形近似而有差異，但會影響文意判讀。			
7	中尼之楚至蔡 （以上第一欄）	<u>孔子之楚</u>，有漁者獻魚甚強……。《說苑‧貴德》 孔子遭難陳、蔡之境，絕糧。《說苑‧雜言》 孔子困於陳、蔡之間，居環堵之內，席三經之席，七日不食，……。《說苑‧雜言》	<u>孔子之楚</u>，而有漁者獻魚焉……。〈觀思〉 楚昭王聘孔子，孔子往拜禮焉，路出于陳蔡。 ……孔子厄於陳蔡，從者七日不食。〈在厄〉	無相應文字。

	【說明】 1. 阜陽漢簡章題之「中尼之楚」，於《說苑》、《家語》皆有相關記載，即「孔子之楚而漁者獻魚」之事即是，然兩者皆與「至蔡」之記載無涉。 2. 《說苑・雜言》二章，有困厄於陳、蔡之記載，但皆無「之楚」之事。 3. 《家語・在厄》與《荀子・宥坐》之「孔子南適楚，厄於陳、蔡之間」，皆有「之楚至蔡」相關敘述，然阜陽漢簡章題實較近於《荀子・宥坐》之敘述。		
8	齊景公問子贛子誰師	齊景公<u>謂子貢曰</u>：「子誰<u>師？」曰</u>：「臣師仲尼。」公曰：「仲尼<u>賢乎？」對<u>曰</u>：「賢。」公曰：「其賢何若？」對曰：「不知<u>也。」公曰：「<u>子知其賢</u>而不知其奚若，可乎？」對曰：「今謂天高，無少<u>長</u>愚智<u>皆</u>知<u>高。高幾何？</u>皆曰不知也。是以知仲尼之賢，而不知其奚若。」《說苑・善說》	無相應文字。	齊景公問子贛（貢）曰子誰師 乎子贛（貢） 也公曰 子知其聖 長皆曰高＝幾何
	【說明】 1. 阜陽漢簡章題與《說苑》相較，《說苑》於字繁之處，並不影響文意判讀。 2. 定縣漢簡與《說苑》相較，《說苑》「賢」字於定縣漢簡作「聖」，差異較大，會影響文意判讀，餘皆相近。 3. 以阜陽漢簡之章題，與定縣漢簡首句相較，除後者有「曰」字外，其餘兩者皆同。兩簡相似度極高，而《說苑》與兩簡相似度反而較次。		
9	季康子謂子游	季康子謂子游<u>曰</u>……。《說苑・貴德》	無相應文字。	無相應文字。
	【說明】 1. 阜陽漢簡章題與《說苑》相同。		
10	子贛見文子言	<u>衛將軍</u>文子<u>問</u>子貢曰……。《說苑・善說》	無相應文字。	無相應文字。
	【說明】 1. 阜陽章題與《說苑》相較，《說苑》於敘述中，賓主互易，差異極大。 2. 阜陽漢簡章題稱「文子」，而《說苑》則作繁稱。		
11	趙襄子謂中尼	趙襄子謂仲尼<u>曰</u>：「先生<u>委質以見</u>人主，七十君矣，而無所通，不識世無明君乎？<u>意先生之道固不通乎？</u>」仲尼不對。異日，<u>襄子見子路曰</u>：「<u>嘗問先生以道</u>，先生不對。知而不對，<u>則隱也，隱則安得為仁</u>？若信<u>不知</u>，安得為聖？」子路曰：「<u>建天下之鳴鐘而撞之以挺</u>，豈能發其聲乎哉！君問先生，無	無相應文字。	襄子問中（仲）尼曰先生行見 意先生之道固不通乎中（仲） □襄子見子路曰吾嘗問先＝生＝不□ 對即隱也隱安得為仁者 不知□〔得為聖子路曰今□天下〕 之鳴鐘如〔沖之以梃〕

		乃猶以挺撞乎？」《說苑·善說》	

【說明】

1. 阜陽漢簡章題與《說苑》相較，兩者相同。
2. 定縣漢簡與《說苑》相較，「襄子」之稱有詳略不同，但不影響判讀。然《說苑》「委質以見」，定縣漢簡作「行見」，會影響文意判讀。

| 12 | 孔子臨河而歎 | 趙簡子曰：「晉有澤鳴、犢犨，魯有孔丘，吾殺此三人，則天下可圖也。」於是乃召澤鳴、犢犨任之以政而殺之。使人聘孔子於魯。孔子至河，臨水而觀曰：「美哉水！洋洋乎！丘之不濟於此，命也夫！」子路趨進曰：「敢問奚謂也？」孔子曰：「夫澤鳴、犢犨，晉國之賢大夫也，趙簡子之未得志也，與之同聞見，及其得志也，殺之而後從政，故丘聞之：刳胎焚夭，則麒麟不至；乾澤而漁，則蛟龍不遊；覆巢毀卵，則鳳凰不翔。丘聞之：君子重傷其類者也。」《說苑·權謀》 | 孔子自衛將入晉，至河，聞趙簡子殺竇犫鳴犢及舜華，乃臨河而歎曰：「美哉，水洋洋乎，丘之不濟，此命也夫。」子貢趨而進曰：「敢問何謂也？」孔子曰：「竇犫鳴犢、舜華，晉之賢大夫也，趙簡子未得志之時，須此二人而後從政，及其已得志也，而殺之。丘聞之刳胎殺夭，則麒麟不至其郊；竭澤而漁，則蛟龍不處其淵；覆巢破卵，則鳳凰不翔其邑，何則？君子違傷其類者也。鳥獸之於不義，尚知避之，況於人乎。」遂還息於鄒，作〈槃琴〉以哀之。〈困誓〉 | 子曰犢主澤鳴晉國之賢□ 聞君子重傷□ |

【說明】

1. 阜陽漢簡章題以「孔子臨河而歎」起章，而《說苑》、《家語》與其相對應之處，卻非首句。未知是否阜陽章題刻意挑選「孔子臨河而歎」作爲章題，抑或章題本身即以「孔子臨河而歎」起章，而《說苑》、《家語》前段相關敘述，乃欲補足文意或別有所本？
2. 定縣漢簡與《說苑》、《家語》相較，定縣漢簡之敘述近於《說苑》，如定縣漢簡與《說苑》皆作「重傷」，而《家語》作「違傷」即是。然《說苑》與定縣漢簡亦有差異，如定縣漢簡「犢主澤鳴」，而《說苑》作「澤鳴、犢犨」，至於《家語》則又作「竇犫鳴犢、舜華」，多出「舜華」。
3. 《說苑》之敘述中，孔子亦爲趙簡子所欲殺害三人中之一人，而《家語》則無孔子。

13	孔子將西游至宋	仲尼見梁君，梁君問仲尼曰……。《說苑·政理》	孔子見宋君，君問孔子曰……。〈賢君〉	無相應文字。

【說明】

1. 阜陽漢簡章題與《說苑》、《家語》相較，差異甚大，難以判定章題所指即爲《說苑》、《家語》此二章。
2. 《中國簡牘集成》標註本指出：《孔子家語·賢君》有「顏回將西游於宋」章，而《說苑·敬慎》有「顏回將西遊」章，疑與阜陽漢簡章題有關。如此則《家語》較阜陽漢簡章題較近。

14	魯哀公問孔子當今之時	魯哀公問<u>於孔子曰</u>：「<u>當今之時</u>，君子誰賢？」《說苑‧尊賢》	<u>哀公問於孔子曰</u>：「<u>當今之君</u>，孰爲最賢？」〈賢君〉	無相應文字。
	【說明】 1. 阜陽漢簡章題與《說苑》、《家語》相較，《說苑》之敘述與章題較近。 2. 阜陽漢簡章題於《說苑》、《家語》字繁之處，不影響文意判讀。			
15	孔子曰丘死商益 （以上第二欄）	孔子曰：「<u>丘死之後，商也日益</u>……。」《說苑‧雜言》	孔子曰：「<u>吾死之後，則商也日益</u>……。」〈六本〉	無相應文字。
	【說明】 1. 阜陽漢簡章題與《說苑》、《家語》相較，兩者皆較章題字繁，但不影響文意判讀。 2. 阜陽漢簡章題之敘述，較《說苑》爲近。			
16	□□□□□	略	略	略
17	孔子見衛靈公□歡且	衛靈公謂孔子曰：「有語寡人：『爲國家者，……。』」《說苑‧政理》	衛靈公問孔子曰：「有語寡人，有國家者，……。」〈賢君〉	無相應文字。
	【說明】 1. 阜陽漢簡章題與《說苑》、《家語》之敘述，差異甚大，難以判定章題是否即《說苑》、《家語》此二章。 2. 《中國簡牘集成》標註本以爲當釋作：「孔子見衛靈公□讙且」，則可與《說苑‧至公》「萬章問曰孔子於衛主雍睢」章相應。			
18	子路之上趨也	無相應文字。	無相應文字。	無相應文字。
19	子路行辭中尼敢問新交取親	子路行，辭於仲尼曰：「<u>敢問新交取親若何</u>？言寡可行若何？長爲善士而無犯若何？」仲尼曰：「新交取親，其忠乎；言寡可行，其信乎；長爲善士而無犯，其禮乎。」（33章）<u>子路將行，辭於仲尼</u>。曰：「<u>贈汝以車乎？以言乎</u>？」子路曰：「<u>請以言</u>。」<u>仲尼曰</u>：「<u>不強不遠</u>，不勞無功，不忠無親，不信無復，不恭無禮。愼此五者，可以長久矣。」（34章）《說苑‧雜言》	<u>子路將行，辭於孔子</u>。<u>子曰</u>：「<u>贈汝以車乎</u>？<u>贈汝以言乎</u>？」<u>子路曰</u>：「<u>請以言</u>。」<u>孔子曰</u>：「<u>不強不達</u>，不勞無功，不忠無親，不信無復，不恭失禮，愼此五者而已。」子路曰：「由請終身奉之。敢問<u>親交取親若何</u>？言寡可行若何？長爲善士而無犯若何？」孔子曰：「汝所問苞在五者中矣。親交取親，其忠也；言寡可行，其信乎；長爲善士，而無犯於禮也。」〈子路初見〉	何中（仲）尼曰新交取親（14章） 路行辭於孔 孔＝子＝曰曾（贈）若以車乎 言乎子路請以言孔〔子曰不彊不〕（15章）
	【說明】 1. 阜陽漢簡章題與《說苑》「子路行」章相較，後者字繁，但不影響判讀，而定縣漢簡 14 章與《說苑》相較，字亦相同，故阜陽漢簡章題與定縣漢簡 14 章之敘述，與《說苑》較相近。			

	2. 定縣漢簡 15 章與《說苑》「子路將行」一章相較，其於孔子稱謂不同之外，字繁之處，不影響文意判讀。 3. 定縣漢簡 14、15 二章於《家語》則爲一章，且阜陽漢簡章題、定縣漢簡之「新交」，於《家語》作「親交」，差異較大。			
20	孔子行毋蓋	孔子<u>將行</u>，無蓋。……《說苑·雜言》	孔子<u>將行</u>，雨而無蓋。〈致思〉	無相應文字。
	【說明】 1. 阜陽漢簡章題相應於《說苑》、《家語》字繁之處，不影響文意判讀。 2. 阜陽漢簡章題之敘述，近於《說苑》。			
21	子曰里君子不可不學	<u>孔子曰</u>：「鯉，君子不可<u>以不學</u>……。」《說苑·建本》	孔子謂伯魚曰：「鯉乎！吾聞可以與人終日不倦者，其惟學焉。〈致思〉	無相應文字。
	【說明】 1. 阜陽漢簡章題敘述與《說苑》相同。 2. 阜陽漢簡章題與《家語》之敘述，差異甚大，未能確定是否即爲此章題。			
22	子曰不觀高岸	<u>孔子曰</u>：「不觀於高岸……」。《說苑·雜言》	<u>孔子曰</u>：「不觀高崖……。」〈困誓〉	無相應文字。
	【說明】 1. 阜陽漢簡章題與《說苑》相較，《說苑》字繁處不影響文意判讀。此外，阜陽漢簡章題與《說苑》之敘述較近。 2. 阜陽漢簡章題與《說苑》、《家語》之「孔子」稱謂有繁簡之別。 3. 阜陽漢簡章題「岸」字於《家語》作「崖」，於文意判讀上會有些微影響。			
23	子贛問孔＝曰賜爲人下	<u>子貢問孔子曰</u>：「賜爲人<u>下，而未知所以爲人下之道也</u>。」孔子曰：「<u>爲人下者，其猶土乎？種之則五穀生焉</u>，掘之則甘泉出焉，草木植焉，禽獸育焉，生人立焉，死人入焉，多其功而不言。爲人下者，其猶土乎！」《說苑·臣術》	<u>子貢問於孔子曰</u>：「賜既爲人下矣，而未知爲人下之道，敢問之。」子曰：「爲人下者，其猶土乎。汨之深則出泉，樹其壞則百穀滋焉，草木植焉，禽獸育焉，生則出焉，死則入焉，多其功而不意，恢其志而無不容，爲人下者以此也。」〈困誓〉	子贛（貢）問孔子曰賜爲人下如不知爲下孔子曰〔爲人下者其猶土乎種〕〔得五穀焉厥（撅）之得甘泉焉草木植〕禽獸伏焉生人立焉死人入焉多□其言爲人下者其猶土乎
	【說明】 1. 阜陽漢簡章題、定縣漢簡首句與《說苑》首句敘述相同，而《家語》敘述較繁，但字繁處不影響文意判讀。 2. 定縣漢簡之敘述與《說苑》相近，而與《家語》差異較大。其次，定縣漢簡與《說苑》差異之處，《家語》亦與定縣漢簡有異，而《家語》有異者，《說苑》未必有異。			

24	子曰自季宣子賜我 （以上第三欄）	孔子曰：「自季孫之賜我千鍾而友益親……。」《說苑・雜言》	孔子曰：「季孫之賜我粟千鍾也，而交益親……。」〈致思〉	無相應文字。
	【說明】 1. 阜陽漢簡章題與《說苑》、《家語》之「孔子」稱謂，有詳略之異。 2. 阜陽漢簡章題之「宣」字於《說苑》、《家語》皆作「孫」。			

阜陽雙古堆1號木牘【背面】

	儒家者言章題	《說苑》或《新序》	《家語》	定縣八角廊《儒家者言》
25	子路問孔＝曰治國何如	子路問於孔子曰：「治國何如？」《說苑・尊賢》	子路問於孔子曰：「賢君治國，所先者何？」〈賢君〉	無相應文字。
	【說明】 1. 阜陽漢簡章題與《說苑》之敘述相同，字繁處不影響文意判讀。 2. 阜陽漢簡章題與《家語》之敘述較異，然字繁處亦不影響文意判讀。			
26	子贛問中尼曰死□□知毋□	子貢問孔子：「死人有知無知也？」《說苑・辨物》	子貢問於孔子曰：「死者有知乎？將無知乎？」〈致思〉	無相應文字。
	【說明】 1. 阜陽漢簡章題稱「仲尼」，而《說苑》、《家語》皆稱「孔子」。 2. 阜陽漢簡章題之敘述，近於《說苑》，而《家語》則字較繁，但不影響文意判讀。			
27	子路持□孔＝問曰	子路持劍，孔子問曰：……。《說苑・貴德》	子路戎服見於孔子，拔劍而舞之曰……。〈好生〉	無相應文字。
	【說明】 1. 阜陽漢簡章題之敘述與《說苑》相同，而與《家語》之敘述差異較大。 2. 《家語》字繁處會影響文意判讀。			
28	孔子之楚有獻魚者	孔子之楚，有漁者獻魚甚強……《說苑・貴德》	孔子之楚，而有漁者而獻魚焉，……。〈觀思〉	無相應文字。
	【說明】 1. 《說苑》、《家語》兩者皆較阜陽漢簡字繁，而《說苑》字繁處，會影響文意判讀。			
29	曾子問曰□子送之	無相應文字。	無相應文字。	無相應文字。
30	曾子曰鄉不辭聖	曾子曰：「響不辭聲……。」《說苑・雜言》	無相應文字。	無相應文字。
	【說明】 1. 阜陽漢簡章題之敘述與《說苑》相同，「聖」、「聲」字異處，於文意判讀會有些微差異。			

31	公孟子高見顓孫子莫	公孟子高見顓孫子莫曰……。《說苑·修文》	無相應文字。	無相應文字。
	【說明】 1. 阜陽漢簡章題之敘述與《說苑》相同。			
32	子夏問中尼□淵之爲人	子夏問仲尼曰：「顏淵之爲人也，何若？」……。《說苑·雜言》	子夏問於孔子曰：「顏回之爲人奚若？」……〈六本〉	無相應文字。
	【說明】 1. 阜陽漢簡章題與《說苑》之敘述較近，與《家語》較遠，然兩者字繁處皆不影響文意判讀。 2. 阜陽漢簡章題與《說苑》稱「仲尼」，而《家語》則稱「孔子」。			
33	子曰豪爲有禮矣 （以上第一欄）	無相應文字。	無相應文字。	無相應文字。
34	□公問萬邦子之病	無相應文字。	無相應文字。	無相應文字。
35	□□□君子有三務	無相應文字。	孔子曰：「君子有三思，不可不察也。少而不學，長無能也；老而不教，死莫之思也；有而不施，窮莫之救也。故君子少思其長，則務學，老思其死，則務教，有思其窮，則務施。」〈三恕〉	無相應文字。
	【說明】 1. 阜陽漢簡章題此章獨見於《家語》，然《家語》首句作「思」，與章題有異，但《家語》之所以作「思」，著眼點在「思」字之意而不在於「務」字之意。			

36	□□□有死德三	無相應文字。	哀公問於孔子曰：「智者壽乎？仁者壽乎？」孔子對曰：「然，人有三死，而非其命也，己自取也。夫寢處不時，飲食不節，逸勞過度者，疾共殺之；居下位而上干其君，嗜慾無厭而求不止者，刑共殺之；以少犯眾，以弱侮強，忿怒不類，動不量力，兵共殺之。此三者死非命也，人自取之。若夫智士仁人，將身有節，動靜以義，喜怒以時，無害其性，雖得壽焉，不亦宜乎？」〈五儀解〉	無相應文字。
	【說明】 1. 阜陽漢簡章題與《家語》此章相核，並無「三德」相關字詞，無法斷定《家語》此章是否即為此阜陽漢簡此章題。			
37	□山問孔子	無相應文字。	無相應文字。	無相應文字。
38	孔子閒處氣焉歎	孔子閒居，喟然而歎曰：「銅鞮伯華而無死，天下其有定矣。」子路曰：「願聞其為人也何若？」孔子曰：「其幼也，敏而好學；其壯也，有勇而不屈；其老也，有道而能以下人。」子路曰：「其幼也，敏而好學，則可；其壯也，有勇而不屈，則可；夫有道又誰下哉？」孔子曰：「由不知也。吾聞之，以眾攻寡，而無不消也；以貴下賤，無不得也。昔者，周公旦制天下之政，而下士七十人，豈無道哉？欲得士之故也。夫有道而能下於天下之士，君子乎哉！」《說苑・尊賢》	孔子閒處，喟然而歎曰：「嚮使銅鞮伯華無死，則天下其有定矣。」子路曰：「由願聞其人也。」子曰：「其幼也敏而好學，其壯也有勇而不屈，其老也有道能下人，有此三者，以定天下也，何難乎哉！」子路曰：「幼而好學，壯而有勇，則可也。若夫有道下人，又誰下哉？」子曰：「由不知，吾聞以眾攻寡，無不尅也，以貴下賤，無不得也。昔者周公居冢宰之尊，制天下之政，而猶下白屋之士，日見百七十人，斯豈以無道也？欲得士之用也。惡有有道而無下天下君子哉？」〈賢君〉	〔閑處〕喟然嘆曰銅鞮柏□者周公旦聂（攝）天下之政也夫有道乃無下於天下哉

	【說明】 1. 阜陽漢簡章題與定縣漢簡、《說苑》及《家語》三者之首句相較，《說苑》、《家語》與定縣漢簡之首句較相近，與阜陽漢簡章題較遠。其次，《家語》則與定縣漢簡首句之敘述相近，而《說苑》略遠。 2. 定縣漢簡與《說苑》、《家語》之敘述相較，《說苑》敘述較近於定縣漢簡，而《家語》字較繁，會影響文意判讀。			
39	曾子有疾公孟問之	<u>曾子有疾，孟儀往問之</u>。曾子曰：「<u>鳥之將死</u>，必有悲聲；<u>君子集大辟</u>，必有順辭。禮有三儀，知之乎？」對曰：「不識也。」曾子曰：「坐，吾語汝。君子脩禮以<u>立志</u>，則貪慾之心<u>不來</u>；君子思禮以脩身，<u>則怠惰慢易之節不至</u>；君子脩禮以仁義，則忿爭暴亂之辭遠。若夫置樽俎、列籩豆，此有司之事也，君子雖勿能可也。」《說苑‧修文》	無相應文字。	曾子有疾公猛義往問之曾子言曰 鳥之將死也必有悲聲君子將卒也 也曾子□ 立志則貪欲之心止 則怠隋曼（慢）易之節止君子
	【說明】 1. 阜陽漢簡章題與定縣漢簡、《說苑》兩者之首句，各作「公孟」、「孟儀」、「公猛義」互有不同，而《論語‧泰伯》則作「孟敬子」。 2. 阜陽漢簡章題與定縣漢簡、《說苑》兩者之首句，敘述大致相同。 3. 定縣漢簡與《說苑》相較，《說苑》敘述較繁，如「集大辟」定縣漢簡作「將死」、《說苑》「不來」、「不至」，於定縣漢簡作皆作「止」，敘述較為簡潔。			
40	楚伐陳＝西門燔	<u>楚伐陳，陳西門燔，因使其降民修之</u>，孔子過之，不軾，子路曰：「禮過三人則下車，過<u>二人</u>則軾；今陳修門者人數眾矣，夫子何為不軾？」《說苑‧立節》	無相應文字。	伐陳西門□因使其降民修之□ 二人□ 〔子曰丘也〕
	【說明】 1. 阜陽漢簡章題、定縣漢簡首句與《說苑》敘述相同。 2. 定縣漢簡與《說苑》敘述相同。			
41	孔子見季康子	<u>孔子見季康子</u>……。《說苑‧政理》	<u>孔子為魯司寇，見季康子</u>……。〈子路初見〉	無相應文字。
	【說明】 1. 阜陽漢簡章題與《說苑》之敘述相同，而《家語》敘述較繁，且會影響文意判讀。			
42	中尼曰史鰌有君子之道三（以上第二欄）	仲尼曰：「<u>史鰌有君子之道三</u>……。」《說苑‧雜言》	<u>孔子曰：「……史鰌有君子之道三焉</u>……。〈六本〉	無相應文字。

	【說明】 1. 阜陽漢簡章題與《說苑》之敘述相同。 2. 阜陽漢簡章題與《說苑》皆爲單獨一章，而《家語》此章前尚有「回有君子之道四焉」數段。此外，《家語》之「仲尼」作「孔子」，與《說苑》、阜陽漢簡章題不同。			
43	晏子聘於魯	無相應文字。	無相應文字。	無相應文字。
44	子路行辭中＝尼 ＝曰曾女以車	子路將行，辭於仲尼。曰：「贈汝以車乎？以言乎？」子路曰：「請以言。」仲尼曰：「不強不遠，不勞無功，不忠無親，不信無復，不恭無禮。愼此五者，可以長久矣。」《說苑‧雜言》	子路將行，辭於孔子。子曰：「贈汝以車乎？贈汝以言乎？」子路曰：「請以言。」孔子曰：「不強不達，不勞無功，不忠無親，不信無復，不恭失禮，愼此五者而已。」〈子路初見〉	路行辭於孔 孔＝子＝曰曾（贈） 若以車乎 言乎子路請以言孔 〔子曰不彊不〕
	【說明】 1. 阜陽漢簡章題與定縣漢簡、《說苑》、《家語》三者首句相較，阜陽漢簡章題與定縣漢簡首句相近，而《說苑》、《家語》與兩簡較遠。 2. 定縣漢簡與《說苑》之敘述較近，與《家語》之敘述較遠。 3. 定縣漢簡與《家語》相較，《家語》字繁處不影響文意判讀。 4. 《家語》此章於阜陽漢簡章題爲 19、44 二章，於定縣漢簡則爲 14、15 兩章。			
45	衛人醢子路	無相應文字。	子路與子羔仕於衛，衛有蒯聵之難。孔子在魯，聞之曰：「柴也其來，由也死矣。」既而衛使至，曰：「子路死焉。」夫子哭之於中庭，有人弔者，而夫子拜之，已哭，進使者而問故，使者曰：「醢之矣。」遂令左右皆覆醢，曰：「吾何忍食此。」〈子路初見〉	無相應文字。
	【說明】 1. 阜陽漢簡章題與《家語》此章差異甚大，未能判定章題是否即爲《家語》此章。			
46	孔子之周觀太廟	孔子之周，觀於太廟。……《說苑‧敬愼》	孔子觀周，遂入太祖后稷之廟……〈觀周〉	無相應文字。
	【說明】 1. 阜陽漢簡章題與《說苑》之敘述相同，字繁處不影響文意判讀。 2. 阜陽漢簡章題與《家語》之敘述相較，《家語》字繁，且會影響文意判讀。			
47	孔子問曰□□上 其配上□之	無相應文字。	無相應文字。	無相應文字。
	右方□□字	略	略	略

	（以上第三欄）		

阜陽雙古堆 2 號木牘【正面】			
	春秋事語章題	《說苑》或《新序》	《家語》
1	□□□□□臺	無法判定。	無法判定。
2	□□□去疾不更	無相應文字。	無相應文字。
3	晉平公築施祁之臺	晉平公築虒祁之室……。《說苑・辨物》	無相應文字。
	【說明】 1. 阜陽漢簡章題與《說苑》之敘述相同，惟「虒」、「施」字不同，會影響文意判讀。		
4	晉平公使叔嚮聘於吳	晉平公使叔嚮聘於吳……。《說苑・正諫》	無相應文字。
	【說明】 1. 阜陽漢簡章題與《說苑》之敘述相同，字異處不影響文意判讀。		
5	□□□□□□有酒卣	無相應文字。	無相應文字。
6	□□□臺	無法判定。	無法判定。
7	噩王召孔子	楚昭王召孔子……。《說苑・雜言》	無相應文字。
	【說明】 1. 阜陽漢簡章題與《說苑》之敘述相同，惟「噩王」、「楚昭王」之稱謂有異，會影響文意判讀。		
8	吳人入郢	吳人入荊……。《說苑・善說》	無相應文字。
	【說明】 1. 阜陽漢簡章題與《說苑》之敘述相同。		
9	芊尹棘□	無相應文字。	無相應文字。
10	晉文公逐麋	晉文公逐麋而失之……。《新序・雜事》	無相應文字。
	【說明】 1. 阜陽漢簡章題與《新序》之敘述相同。		
11	晉文君之時翟人獻衝狐	晉文公時，翟人有封狐……。《說苑・政理》	無相應文字。
	【說明】 1. 阜陽漢簡章題與《說苑》之敘述相同，「獻」、「有」字異處，會影響文意判讀。		
12	韓武子田獸已取	韓武子田，獸已聚矣……。《說苑・君道》	無相應文字。
	【說明】 1. 阜陽漢簡章題與《說苑》之敘述相同。		
13	簡子春築臺	趙簡子春築臺……。《說苑・貴德》	無相應文字。
	【說明】 1. 阜陽漢簡章題與《說苑》之敘述相同，惟「簡子」之稱謂有繁簡之別。		

14	晉文君伐衛	晉文公伐衛……。《說苑・權謀》	無相應文字。
	【說明】 1. 阜陽漢簡章題與《說苑》之敘述相同。		
15	簡子有臣尹淖	簡子有臣尹綽……。《說苑・臣術》	無相應文字。
	【說明】 1. 阜陽漢簡章題與《說苑》之敘述相同。		
16	簡子攻衛之附郭	無相應文字。	無相應文字。
17	夏徵舒弒陳靈公	無相應文字。	無相應文字。
18	靈王會諸侯	楚靈王即位，欲爲霸，會諸侯……。《新序・善謀》	無相應文字。
	【說明】 1. 阜陽漢簡章題與《新序》相較，《新序》之敘述較繁，會影響文意判讀。		
19	景公爲臺＝成	景公爲臺，臺成……。《說苑・正諫》	無相應文字。
	【說明】 1. 阜陽漢簡章題與《說苑》之敘述相同。		
20	陽虎爲難於魯	陽虎爲難於魯……。《說苑・權謀》	無相應文字。
	【說明】 1. 阜陽漢簡章題與《說苑》之敘述相同。		
21	晉韓宣子	無相應文字。	無相應文字。

阜陽雙古堆 2 號木牘【背面】			
春秋事語章題	《說苑》或《新序》	《家語》	
22	齊景公游於海	齊景公遊於海上而樂之……。《說苑・正諫》	無相應文字。
	【說明】 1. 阜陽漢簡章題與《說苑》之敘述相同。		
23	□□陽虎	無法判定。	無法判定。
24	衛靈公築□□	無相應文字。	無相應文字。
25	魏文侯與大＝飲	魏文侯與大夫飲酒……。《說苑・善說》	無相應文字。
	【說明】 1. 阜陽漢簡章題與《說苑》之敘述相同。		
26	魯孟獻子聘於晉	魯孟獻子聘於晉……。《新序・刺奢》	無相應文字。
	【說明】 1. 阜陽漢簡章題與《新序》之敘述相同。		
27	趙襄子飲酒五日	趙襄子飲酒，五日五夜……。《新序・刺奢》	無相應文字。
	【說明】 1. 阜陽漢簡章題與《新序》之敘述相同。		
28	齊景公飲酒而樂	齊景公飲酒而樂……。《新序・刺奢》	無相應文字。

	【說明】 1. 阜陽漢簡章題與《新序》之敘述相同。		
29	晉□□□	無法判定。	無法判定。
30	□田子方問	無相應文字。	無相應文字。
31	□□□□亡	無相應文字。	無相應文字。
	【殘片】	無法判定。	無法判定。
32	楚莊王□	無法判定。	無法判定。
33	魏文侯與田子方語	魏文侯與田子方語……。《說苑・復恩》	無相應文字。
	【說明】 1. 阜陽漢簡章題與《說苑》之敘述相同。		
34	或謂趙簡子	或謂趙簡子曰……。《說苑・君道》	無相應文字。
	【說明】 1. 《說苑》起章有「或謂」者即此條，然阜陽漢簡章題字少，難以斷定阜陽漢簡章題是否即《說苑》此章。		
35	晉平公春築臺	晉平公問於師曠曰：「人君之道如何？」《說苑・君道》 晉平公問於師曠曰：「吾年七十，欲學……。」《說苑・建本》 晉平公春築臺……。《說苑・貴德》 晉平公好樂……。《說苑・正諫》 晉平公問叔向曰……。《說苑・善說》 晉平公問於師曠曰：「咎犯與趙衰孰賢？」《說苑・善說》 晉平公出畋……。《說苑・辨物》 晉平公為馳逐之車……。《說苑・反質》	昔晉平公問祁奚曰……。〈弟子行〉 晉平公會諸侯于平丘……。〈正論解〉
	【說明】 1. 《說苑》起章有「晉平公」者計有上列數條，但無法與阜陽漢簡章題判讀。 2. 《家語》有「晉平公」之事者二條，但無法與阜陽漢簡章題判讀。		
36	衛叔孫文子	衛叔孫文子問於王孫夏曰……。《說苑・反質》	無相應文字。
37	莊王不野	無相應文字。	無相應文字。
38	楚王	無法判定。	無法判定。
39	□臺 晉	無法判定。	無法判定。
40	介子	無法判定。	無法判定。

章序	阜陽雙古堆《春秋事語》簡文	簡序	《說苑》或《新序》

1	公乾	255	楚令尹死。景公遇成公乾曰：「令尹將焉歸？」成公乾曰：「殆於屈春乎！」景公怒曰：「國人以爲歸於我。」成公乾曰：「子資少，屈春資多。于義獲天下之至憂也，而子以爲友；鳴鶴與芻狗其知甚少，而子玩之。鴟夷子皮日侍於屈春，損頗爲友，二人者之智，足以爲令尹，不敢專其智而委之屈春。故曰：政其歸於屈春乎！」《說苑・臣術》
	公乾曰殆於屈春景公怒曰國人	9	
	資少屈春	11	
	天下	371	
	狗其智甚少而子玩之鴟夷子皮	12	
	令尹不敢專其智而委之屈春故曰	13	
	歸於屈春虖	14	
	【說明】 1. 阜陽漢簡與《說苑》之敘述相同。		
2	問於晏子曰忠	1	齊侯問於晏子曰：「忠臣之事其，君何若？」對曰：「有難不死，出亡不送。」君曰：「裂地而封之，疏爵而貴之；吾有難不死，出亡不送，可謂忠乎？」對曰：「言而見用，終身無難，臣何死焉；謀而見從，終身不亡，臣何送焉。若言不見用，有難而死之，是妄死也；諫而不見從，出亡而送之，是詐爲也。故忠臣者能納善於君，而不能與君陷難者也。」《說苑・臣術》 齊侯問於晏子曰：「忠臣之事君也何若？」對曰：「有難不死，出亡不送。」君曰：「列地
	事君也何如合曰有難弗死出	2	
	爵而貴之君	3	
	難弗死出亡弗送	4	
	謀而見從終身弗	5	
	若言而不見用有難而死是妄死	6	
	見從出亡	7	
	者能但善虖	8	
	君而不與君	8	
	【說明】 1. 阜陽漢簡與《說苑》、《新序》之敘述，大抵相同，但有些微差異。如阜陽漢簡作「何如」，而《說苑》、《新序》作「何若」。簡文作「合（答）」，而《說苑》、《新序》作「對」。簡文皆作「弗」，而《說苑》、《新序》皆作「不」，凡此皆不影響文意判讀。至於簡文、《說苑》作「簡」，而《新序》作「諫」，會影響文字判讀。		而與之，疏爵而貴之，君有難不死，出亡不送，可謂忠乎？」對曰：「言而見用，終身無難，臣奚死焉；諫而見從，終身不亡，臣奚送焉。若言不見用，有難而死，是妄死也；諫不見從，出亡而送，是作爲也。故忠臣也者，能盡善與君，而不能與君陷於難。《新序・雜事》
3	謂鴟夷子皮	15	陳成子謂鴟夷子皮曰：「何與常也？」《說苑・臣術》
	【說明】 1. 阜陽漢簡與《說苑》之敘述相同。		
4	趙簡子以襄子	16	趙簡子以襄子爲後，董安于曰：「無恤不才，今以爲後，何也？」簡子曰：「是其人能爲社稷忍辱。」異日，智伯與襄子飲而灌襄子之首，大夫請殺之。襄子曰：「先君之立我也，曰能爲社稷忍辱，豈曰能刺人哉！」處十月，智伯圍襄子於晉陽，襄子疏隊而擊之，大敗智伯，漆其首以爲酒器。《說苑・建本》
	爲社稷忍辱幾日智柏與襄子飲酒而諢襄	17	
	於晉陽襄子疏	18	
	智伯漆	19	

	【說明】 1. 阜陽漢簡與《說苑》敘述相同，惟簡文作「諽」而《說苑》作「讙」。		
5	安軾衡入鄭市華元	167	鄭伐宋，宋人將與戰。華元殺羊食士，其御羊斟不與焉。及戰，曰：「疇昔之羊羹，子為政，今日之事，我為政。」與華元馳入鄭師，宋人敗績。《說苑・貴德》
	【說明】 1. 阜陽漢簡與《說苑》此章之敘述，相應之處極少，難以斷定阜陽漢簡是否即《說苑》此章。		
6	鄪君曰請出寇罷而后復來請姑使狗希毋	59	魯人攻鄪，曾子辭於鄪君曰：「請出，寇罷而後復來，請姑毋使狗豕入吾舍。」鄪君曰：「寡人之於先生也，人無不聞。今魯人攻我而先生去我，我胡守先生之舍？」魯人果攻鄪，而數之罪十，而曾子之爭者九。魯師罷，鄪君復脩曾子舍而後迎之。《說苑・尊賢》
	【說明】 1. 阜陽漢簡與《說苑》敘述相同，惟簡文作「希」，《說苑》作「豕」。		
7	司城子罕之貴子韋也入與	20	宋司城子罕之貴子韋也，入與共食，出與共衣。司城子罕亡，子韋不從。子罕來，復召子韋而貴之。左右曰：「君之善子韋也，君亡不從，來又復貴之，君獨不愧於君之忠臣乎？」子罕曰：「吾唯不能用子韋，故至於亡。今吾之得復也，尚是子韋之遺德餘教也，吾故貴之。且我之亡也，吾臣之削跡拔樹以從我者，奚益於吾亡哉！」《說苑・尊賢》
	同食出與緣衣君亡子韋不從來復有召而貴之	21	
	曰君之	22	
	君亡子韋不從來復有召而貴	23	
	不愧君之忠臣虖君曰吾唯不用子	24	
	子韋之遺□	25	
	餘教也	26	
	從我者何益吾毋亡哉	27	
	【說明】 1. 阜陽漢簡與《說苑》之敘述相同，《說苑》字繁處不影響文意判讀。惟簡文作「緣」而《說苑》作「共」，會有些微差異。		
8	晉平公問於叔曏曰民役歲飢翟人攻我＝將奈何叔曏合曰	28	晉平公問叔向曰：「歲饑民疫，翟人攻我，我將若何？」對曰：「歲饑，來年而反矣，；疾疫，將止矣；翟人，不足患也。」公曰：「患有大於此者乎？」對曰：「夫大臣重祿而不極諫，近臣畏罪而不敢言，左右顧寵於小官而君不知，此誠患之大者也。」公曰：「善。」於是令國中曰：「欲有諫者為隱，左右言及國吏，罪。」《說苑・善說》、《新序・雜事》
	足患也公曰患其孰大於此叔曏	29	
	大臣重祿	30	
	不敢言	31	
	其患之大者也而君弗智公曰可令於國曰	32	
	【說明】 1. 阜陽漢簡與《說苑》之敘述相同，而《新序》敘述省去「歲饑民疫」數段，然《新序》雖與阜陽漢簡、《說苑》較簡略，但不省略之處皆可與兩者對應。		晉平公問於叔向曰：「國家之大患孰為大？」對曰：「大臣重祿而不極諫，近臣畏罪而不敢言，下情不上通，此患之大者也。」公曰：「善。」於是令國曰：「欲進善言，謁者不通，罪當死。」《新序・雜事》
9	晉平公問於叔曏曰臼犯與趙衰孰賢叔曏合曰陽處父欲	33	晉平公問於師曠曰：「咎犯與趙衰孰賢？」對曰：「陽處父欲臣文公，因咎犯三年不達，因

	無勇也	34	趙衰三日而達。智不知其士眾，不智也；知而不言，不忠也；欲言之而不敢，<u>無勇也</u>；言之而不聽，不賢也。」《說苑・善說》
	【說明】 1. 阜陽漢簡與《說苑》敘述相同，惟簡文作「叔嚻」而《說苑》作「師曠」。		
10	疾桓公往問曰中父棄寡 人 豎刁可使為正虜合曰不可豎刁自刑	35	管仲有疾，桓公往問之，曰：「<u>仲父若棄寡人</u>，<u>豎刁</u>可使從政乎？」對曰：「不可。<u>豎刁自刑以求入君，其身之忍，將何有於君</u>？」公曰：「<u>然則易牙可乎</u>？」對曰：「<u>易牙解其子以食君，其子之忍，將何有於君，若用之必為諸侯笑</u>。」及桓公殁，豎刁易牙乃作難。桓公死六十日，蟲出於戶而不收。《說苑・權謀》
	君其身之刃將何有於君	36	
	曰然則 易牙 可虜合曰易牙缶其子	37	
	將何有於君＝若用之必為諸侯笑弗聽	38	
	【說明】 1. 阜陽漢簡與《說苑》之敘述相同，《說苑》字繁處不影響文意判讀。惟簡文作「缶」，而《說苑》作「解」，有些微差異。		
11	至於平陵	39	田子顏自大術<u>至乎</u>平陵城下，<u>見人子問其父，見人父問其子</u>。田子方曰：「<u>其以平陵反乎？吾聞行於內，然後施於外</u>。子顏欲<u>使其眾甚</u>矣。」<u>後果</u>以平陵叛。《說苑・權謀》
	見人子問 其 父見人父問其子田子	40	
	陵反虜吾聞之行於內然後施□□	41	
	事其眾甚矣果	157	
	【說明】 1. 阜陽漢簡與《說苑》之敘述相同，《說苑》字繁處不影響文意判讀，惟簡文作「事」，而《說苑》作「使」，差異較大。		
12	晉人已勝智氏，反而組甲砥	42	<u>晉人已勝智氏，歸而繕甲砥兵</u>。楚王恐，<u>召梁公弘</u>曰：「<u>晉人已勝智氏矣，歸而繕甲兵，其以我為事乎</u>？」梁公曰：「不患，害其在吳乎？夫吳君恤民而同其勞，使其民重上之令，而人輕其死以從上使。如虜之戰，臣登山以望之，見其用百姓之信。必也勿已乎！其備之若何？」不聽，明年，闔廬襲郢。《說苑・權謀》
	梁公弘而問焉曰晉人已勝智氏	43	
	恐其以我	44	
	【說明】 1. 阜陽漢簡與《說苑》之敘述相同，字異處不影響文意判讀。		
13	知之虜孫伯曰哀矣子至也吾何為不智	45	石益謂孫伯曰：「<u>吳將亡矣，吾子亦知之乎</u>？」孫伯曰：「<u>晚矣，子之知之也！吾何為不知</u>？」石益曰：「然則子何不以諫？」孫伯曰：「<u>昔桀罪諫者，紂焚聖人</u>，剖王子比干之心。袁氏之婦絡而失其紀，其妾告之，怒棄之，夫亡者豈斯人知其過哉！」《說苑・權謀》
	孫伯曰昔者桀辜間者紂扮聖人	46	
	【說明】 1. 阜陽漢簡與《說苑》敘述相同，惟簡文作「哀」、「至」、「辜間」而《說苑》作「晚」、「之知之」、「罪諫」差異較大，會有些微差異。		
14	文子出亡至邊從者曰為	47	中行文子出亡，至邊，從者曰：「為此嗇夫者，君人也，胡不休焉，且待後車者？」文
	異日吾好音子遺我瑟吾	48	子曰：「異日吾好音，此子遺吾琴；吾好佩

	其以我求容也遂不入後車	49	子曰：「異日吾好音，此子遺吾琴；吾好佩，又遺吾玉。是不非吾過者也，自容於我者也。吾恐其以我求容也。」遂不入。後車入門，文子問嗇夫之所在，執而殺之。仲尼聞之曰：「中行文子背道失義，以亡其國，然後得之，猶活其身，道不可遺也若此。」《說苑·權謀》
	中尼□之曰文子	50	
	【說明】1. 阜陽漢簡與《說苑》之敘述相同，惟《說苑》「文子」繁稱，且《說苑》字繁、字異之處，不影響文意判讀。		
15	趙簡子問	51	趙簡子問翟封荼曰：「吾聞翟雨穀三日，信乎？」曰：「信。」「又聞雨血三日，信乎！」曰：「信。」「又聞馬生牛，牛生馬，信乎？」曰：「信。」簡子曰：「大哉！妖。亦足以亡國矣！」對曰：「雨穀三日，蚳風之所飄也；雨血三日，鷙鳥擊於上也；馬生牛，牛生馬，雜牧也。此非翟之妖也。」簡子曰：「然則翟之妖奚也？」對曰：「其國數散，其君幼弱，其諸卿貨，其大夫比黨以求祿爵，其百官肆斷而無告，其政令不竟而數化，其士巧貪而有怨，此其妖也。」《說苑·辨物》
	曰吾聞翟雨冠三日信膚	52	
	血三日信	52	
	【說明】1. 阜陽漢簡與《說苑》之敘述相同，惟簡文「冠」《說苑》作「穀」，會影響文意判讀。		
16	楚王子建出守於城父遇	53	王子建出守於城父，與成公乾遇於疇中，問曰：「是何也？」成公乾曰：「疇也。」「疇也者何也？」「所以為麻。」「麻也者何也？」曰：「所以為衣也。」成衣乾曰：「昔者莊王伐陳，舍於有蕭氏，謂路室之人曰：『巷其不善乎？何溝之不浚。』莊王猶知巷之不善，溝之不浚；今吾子不知疇之為麻，麻之為衣；吾子其不主社稷乎！」王子果不立。《說苑·辨物》
	也成公乾	54	
	麻＝者何也	55	
	王伐陳道宿	56	
	而食謂路室人	57	
	社稷膚	58	
	【說明】1. 阜陽漢簡與《說苑》敘述相同，《說苑》字繁字異處，不影響判讀。		
17	趙文子問於叔豹曰晉六將軍其孰先亡	60	趙文子問於叔向曰：「晉六將軍孰先亡乎？」對曰：「其中行氏乎。」文子曰：「何故先亡？」對曰：「中行氏之為政也，以苛為察，以欺為明，以刻為忠，以計多為善，以聚斂為良。譬之其猶韓革者也，大則大矣，裂之道也。當先亡。」《新序·雜事》
	叔豹合曰其中行是膚文子曰故	61	
	亡叔豹合曰	62	
	為政也以苛為察	63	
	【說明】1. 阜陽漢簡與《新序》之敘述相同，字異處不影響文意判讀。		
18	而負芻文	64	魏文侯出遊，見路人反裘而負芻。文侯曰：「胡為反裘而負芻。」對曰：「臣愛其毛。」文侯曰：「若不知其裡盡而毛無所恃耶？」明年，
	裘而負芻對曰臣愛	65	

	【說明】 1. 阜陽漢簡與《新序》之敘述相同。		曰：「若不知其裡盡而毛無所恃耶？」明年，東陽上計，銖布十倍，大夫畢賀。文侯曰：「此非所以賀我也。譬無異夫路人反裘而負芻也，將愛其毛，不知其裡盡毛無所恃也。今吾田不加廣，士民不加眾，而銖十倍，必取之士大夫也。吾聞之，下不安者，其上不可居也，此非所以賀我也。」《新序・雜事》
19	晉平公問於叔矞曰昔者齊桓公九合	66	晉平公問於叔向曰：「昔者，齊桓公九合諸侯，一匡天下，不識其君之力乎，其臣之力乎？」叔向對曰：「管仲善制割，隰朋善削縫，賓胥無善純緣，桓公知衣而已。亦其臣之力也。」師曠侍，曰：「臣請譬之以五味，管仲善斷割之，隰朋善煎熬之，賓胥無善齊和之。羹以熟矣，奉而進之，而君不食，誰能強之，亦其君之力也。」《新序・雜事》
	侯壹匡天下不識君之力	67	
	虖叔矞合曰管子	68	
	善制割習崩善削齊賓胥無善純緣桓公	69	
	亦臣之力也	70	
	味管中善制割□習崩□□□之賓胥	71	
	君之力	72	
	【說明】 1. 阜陽漢簡與《新序》之敘述相同，而《新序》字繁處，及簡文與《新序》字異之處，並不影響文意判讀。		
20	晉文君田於虦罷一夫而問焉虦之為虛大矣子	73	晉文公田於虢，遇一老夫而問曰：「虢之為虢久矣，子處此故矣，虢亡，其有說乎？」對曰：「虢君斷則不能，諫則無與也。不能斷，又不能用人，此虢之所以亡也。」文公以輟田而歸，遇趙衰而告之。趙衰曰：「今其人安在？」君曰：「吾不與之來也。」趙衰曰：「古之君子，聽其言而用其人，今之君子，聽其言而弃其身。哀哉，晉國之憂也。」文公乃召賞之，於是晉國樂納善言，文公卒以霸。《新序・雜事》
	也其君斷則	74	
	公以	74	
	【說明】 1. 阜陽漢簡與《說苑》之敘述相同，惟簡文作「君」、「虦」、「罷」，《說苑》作「公」、「遇」、「久」，於文意判讀上，會有些微差異。		
21	晉平公過於九原而歎曰髮子虖此地出吾良臣多	75	晉平公過九原而歎，曰：「嗟呼，此地之蘊吾良臣多矣，若使死者起也，吾將誰與歸乎？」叔向對曰：「其趙武乎。」公曰：「子黨於子之師也。」對曰：「臣聽言趙武之為人也，立若不勝衣，言若不出口，然其身所舉士於白屋下者四十六人，皆得其意，而公家甚賴之。及文子之死也，四十六人皆就賓位，是以其無私德也，臣故以為賢也。」平公曰：「善。」夫趙武，賢臣也，相晉，天下無兵革者九年。
	與歸虖	76	
	武虖	77	
	曰子黨於師	78	
	之為人也立	79	

	【說明】 1. 阜陽漢簡與《新序》之敘述相同，《新序》字繁處不影響文意判讀，惟簡文作「出」《新序》作「蘊」，於文意判讀上會有些微影響。		而《春秋》書曰：「晉趙武之力。」蓋得人也。《新序‧雜事》
22	王鮒曰曹大＝趙	80	葉公沈諸梁問樂王鮒曰：「晉大夫趙文子，爲人何若？」對曰：「好學而受規諫。」葉公曰：「疑未盡之矣。」對曰：「好學，智也；受規諫，仁也。江出汶山，其源若甕口，至楚國，其廣十里，無他故，其下流多也。人而好學，受規諫，宜哉其立也。」《詩》曰：「其惟哲人，告之話言，順德之行。」此之謂也。《新序‧雜事》
	受規閒仁也	81	
	十里無故其下游多也人而好學受規閒	82	
	【說明】 1. 阜陽漢簡與《說苑》之敘述相同，然簡文作「曹」《說苑》作「晉」，會影響文意判讀。		
23	趙襄子問曰吳之所以亡者何也王子餘唯合曰吳	83	趙襄子問於王子維曰：「吳之所以亡者，何也？」對曰：「吳君唶而不忍。」襄子曰：「宜哉，吳之亡也。唶則不能賞賢，不忍則不能罰姦。賢者不賞，有罪不罰，亡何待？」《新序‧雜事》
	【說明】 1. 阜陽漢簡與《說苑》之敘述相較，《說苑》字繁，但不影響文意判讀。此外，簡文作「餘」、「合」，《說苑》作「維」、「對」，但不影響文意判讀。		
24	晉伐曹魯使臧文中往宿於重館	150	晉文公解曹地以分諸侯。僖公使臧文仲往，宿於重館，重館人告曰：「晉始伯而欲固諸侯，故解有罪之地以分諸侯。諸侯莫不望分而欲親晉，皆將爭先，晉不以固班，亦必親先者，吾子不可以不速行。魯之班長而又先，諸侯其誰望之？若少安，恐無及也。」從之，獲地於諸侯爲多。反，既復命，爲之請曰：「地之多也，重館人之力也。臣聞之曰：『善有章，雖賤賞也；惡有釁，雖貴罰也。』今一言而辟境，其章大矣，請賞之。」乃出而爵之。《國語‧魯語》
	無及也從之則曹地自洧以	148	
	南東傳於海盡曹地也	149	
	【說明】 1. 阜陽漢簡與《國語》之敘述，可相應之處極少，但兩者相應之處，其敘述又互相吻合。		
25	晉公子重耳亡之曹＝無禮焉	91	自衛過曹，曹共公亦不禮焉，聞其騈脅，欲觀其狀，止其舍，諜其將浴，設微薄而觀之。僖負羈之妻言於負羈曰：「吾觀晉公子，賢人也，其從者皆國相也，以相，夫必得晉國。得晉國而討無禮，曹其首誅也。子盍蚤自貳焉？」僖負羈饋飱寘璧焉，公子受飱反璧。《國語‧晉語》
	凌負羅之妻胃凌負羅	92	
	皆賢人也若以相夫子必反晉＝國＝必伐曹	93	
	凌負羅遺之餐加璧焉	94	
	其璧及重耳反晉國興軍伐曹	95	

負羅曰君无禮於□公子吾觀	96	

【說明】

1. 阜陽漢簡與《國語》之敘述，有吻合之處亦有差異之處，大致而言，兩者差異之處較多，難以判定簡文是否即爲《國語》材料之原型。

附錄二　定縣漢簡《儒家者言》與《家語》之對應關係

章序	定縣漢簡《儒家者言》	簡序	《說苑》／《新序》／《家語》
1	日明主有三懼一日……	1096	明主者有三懼：一曰處尊位而恐不聞其過；二曰得意而恐驕；三曰聞天下之至言而恐不能行。何以識其然也？……《說苑・君道》
	不聞其過二日得志□	732	
	如恐不能行	771	
	【說明】 1. 定縣漢簡與《說苑》敘述相同，惟簡文作「志」、「如」，《說苑》作「意」、「而」，但不影響文意判讀。		
2	子贛（貢）問孔子曰賜爲人下如不知爲	910	【說明】 1. 參見阜陽雙古堆 1 號章題（《儒家者言》）第 23 章之說明。
	下孔子曰〔爲人下者其猶土乎種〕	710	
	得五穀焉厥（撅）之得甘泉焉草木植	1069	
	禽獸伏焉生人立焉死人入焉多	708	
	□其言爲人下者其猶土乎	930	
3	曾折援〔木擊曾子□〕	2490	曾子芸瓜而誤斬其根。曾晳怒，援大杖擊之，曾子仆地，有頃蘇，蹶然而起，進曰：「曩者參得罪於大人，大人用力教參，得無疾乎？」退屏鼓琴而歌，欲令曾晳聽其歌聲，令知其平也。孔子聞之，告門人曰：「參來，勿內也。」曾子自以無罪，使人謝孔子。孔子曰：「汝聞瞽叟有子，名曰舜。舜之事父也，索而使之，未嘗不在側，求而殺之，未嘗可得。小箠則待，大箠則走，以逃暴怒也。今子委身以待暴怒，立體而不去，殺身以陷父不義，不孝孰是大乎？汝非
	者參得罪夫＝子＝得毋病乎退就	611 1853	
	日參來勿內〔也曾子自〕	1127	
	之未嘗可得也小箠則待笞大	1839	
	□怒立壹（殪）而不去殺身以〔□父□〕	2487	
	之民與	312	
	殺天子之民者其罪	1864	

<table>
<tr>
<td colspan="3">
【說明】

1. 定縣漢簡與《說苑》此章之敘述，差異較大。如簡文作「援木擊曾子」而《說苑》作「援大杖擊之」，簡文「夫子」而《說苑》作「大人」，簡文作「疾」而《說苑》作「病」，簡文作「待笞」而《說苑》無「笞」，簡文作「壹（殪）」，而《說苑》作「體」。

2. 定縣漢簡與《家語》此章之敘述，差異亦大。如簡文作「援木擊曾子」而《家語》作「怒建大杖以擊其背」，簡文作「夫子」而《家語》作「大人」，簡文作「待笞」而《家語》作「待過」，簡文作「立壹（殪）」，而《家語》作無「立」，簡文作「去」，而《家語》作「避」。
</td>
<td>
殺身以陷父不義，不孝孰是大乎？汝非天子之民邪？殺天子之民，罪奚如？」以曾子之材，又居孔氏之門，有罪不自知，處義難乎！《說苑·建本》

曾子耘瓜，誤斬其根。曾晳怒建大杖以擊其背，曾子仆地而不知人，久之有頃，乃蘇，欣然而起，進於曾晳曰：「嚮也參得罪於大人，大人用力教，參得無疾乎。」退而就房，援琴而歌，欲令曾晳而聞之，知其體康也。孔子聞之而怒，告門弟子曰：「參來勿內。」曾參自以為無罪，使人請於孔子。子曰：「汝不聞乎，昔瞽瞍有子曰舜，舜之事瞽瞍，欲使之未嘗不在於側，索而殺之，未嘗可得，小棰則待過，大杖則逃走，故瞽瞍不犯不父之罪，而舜不失烝烝之孝，今參事父委身以待暴怒，殪而不避，既身死而陷父於不義，其不孝孰大焉？汝非天子之民也？殺天子之民，其罪奚若？」曾參聞之曰：「參罪大矣。」遂造孔子而謝過。《家語·六本》
</td>
</tr>
<tr>
<td rowspan="3">4</td>
<td>伐陳西門□因使其降民修之□</td>
<td>660</td>
<td rowspan="3">
【說明】

1.參見阜陽雙古堆 1 號章題（《儒家者言》）第 40 章之說明。
</td>
</tr>
<tr>
<td>二人□</td>
<td>2416</td>
</tr>
<tr>
<td>〔子曰丘也〕</td>
<td></td>
</tr>
<tr>
<td rowspan="6">5</td>
<td>桓公謂管仲曰諸侯</td>
<td>728</td>
<td rowspan="6">
齊桓公北伐山戎氏，其道過燕。燕君逆而出境。桓公問管仲曰：「諸侯相逆，固出境乎？」管仲曰：「非天子不出境。」桓公曰：「然則燕君畏而失禮也。寡人不道，而使燕君失禮。」乃割燕君所至之地，以與燕君。諸侯聞之，皆朝於齊。《詩》云：「靖恭爾位，好是正直，神之聽之，介爾景福。」此之謂也。《說苑·貴德》
</td>
</tr>
<tr>
<td>管仲對曰〔非天子〕</td>
<td>1088</td>
</tr>
<tr>
<td>不出境桓公</td>
<td>1119</td>
</tr>
<tr>
<td>今予不道</td>
<td>2489</td>
</tr>
<tr>
<td>割燕君之所至如予之諸</td>
<td>616</td>
</tr>
<tr>
<td colspan="2">
【說明】

1. 定縣漢簡與《說苑》敘述相同，字繁處不影響文意判讀。
</td>
</tr>
<tr>
<td rowspan="2">6</td>
<td>□漁者曰天暑而得弓 〔之不□ □〕</td>
<td>760</td>
<td rowspan="2">
孔子之楚，有漁者獻魚甚強，孔子不受。獻魚者曰：「天暑遠市，賣之不售，思欲棄之，不若獻之君子。」孔子再拜受，使弟子掃除將祭之。弟子曰：「夫人將
</td>
</tr>
<tr>
<td>將祭之□〔乎孔子曰〕</td>
<td>128</td>
</tr>
</table>

	【說明】 1. 定縣漢簡與《苑苑》之敘述相同。 2. 定縣漢簡與《家語》之敘述相同，惟簡文作「將祭之」《家語》作「將以享祭」，有些微差異。		使弟子掃除將祭之。弟子曰：「夫人將棄之，今吾子將祭之，何也？」孔子曰：「吾聞之：務施而不腐餘財者，聖人也。今受聖人之賜，可無祭乎？」《說苑‧貴德》 孔子之楚，而有漁者獻魚焉，孔子不受。漁者曰：「天暑市遠，無所鬻也，思慮弃之糞壤，不如獻之君子，故敢以進焉。」於是夫子再拜受之，使弟子掃地將以享祭。門人曰：「彼將弃之，而夫子以祭之，何也？」孔子曰：「吾聞諸惜其務■，而欲以務施者，仁人之偶也，惡有仁人之饋，而無祭者乎？」《家語‧觀思》
7	〔閑處〕喟然嘆曰銅錕柏□	1123	【說明】 1. 參見阜陽雙古堆 1 號章題（《儒家者言》）第 38 章之說明。
	者周公旦晶（攝）天下之政	782	
	也夫有道乃無下于天下哉	578	
8	于大廟右陛之前有銅	825	孔子之周，觀於太廟。右陛之前，有金人焉，三緘其口，而銘其背曰：「古之慎言人也。戒之哉！戒之哉！無多言，多言多敗；無多事，多事多患。《說‧敬慎》
	□其口如名（銘）其背〔□□＝□＝〕	844	
	〔之爲人也多〕言多過多事多患也	604	
	【說明】 1. 定縣漢簡與《說苑》敘述相同，惟簡文作「銅」、「如」而《說苑》作「金」、「而」，並不影響文意判讀。惟簡文作「之爲人」、「多過」而《說苑》作「慎言」、「多敗」，會影響文意判讀。 2. 定縣漢簡與《家語》之敘述相較，凡定縣漢簡與《說苑》有異者，《家語》亦異，另外簡文作「于大廟」而《家語》作「遂入太祖后稷之廟」，會影響文意判讀。		孔子觀周，遂入太祖后稷之廟，廟堂右階之前，有金人焉，參緘其口，而銘其背曰：「古之慎言人也，戒之哉。無多言，多言多敗。無多事，多事多患。《家語‧觀周》
9	齊景公問子贛（貢）曰子誰師	970 634 632	【說明】 1. 參見阜陽雙古堆 1 號章題（《儒家者言》）第 8 章之說明。
	乎子贛（貢）	1080	
	也公曰	669	
	子知其聖	650	
	長皆曰高＝幾何	791	
10	襄子問中（仲）尼曰先生行見	801	【說明】 1. 參見阜陽雙古堆 1 號章題（《儒家者言》）
	意先生之道固不通乎中（仲）	1071	

	□襄子見子路曰吾嘗問先＝生＝不□	705	言）第 11 章之說明。
	對即隱也隱安得爲仁者	906	
	不知□〔得爲聖子路曰今□天下〕	734	
	之鳴鍾如〔冲之以梃〕	958 953	
11	子曰犢主澤鳴晉國之賢□	923 963	【說明】 1. 參見阜陽雙古堆 1 號章題（《儒家者言》）第 12 章之說明。
	聞君子重傷□	627	
12	之匡間（簡）子欲殺陽虎孔子似之	666	【說明】 1. 參見阜陽漢簡《儒家者言》章題第 4 章說明。
	□□孔＝子＝□舍子路怒奪戟欲下	725	
	子止之曰何〔仁義之不意□□〕	644	
	詩書不習禮樂不修則是丘之罪	715	
	陽虎如爲陽虎則是非丘□	905	
13	君子道四彊（強）于行弱于辭□	965	孔子說：「回，若有君子之道四：強於行己，弱於受諫，怵於待祿，慎於持身。」《說苑·雜言》 孔子曰：「回有君子之道四焉，強於行義、弱於受諫、怵於待祿、慎於治身。」《家語·六本》
	【說明】 1. 定縣漢簡與《說苑》之敘述相同，惟簡文作「于行」、「辭」而《說苑》作「於行己」、「受諫」，會影響文意判讀。 2. 定縣漢簡與《家語》差異點，亦同於《說苑》，惟簡文「于行」而《家語》作「於行義」。		
14	何中（仲）尼曰新交取親	966 668	【說明】 1. 參見阜陽雙古堆 1 號章題（《儒家者言》）第 19 章之說明。
15	路行辭于孔	458	【說明】 1. 參見阜陽雙古堆 1 號章題（《儒家者言》）第 44 章之說明。
	孔＝子＝曰曾（贈）若以車乎	38	
	言乎子路請以言孔〔子曰不彊不〕	706	
16	曾子有疾公猛義往問之曾子言曰	911	【說明】 1. 參見阜陽雙古堆 1 號章題（《儒家者言》）第 39 章之說明。
	鳥之將死也必有悲聲君子將卒也	693	
	也曾子□	757	
	立志則貪欲之心止	939	
	則怠隋曼（慢）易之節止君子	609	
17	張網者四面張如祝之□	630	湯見祝網者，置四面，其祝曰：「從天墜者，從地出者，從四方來者，皆離吾網。」湯曰：「嘻！盡之矣，非桀其孰爲此。」乃解其三面，置其一面，更教之祝曰：「昔蛛蝥作網，今之人循序，欲左者左，欲右者右，欲高者高，欲下者下，吾取其犯命者。」漢南之國聞之曰：「湯之德及
	□□者四方來者皆麗	686	
	予欲左者左欲右者右欲高者〔高〕	692	
	□者下請受其犯命者漢〔猗之□〕	1048	
	之曰湯之德及禽獸矣故吾	702	

	卅（四十）餘國來服	654	犯命者。」漢南之國聞之曰：「湯之德及禽獸矣。」四十國歸之。人置四面未必得鳥，湯去三面，置其一面，以網四十國，非徒網鳥也。《新序・雜事》
	【說明】 1. 定縣漢簡與《新序》敘述相同，惟簡文作「張」、「四面張」、「請受」、「碕」、「來服」而《新序》作「祝」、「置四面」、「吾取」、「南」、「歸之」，皆會影響文意判讀。此外，《新序》字繁處，亦會影響文意判讀。		
18	〔王〕居部使人治池得人	603	周文王作靈臺及為池沼，掘地得死人之骨，吏以聞於文王。文王曰：「更葬之。」吏曰：「此無主矣。」文王曰：「有天下者，天下之主也；有一國者，一國之主矣。寡人固其主，又安求主？」遂令吏以衣冠更葬之。天下聞之，皆曰：「文王賢矣，澤及朽骨，又況於人乎。」或得寶以危國，文王得朽骨以喻其意，而天下歸心焉。《新序・雜事》
	曰賓（殯）之吏曰此毋主矣文王曰□	709	
	一家之主也〔長一國者一國〕	626	
	也長天下者天下		
	之人聞之□	934	
	【說明】 1. 定縣漢簡與《新序》之敘述，雖可對應，然差異之處甚多。如簡文作「使人治池得人」、「賓（殯）之」而《新序》作「作靈臺及為池沼，掘地得死人之骨」、「更葬之」，差異甚大，皆會影響文意判讀。		
19	崔子□□	961	崔杼弑莊公，令士大夫盟者，皆脫劍而入，言不疾，指不至血者死。所殺十人，次及晏子。晏子奉杯血，仰天歎曰：「惡乎！崔子，將為無道，殺其君。」盟者皆視之。崔杼謂晏子曰：「子與我，我與子分國；子不與我，我將殺子。直兵將推之，曲兵將勾之，唯子圖之。」晏子曰：「嬰聞回以利而背其君者，非仁也；劫以刃而失其志者，非勇也。」《詩》云：「愷悌君子，求福不回。」嬰可謂不回矣。直兵推之，曲兵勾之，嬰之不回也。崔子舍之。晏子趨出，授綏而垂，其僕將馳，晏子拊其手曰：「虎豹在山林，其命在庖厨，馳不益生，緩不益死。」按行成節，然後去之。」《詩》云：「彼己之子，舍命不渝。」晏子之謂也。《新序・義勇》
	□公刜晏子于呀上曰子□	897	
	我將舍子＝不我與將殺子□□□	703	
	可之晏子劫之	933	
	〔□其志非惠也□也以〕	748	
	非義也子何不誰之崔	922	
	予舍之晏子	936	
	□其僕將馳晏子曰□之	1888	
	安（按）之成節	661	
	【說明】 1. 定縣漢簡與《新序》之敘述，雖能相應，但不能相應之處亦多，如簡文作「我將舍子」而《新序》作「我與子分國」，簡文「安（按）之」而《新序》作「按行」，將會影響文意判讀，此外簡文有而《新序》無者亦多，亦會影響文意判讀。		
20	之屈盧曰	932	【說明】 1. 參見阜陽雙古堆 1 號章題（《儒家者
	與我將舍子＝不我與將殺子屈盧	612	

	乎且吾聞	802	言》) 第 6 章之說明。
	□臨死不怒夫人臣□	653	
	勝乃內其劍	973	
21	〔于魯〕	684	無相應文字。
	〔□□〕如趨受玉	982	
	臣敢不趨乎君之	641	
	受敵卑臣敢	642	
22	故人主孝則名	999	無相應文字。
	天下〔譽矣人臣孝〕則事君忠處	1840	
	置之子不敢撅也父母全之子不敢	1842	
	父母全而生之	1848	
23	子惡言不出于口藥言不反于己□	610 2340	無相應文字。
24	膚受諸父母曾子	866	無相應文字。
	何謂身體髮膚弗敢毀傷曰樂正子	1831	
	毀傷父不子也士不友也□□	313	
	尊榮無憂子道如此可冑（謂）孝	1199	
	〔□□教之所由曰孝□經□□〕	1845	
	之且夫〔爲人子親死然後事〕	769	
25	□也子路曰然願聞成人孔＝（孔子）曰	602	無相應文字。
	何以爲成人才（哉）子路曰由□	1005	
	孔子曰由其可以	1074	
26	〔林放問禮〕	2150	無相應文字。
27	〔問□告朔〕		無相應文字。

附錄三 《孔子家語》與先秦兩漢典籍重出一覽表[註1]

篇　名	《孔子家語》	重見典籍
相　魯	「孔子初仕爲中都宰」至「設法而不用，無姦民」節。	《禮記・檀弓上》、〈孔子世家〉、《三禮義宗》、《左傳》。
	「定公與齊侯會于夾谷」至「及汶陽之田」節。	《左傳》、《穀梁傳》、〈孔子世家〉。
	「孔子言於定公曰」至「政化大行」節。	《左傳》、《公羊傳》。
	「初，魯之販羊有沈猶氏者」至「皆如歸焉」節。	《荀子・儒效》、《新序・雜事一、五》、《呂氏春秋・先識覽・樂成》、《孔叢子・陳士義》。
始　誅	「孔子爲魯司寇」至「斯足憂矣」節。	《荀子・宥坐》、《說苑・指武》。
	「孔子爲魯大司寇」至「民能勿踰乎」節。	《荀子・宥坐》、《韓詩外傳三》、《說苑・政理》。
王言解	全篇。	《大戴禮記・王言》。
大婚解	全篇。	《禮記・哀公問》、《大戴禮記・哀公問於孔子》。
儒行解	全篇。	《禮記・儒行》。
問　禮	「哀公問於孔子曰」至「莫能爲禮也」節。	《禮記・哀公問》、《大戴禮記・哀公問於孔子》。
	「言偃問曰」至「此禮之大成也」節。	《禮記・禮運》。
五儀解	「哀公問於孔子曰」至「則於政治，何有失矣」節。	《荀子・哀公》、《大戴禮記・哀公問五義》、《新序・雜事四》。
	「哀公問於孔子曰」至「譬之豺狼不可邇」節。	《荀子・哀公》、《韓詩外傳四》、《說苑・尊賢》。

	「哀公問於孔子曰」至「以惠百姓」節。	《說苑・指武》。
	「哀公問於孔子曰」至「吾弗之聞也」節。	《說苑・君道》。
	「哀公問於孔子曰」至「亦不得聞君子之教也」節。	《說苑・敬慎》。
	「哀公問於孔子曰」至「雖得壽焉，不亦可乎」節。	《韓詩外傳一》、《說苑・雜言》、《文子・符言》。
致　思	「孔子北遊於農山」至「則顏氏之子有矣」節。	《韓詩外傳九》、《說苑・指武》。
	「魯有儉嗇者」至「以其食厚而我思焉」節。	《說苑・反質》。
	「孔子之楚」至「而無祭者乎」節。	《說苑・貴德》。
	「季羔為衛之士師」至「其子羔乎」節。	《說苑・至公》、《韓非子・外儲說左》。
	「孔子曰：季孫之賜我粟千鍾也」至「殆將廢矣」節。	《說苑・雜言》。
	「孔子曰：王者有似乎春秋」至「其誠至矣」節。	《說苑・君道》。
	「曾子曰：入是國也」至「可謂善安身矣」節。	《說苑・說叢》。
	「子路為蒲宰」至「汝之見罪必矣」節。	《說苑・臣術》。
	「子路問於孔子曰：管仲之為人何如」至「未足多也」節。	《說苑・善說》。
	「孔子適齊」至「自是弟子辭歸養親者十有三」節。	《韓詩外傳九》、《說苑・敬慎》。
	「孔子謂伯魚曰」至「孰知其源乎」節。	《韓詩外傳六》、《說苑・建本》、《尚書大傳》。
	「子路見於孔子曰」至「死事盡思者也」節。	《說苑・建本》。
	「孔子之郯」至「小子行之」節。	《韓詩外傳二》、《說苑・尊賢》。
	「孔子自衛反魯」至「而況於人乎」節。	《列子・說符》、《說苑・雜言》。
	「孔子將行」至「故能久也」節。	《說苑・雜言》。
	「楚王渡江」至「吾是以知之」節。	《說苑・辨物》。
	「子貢問於孔子曰」至「後自知之」節。	《說苑・辨物》。
	「子貢問治民於孔子」至「如之何其無畏也」節。	《說苑・政理》。
	「魯國之法」至「魯人不復贖人於諸侯」節。	《呂氏春秋・先識覽・察微》、《說苑・政理》。
	「子路治蒲」至「則正不難矣」節。	《說苑・政理》。
三　恕	「孔子曰：君子有三恕」至「則可謂端身矣」節。	《荀子・法行》。
	「孔子曰：君子有三思」至「有思其窮則務施」節。	《荀子・法行》。
	「伯常騫問於孔子曰」至「某之所聞也」節。	《晏子春秋・內篇問丁》。

	「孔子觀於魯桓公之廟」至「此所謂損之又損之之道也」節。	《荀子・宥坐》、《韓詩外傳三》、《說苑・敬慎》、《淮南子・道應訓》、《文子・十守篇》。
	「孔子觀於東流之水」至「必觀焉」節。	《荀子・宥坐》、《說苑・雜言》。
	「子貢觀於魯廟之北堂」至「尙有說也」節。	《荀子・宥坐》。
	「孔子曰：吾有所恥」至「吾殆之」節。	《荀子・宥坐》。
	「子路見於孔子」至「可謂士君子矣」節。	《荀子・子道》。
	「子貢問於孔子曰」至「之謂貞矣」節。	《荀子・子道》。
	「子路盛服見於孔子」至「惡不足哉」節。	《荀子・子道》、《韓詩外傳三》、《說苑・雜言》。
	「子路問于孔子曰」至「則袞冕而懷玉」節。	闕。
好　生	「魯哀公問於孔子曰」至「是以緩對」節。	《荀子・哀公》。
	「孔子讀史」至「不能受其訓」節。	闕。
	「孔子常自筮」至「不受飾故也」節。	《說苑・反質》、《呂氏春秋・慎行論・壹行》。
	「孔子曰：吾於甘棠」至「道也」節。	《說苑・貴德》。
	「子路戎服見於孔子」至「請攝齊以受教」節。	《說苑・貴德》。
	「楚王出遊」至「何必楚也」節。	《說苑・至公》。
	「孔子爲魯司寇」至「當從某子幾是」節。	《說苑・至公》。
	「孔子問漆雕憑曰」至「孰克如此」節。	《說苑・權謀》。
	「魯公索氏」至「未之有也」節。	《說苑・權謀》。
	「虞芮二國爭田而訟」至「至矣哉」節。	《詩・緜》毛傳、《尙書大傳》、《說苑・君道》。
	「曾子曰：狎甚則相簡」至「孰謂參也不知禮乎」節。	《說苑・說叢》。
	「哀公問曰：紳委章甫」至「君子所以知」節。	《荀子・哀公》。
	「孔子謂子路」至「小人反是」節。	闕
	「孔子謂子路」至「先之斯可從已」節。	闕
	「孔子曰：君子三患」至「君子恥之」節。	《禮記・雜記下》、《說苑・說叢》。
	「魯人有獨處室者」至「可謂智乎」節。	《詩・巷伯》毛傳。
	「孔子曰：小辯害義」至「固不可行也」節。	《淮南子・泰族訓》。
	「孔子謂子路曰」至「至矣哉」節。	闕
觀　周	「孔子謂南宮敬叔曰」至「蓋三千焉」節。	《左傳》、〈孔子世家〉。
	「孔子觀乎明堂」至「豈不惑哉」節	闕。
	「孔子觀周」至「豈以口過患哉」節。	《說苑・敬慎》。
	「孔子見老聃而問焉」至「則道不可以忘也」節。	《說苑・反質》。

弟子行	全篇。	《大戴禮記・衛將軍文子》。
賢　君	「哀公問於孔子曰」至「不亦可乎」節。	《說苑・尊賢》。
	「子貢問於孔子曰」至「未聞二子之達賢己之才者也」節。	《韓詩外傳七》、《說苑・臣術》。
	「哀公問於孔子曰」至「此謂忘其身之甚矣」節。	《尸子》,《太平御覽》引、《說苑・敬慎》。
	「顏淵將西遊於宋」至「不亦晚乎」節。	《說苑・敬慎》。
	「孔子讀詩」至「無所自容也」節。	《說苑・敬慎》。
	「子路問於孔子曰」至「豈可得乎」節。	《說苑・尊賢》。
	「孔子閒處」至「惡有有道而無下天下君子哉」節。	《說苑・尊賢》。
	「齊景公來適魯」至「善哉」節。	《說苑・尊賢》。
	「哀公問政於孔子」至「未有子富而父母貧者也」節。	《說苑・政理》。
	「衛靈公問於孔子曰」至「則反己之謂也」節。	《呂氏春秋・季春紀・先巳》、《說苑・政理》。
	「孔子見宋君」至「唯欲行之云耳」節。	《說苑・政理》。
辯　政	「子貢問於孔子曰」至「豈同乎哉」節。	《韓非子・難三》、《尚書大傳》。
	「孔子曰：忠臣之諫君」至「吾從其風諫乎」節。	《說苑・正諫》。
	「子曰：夫道不可不貴也」至「此謂是與」節。	《說苑・權謀》。
	「楚王將遊荊臺」至「抑之於百世之後者也」節。	《說苑・正諫》、《戰國策》、《淮南子・道應篇》。
	「子貢問于孔子曰」至「而加愛敬」節。	〈仲尼弟子列傳〉。
	「齊有一足之鳥」至「信而徵矣」節。	《說苑・辯物》。
	「孔子謂宓子賤曰」至「惜乎不齊之以所治者小也」節。	《說苑・政理》、《韓詩外傳八》。
	「子貢爲信陽宰」至「故君子無所不慎焉」節。	《說苑・政理》。
	「子路治蒲三年」至「庸盡其美乎」節。	《韓詩外傳六》。
六　本	「孔子曰：行己有六本焉」至「君子之道也」節。	《說苑・建本》。
	「孔子曰：良藥苦於口而利於病」至「而交友無絕也」節。	《說苑・正諫》。
	「孔子見齊景公」至「於是遂行」節。	《呂氏春秋・離俗覽・高義》、《說苑・立節》。
	「孔子在齊」至「過人遠矣」節。	《說苑・權謀》。
	「子夏三年之喪畢」至「不亦可乎」節。	《詩・素冠》毛傳、《禮記・檀公上》、《說苑・修文》。
	「孔子曰：無體之禮」至「而況人乎」節。	《說苑・修文》、《尸子》,《太平御覽》引。

	「孔子見羅雀者所得」至「而有危亡之敗也」節。	《說苑・敬慎》。
	「孔子讀易」至「而終身奉行焉」節。	《說苑・敬慎》。
	「子路問於孔子曰」至「難哉」節。	《說苑・建本》。
	「曾子耘瓜」至「遂造孔子而謝過」節。	《韓詩外傳八》、《說苑・建本》。
	「荊公子行年十五而攝荊相事」至「況荊乎」節。	《說苑・尊賢》。
	「子夏問於孔子曰」至「此其所以事吾而弗貳也」節。	《列子・仲尼》、《說苑・雜言》、《淮南子・人間訓》。
	「孔子遊於泰山」至「能自寬者也」節。	《列子・天瑞》、《說苑・雜言》
	「孔子曰：回有君子之道四焉」至「以自知終不及二子者也」節。	《說苑・雜言》。
	「孔子曰：吾死之後」至「是以君子必慎其所與處者焉」節。	《說苑・雜言》。
	「曾子從孔子之齊」至「以其輔之者眾」節。	《晏子春秋・內篇雜上》、《荀子・大略》、《說苑・雜言》。
	「孔子曰：以富貴而下人」至「欲窮不可得也」節。	《說苑・雜言》。
	「孔子曰：中人之情也」至「是中人所由之令」節。	《說苑・雜言》。
	「孔子曰：巧而好度」至「可立而待」節。	《荀子・仲尼》、《說苑・雜言》。
	「齊高庭問於孔子曰」至「可不慎乎」節。	《說苑・雜言》。
辯　物	「季桓子穿井」至「土之怪羵羊也」節。	《國語》、《說苑・辯物》、《韓詩外傳》佚文見《緯略》。
	「吳伐越」至「數之極也」節。	《國語》。
	「孔子在陳」至「金櫝如之」節。	《國語》。
	「郯子朝魯」至「學在四夷猶信」節。	《左傳》。
	「邾隱公朝于魯」至「是賜多言」節。	《左傳》。
	「孔子在陳」至「未若專其道而行其化之善也」節	《左傳》。
	「陽虎既奔齊」至「非一世可知也」節。	《左傳》。
	「季康子問於孔子曰」至「再失闈也」節。	《左傳》。
	「吳王夫差將與哀公見晉侯」至「非說者之拙也」節。	《左傳》。
	「叔孫氏之車士曰子鉏商」至「吾是以傷焉」節。	《左傳》、《公羊傳》、《孔叢子・記問》。
哀公問政	「哀公問政於孔子」至「懼不能果行而獲罪咎」節。	《禮記・中庸》。
	「宰我問於孔子曰」至「文王為能得之矣」節。	《禮記・祭義》。

顏 回	「魯定公問於顏回曰」至「豈足多哉」節。	《莊子・達生》、《荀子・哀公》、《呂氏春秋・離俗覽・適威》、《韓詩外傳二》、《新序・雜事五》。
	「孔子在衛」至「善於識音矣」節。	《說苑・辯物》。
	「顏淵問於孔子曰」至「德之盛也」節。	《說苑・辯物》。
	「顏回問於孔子曰」至「順事恕施」節。	《左傳》。
	「顏回問君子」至「小子勉之」節。	闕。
	「仲孫何忌問于顏回曰」至「斯知其所由矣」節。	闕。
	「顏回問小人」至「小人也」節。	闕。
	「顏回謂子路曰」至「盍日思也夫」節。	闕。
	「顏回問于孔子曰」至「退而相惡」節。	闕。
	「顏回問朋友之際如何」至「仁矣夫」節。	闕。
	「叔孫武叔見未仕于顏回」至「無攻人之惡」節。	闕。
	「顏回謂子貢曰」至「不可不思也」節。	闕。
子路初見	「子路初見孔子」至「敬受教」節。	《說苑・建本》。
	「子路將行」至「其禮也」節。	《說苑・雜言》。
	「孔子為魯司寇」至「故政事莫如應之」節。	《說苑・政理》。
	「孔子兄子有孔蔑者」至「則子賤焉取此」節。	《說苑・政理》。
	「孔子侍坐於哀公」至「善哉」節。	《韓非子・外儲說左》。
	「子貢曰：陳靈公宣婬於朝」至「其泄冶之謂乎」節。	《左傳》。
	「孔子相魯」至「聊以卒歲」節。	〈孔子世家〉。
	「澹臺子羽有君子之容」至「則失之宰予」節。	《韓非子・顯學》〈仲尼弟子列傳〉。
	「孔子曰君子以其所不能畏人」至「小人抑人而取勝焉」節。	闕。
	「孔蔑問行己之道」至「唯智者有之」節。	《說苑・雜言》。
在 厄	「楚昭王聘孔子」至「吾為爾宰」節。	《荀子・宥坐》、《韓詩外傳七》、《說苑・雜言》、〈孔子世家〉。
	「子路問於孔子曰」至「無一日樂也」節。	《荀子・子道》、《說苑・雜言》。
	「曾子敝衣而耕於魯」至「參之言足以全其節也」節。	《說苑・立節》。
	「孔子厄於陳蔡」至「二三子由此乃服之」節。	《呂氏春秋・審分覽・任數》。

入 官	全篇。	《大戴禮記・子張問入官》。
困 誓	「子貢問於孔子曰」至「大哉乎死也」節。	《列子・天瑞》、《荀子・大略》、《韓詩外傳八》。
	「孔子自衛將入晉」至「作槃操以哀之」節。	〈孔子世家〉《說苑・權謀》、《新序》(《三國志・魏書・劉廙傳》注引,今無)、《孔叢子・記問》。
	「子路問於孔子曰」至「何謂無孝名乎」節。	《荀子・子道》、《韓詩外傳九》。
	「孔子遭厄於陳蔡之間」至「於是乎在」節。	《說苑・雜言》。
	「孔子之宋」至「匡人解甲而罷」節。	《韓詩外傳六》、《說苑・雜言》。
	「孔子曰:不觀高崖」至「則無累於身矣」節。	《說苑・雜言》。
	「子貢問於孔子曰」至「為人下者以此也」節。	《荀子・堯問》、《韓詩外傳七》、《說苑・雜言》。
	「孔子適鄭」至「然乎哉」節。	《韓詩外傳九》、〈孔子世家〉。
	「孔子適衛」至「孔子乃逝」節。	〈孔子世家〉。
	「衛蘧伯玉賢而靈公不用」至「不可謂直乎」節。	《新書》《韓詩外傳七》《新序・雜事一》、《大戴禮記・保傅》。
五帝德	全篇。	《大戴禮記・五帝德》。
五 帝	全篇。	《呂氏春秋・月令》、《禮記・月令》、《左傳》、《禮記・檀弓上》。
執 轡	「閔子騫為費宰」至「治國之要」節。	《大戴禮記・子張問入官》。
	「子夏問於孔子曰」至「各言其所能」節。	《大戴禮記・易本命》。
本命解	「魯哀公問於孔子曰」至「聖人因殺以制節也」節。	《大戴禮記・本命》、《禮記・喪服四制》。
論 禮	「孔子閒居」至「煥若發矇焉」節。	《禮記・仲尼燕居》。
	「子夏侍坐於孔子曰」至「弟子敢不志之」節。	《禮記・孔子閒居》。
觀鄉射	「孔子觀於鄉射」至「能用命矣」節。	《禮記・郊特牲、射義》。
	「孔子曰:吾觀於鄉」至「而知王道之易易也」節。	《禮記・鄉飲酒義》、《荀子・樂論》。
	「子貢觀於蜡」至「文武之道也」節。	《禮記・雜記下》。
郊 問	全篇。	《禮記・郊特牲、禮器》。
五刑解	「冉有問於孔子曰」至「而殺人為下矣」節。	《大戴禮記・盛德》。
刑 政	全篇。	《禮記・王制》。

禮 運	全篇。	《禮記・禮運》。
冠 頌	全篇。	《儀禮・士冠禮》、《禮記・郊特牲》、《禮記・冠義》、《大戴禮・公冠》、《說苑・修文》
廟 制	「衛將軍文子將立三軍之廟於其家」至「其廟皆不毀」節。	《禮記・王制、祭法》。
	「子羔問曰」至「況祖宗其功德而可以不尊奉其廟焉」節。	《國語》、《禮記・祭法》。
辯樂解	「孔子學琴於師襄子」至「其傳曰文王操」節。	《韓詩外傳五》、〈孔子世家〉。
	「子路鼓琴」至「其進矣乎」節。	《說苑・修文》、《禮記・樂記》《史記・樂書》、《尸子》（《文選・琴賦》注引）。
	「周賓牟賈侍坐於孔子」至「不亦宜乎」節。	《禮記・樂記》。
問 玉	「子貢問於孔子曰」至「故君子貴之也」節。	《禮記・聘義》、《荀子・法行》。
	「孔子曰：入其國」至「三代之德也」節。	《禮記・經解》、《韓詩外傳五》、《禮記・孔子閒居》、《淮南子・泰族訓》。
	「子張問聖人之所以教」至「皆由此塗出也」節。	《禮記・仲尼燕居》。
屈節解	「子路問于孔子曰」至「志達而不犯于義」節。	闕。
	「孔子在衛」至「愼言哉」節。	〈仲尼弟子列傳〉。
	「孔子弟子有宓子賤者」至「宓子行此術於單父也」節。	《呂氏春秋・審應覽・具備》、《新序・雜事二》、《新書》、《淮南子・道應訓》。
	「孔子之舊曰原壤」至「故者不失其爲故也」節。	《禮記・檀弓下》。
七十二弟子解	全篇。	〈仲尼弟子列傳〉。
	「卜商衛人」至「而諮國政焉」節。	《呂氏春秋・愼行論・察傳》。
	「曾參」至「庸知其得免於非乎」節。	《白虎通》。
本姓解	「孔子之先」至「世爲宋卿」節。	《史記・宋微子世家》。
	「弗父何生宋父周」至「字仲尼」節。	《世本》，《詩・商頌・那》正義引、〈孔子世家〉。
	「孔子三歲而叔梁紇卒」至「先孔子卒」節。	闕。
	「齊太史子與適魯」至「天何與焉」節。	闕。
終記解	「孔子晨作」至「時年七十三矣」節。	《禮記・檀弓上》。
	「哀公誄曰」至「君兩失之矣」節。	《左傳》、《禮記檀弓上》。
	「既卒」至「可也」節。	《禮記・檀弓上》。
	「孔子之喪」至「且備古也」節。	《禮記・檀弓上》、《玉藻》。
	「葬於魯城北泗水上」至「何觀乎哉」節。	《禮記・檀公上》。
	「二三子三年喪畢」至「因名其居曰孔里焉」節。	〈孔子世家〉。

正論解	「孔子在齊」至「君子韙之」節。	《左傳》。
	「齊國書伐魯」至「季孫於是乎可謂悅人之有能矣」節。	《左傳》。
	「南容說仲孫何忌」至「是類也夫」節。	《左傳》。
	「衛孫文子得罪於獻公」至「可謂善改過矣」節。	《左傳》。
	「孔子覽晉志」至「越境乃免」節。	《左傳》。
	「鄭伐陳」至「小子慎哉」節。	《左傳》。
	「楚靈王汰侈」至「順哉」節。	《左傳》。
	「叔孫穆子」至「昭子有焉」節。	《左傳》。
	「晉邢侯與雍子爭田」至「由義也夫」節。	《左傳》。
	「鄭有鄉校」至「吾不信也」節。	《左傳》。
	「晉平公會諸侯于平丘」至「禮也」節。	《左傳》。
	「鄭子產有疾」至「古之遺愛」節。	《左傳》。
	「孔子適齊」至「苛政猛於暴虎」節。	《禮記‧檀弓上》。
	「晉魏獻子為政」至「其長有後於晉國乎」節。	《左傳》。
	「趙簡子賦晉國一鼓鐘」至「若之何其為法乎」節。	《左傳》。
	「楚昭王有疾」至「由己率常可矣」節。	《左傳》、《說苑‧君道》、《韓詩外傳三》。
	「衛孔文子使太叔疾出其妻」至「將大用之」節。	《左傳》、〈孔子世家〉、《孔叢子‧記問》。
	「齊陳恆弒其君簡公」至「吾不敢不告也」節。	《左傳》。
	「子張問曰」至「其義一也」節。	《禮記‧檀弓下》。
	「衛孫桓子侵齊」至「不可止也」節。	《左傳》。
	「公父文伯之母」至「可謂不過矣」節。	《國語》。
	「樊遲問於孔子曰」至「葵猶能衛其足」節。	《左傳》。
	「季康子欲以一井田出法賦焉」至「又何訪焉」節。	《左傳》、《國語》。
	「子游問於孔子曰」至「是愛無教也」節。	《禮記‧仲尼燕居》、《說苑‧政理》。
	「哀公問於孔子曰」至「弗能成」節。	《禮記‧祭義》。
	「哀公問於孔子曰」至「東益不與焉」節。	《新序‧雜事五》、《淮南子‧人間訓》。
	「孔子適季孫」至「一切不得復言假也」節。	《韓詩外傳五》、《新序‧雜事五》。

	「子貢問於孔子曰」至「亦書其率諸侯事天子而已」節。	《左傳》。
	「孔子在宋」至「而後循禮施散焉」節。	《禮記‧檀弓上》。
	「孔子在齊」至「此賢君自貶以救民之禮也」節。	《禮記‧雜記下、曲禮下》。
	「孔子適季氏」至「可也」節。	《禮記‧檀弓上》。
	「孔子為大司寇」至「故拜之」節。	《禮記‧雜記下》。
	「子貢問曰」至「下不偪上」節。	《禮記‧雜記下、禮器》。
	「冉求曰：昔文仲知魯國之政」至「猶不備也」節。	《禮記‧禮器》。
	「子路問於孔子曰」至「有詔則無討」節。	《禮記‧檀弓》。
	「晉將伐宋」至「弗可敵也」節。	《禮記‧檀弓下》。
	「楚伐吳」至「吾取其有不忍殺人之心而已」節。	《禮記‧檀弓下》。
	「孔子在衛」至「喪事則從其質而已矣」節。	《禮記‧檀弓上、下》。
	「宣公八年」至「卿卒不繹」節。	《禮記‧檀弓下》。
	「季桓子喪」至「何以除焉」節。	闕。
曲禮子貢問	「邾人以同母異父之昆弟死」至「況其子乎」節。	《儀禮‧喪服》、《禮記‧喪服小記》、《禮記‧檀弓上》。
	「齊師侵魯」至「可無殤乎」節。	《左傳》、《禮記‧檀弓下》。
	「魯昭公夫人吳孟子卒」至「禮也」節。	《左傳》。
	「公父穆伯之喪」至「上下有章」節。	《國語》、《禮記‧檀弓下》。
	「南宮縚之妻」至「而總八寸」節。	《禮記‧檀弓上》。
	「子張有父之喪」至「吾從其至也」節。	《禮記‧檀弓上》。
	「孔子在衛」至「我未之能也」節。	《禮記‧檀弓上》。
	「卞人有母死而孺子之泣者」至「而變除有期」節。	《禮記‧檀弓上》。
	「孟獻子禫懸而不樂」至「獻子可謂加於人一等矣」節。	《禮記‧檀弓上》。
	「魯人有朝祥而暮歌者」至「踰月則其善」節。	《禮記‧檀弓上》。
	「子路問於孔子曰」至「貧何傷乎」節。	《禮記‧檀弓下》。
	「吳延陵季子聘于上國」至「其合矣」節。	《禮記‧檀弓下》、《說苑‧修文》。
	「子游問喪之具」至「不若禮不足而敬有餘也」節。	《禮記‧檀弓上》。
	「伯高死於衛」至「是冉求也」節。	《禮記‧檀弓上》。
	「子路有姊之喪」至「遂除之」節。	《禮記‧檀弓上》。
	「伯魚之喪母也」至「遂除之」節。	《禮記‧檀弓上》。
	「衛公使其大夫求婚於季氏」至「此先王不易之教也」節。	《禮記‧大傳》。
	「有若問於孔子曰」至「所以謙也」節。	《禮記‧大傳》。

曲禮子夏問	「子夏問於孔子曰」至「則執兵而陪其後」節。	《禮記・檀弓上》。
	「子夏問三年之喪既卒哭」至「吾弗知也」節。	《禮記・曾子問》。
	「子夏問於孔子曰」至「周公優爲也」節。	《禮記・文王世子》。
	「子夏問於孔子曰」至「由文矣哉」節。	《禮記・檀弓上、雜記下》。
	「子夏問於夫子曰」至「非爲飾也」節。	《禮記・雜記下》。
	「子夏問於孔子曰」至「蓋得其道矣」節。	《禮記・檀弓上》。
	「孔子食於季氏」至「則客不敢不盡禮也」節。	《禮記・玉藻、雜記下》。
	「子夏問曰」至「有君命焉」節。	《禮記・雜記下》。
	「子貢問居父母喪」至「則存乎書也矣」節。	《禮記・雜記下》。
	「子貢問於孔子曰」至「吾從殷」節。	《禮記・檀弓下》。
	「子貢問曰」至「達於禮者也」節。	《禮記・雜記下》。
	「子游問曰」至「始則魯孝公之爲也」節。	《禮記・曾子問》。
	「孔子適衛」至「小子行焉」節。	《禮記・檀弓上》。
	「齊晏桓子卒」至「義也夫」節。	《左傳》、《晏子春秋・內篇雜上》。
	「子路問於孔子曰」至「則不非其大夫」節。	《荀子・子道》。
	「叔孫武叔之母死」至「君子不舉人以質士」節。	《禮記・檀弓上》。
	「季平子卒」至「乃止」節。	《左傳》、《呂氏春秋・孟冬紀・安死》。
	「孔子之弟子琴張」至「琴張乃止」節。	《左傳》。
	「郰人子蒲卒」至「遂改之」節。	《禮記・檀弓上》。
	「公父文伯卒」至「明其子爲令德也」節。	《國語》、《禮記・檀弓上》、《戰國策》、《史記・虞卿傳》、《新序・善謀》、《韓詩外傳一》。
	「子路與子羔仕於衛」至「吾何忍食此」節。	《左傳》、《禮記・檀弓上》。
	「季桓子死」至「女何疑焉」節。	《禮記・檀弓上》。
	「孔子有母之喪」至「示所以不非也」節。	闕。
	「顏回死」至「不有笭也」節。	《儀禮・士喪禮》。
	「原思言於曾子曰」至「不殆於用殉也」節。	《禮記・檀弓上、下》。
	「子罕問於孔子曰」至「周朝而後遂葬」節。	《禮記・檀弓下》。
	「孔子之守狗死」至「無使其首陷於土焉」節。	《禮記・檀弓下》
曲禮公西赤問	「公儀仲子嫡子死」至「周制立孫」節。	《禮記・檀弓上》。
	「孔子之母既喪」至「而成笙歌」節。	《禮記・檀弓上、下》。
	「子游問於孔子曰」至「不殆於用殉也」節。	《禮記・檀弓下》。
	「子游問於孔子曰」至「不殆於用人乎」節。	《禮記・檀弓下》。
	「顏淵之喪既祥」至「而後乃食之」節。	《禮記・檀弓上》。
	「孔子嘗」至「亦各有所當也」節。	《禮記・祭義》。
	「子路爲季氏宰」至「孰謂由也而不知禮」節。	《禮記・禮器》。

主要參考書目

一、古籍類

（一）經　部

1. 〔魏〕王弼注、〔晉〕韓康伯注、〔唐〕孔穎達等正義：《周易正義》（臺北：藝文印書館，1997年，據清阮元校刻十三經注疏本景印，以下皆同）。
2. 〔漢〕孔安國傳、〔唐〕孔穎達等正義：《尚書正義》。
3. 〔漢〕毛公傳、〔漢〕鄭玄箋、〔唐〕孔穎達等正義：《毛詩正義》。
4. 〔漢〕鄭玄注、〔唐〕賈公彥疏：《周禮注疏》。
5. 〔漢〕鄭玄注、〔唐〕賈公彥疏：《儀禮注疏》。
6. 〔漢〕鄭玄注、〔唐〕孔穎達等正義：《禮記正義》。
7. 〔晉〕杜預集解、〔唐〕孔穎達等正義：《春秋左傳正義》。
8. 〔漢〕何休解詁、〔唐〕徐彥疏：《春秋公羊傳注疏》。
9. 〔晉〕范寧集解、〔唐〕楊士勛疏：《春秋穀梁傳注疏》。
10. 〔魏〕何晏等集解、〔宋〕邢昺等疏：《論語注疏》。
11. 〔唐〕李隆基注、〔宋〕邢昺等疏：《孝經注疏》。
12. 〔晉〕郭璞注、〔宋〕邢昺等疏：《爾雅注疏》。
13. 〔漢〕趙岐注、〔宋〕孫奭等疏：《孟子注疏》。

（二）史　部

1. 〔漢〕司馬遷著、〔宋〕裴駰集解、〔唐〕司馬貞索隱、〔唐〕張守節正義：《史記》（北京：中華書局廿四史點校本，1982年，以下皆同）。
2. 〔漢〕班固著、〔唐〕顏師古注：《漢書》。

3. 〔宋〕范曄著、〔唐〕李賢注：《後漢書》。

4. 〔晉〕陳壽著、〔宋〕裴松之注：《三國志》。

5. 〔唐〕房玄齡等著：《晉書》。

6. 〔梁〕沈約著：《宋書》。

7. 〔梁〕蕭子顯著：《南齊書》。

8. 〔唐〕姚思廉著：《梁書》。

9. 〔唐〕姚思廉著：《陳書》。

10. 〔北齊〕魏收著：《魏書》。

11. 〔唐〕李百藥著：《北齊書》。

12. 〔唐〕令狐德棻著：《周書》。

13. 〔唐〕魏徵等著：《隋書》。

14. 〔唐〕李延壽著：《南史》。

15. 〔唐〕李延壽著：《北史》。

16. 〔後晉〕劉昫著：《舊唐書》。

17. 〔宋〕歐陽修、宋祁等著：《新唐書》。

18. 〔宋〕薛居正等著：《舊五代史》。

19. 〔宋〕歐陽修著：《五代史記》。

20. 〔元〕脫脫等著：《宋史》。

21. 〔元〕脫脫等著：《遼史》。

22. 〔元〕脫脫等著：《金史》。

23. 〔明〕宋濂等著：《元史》。

24. 〔清〕張廷玉等著：《明史》。

（三）子　部

1. 〔魏〕王肅注：《孔子家語》，收入黃永武編：《敦煌寶藏》（臺北：新文豐，1981～1986年，據敦煌殘卷本斯1891景印，第2輯，第14冊）。

2. 〔魏〕王肅注：《孔子家語》，收入《景印文淵閣四庫全書》（臺北：臺灣商務印書館，1983年，第695冊）。

3. 〔魏〕王肅注：《孔子家語》（臺台：臺灣中華書局，1968年，據清光緒二十四年貴池劉氏景印）。

4. 〔元〕王廣謀著：《標題句題孔子家語》（臺北：國家圖書館藏元刊本）。

5. 〔元〕王廣謀著：《新刊標題孔子家語句解》（臺北：國家圖書館藏元泰定二年崇文書塾刊本）。

6. 〔元〕王廣謀著：《新刊標題明解聖賢語論》，收入《四庫全書存目叢書》

（臺南：莊嚴，1995 年，據上海圖書館藏明嘉靖十二年刻本景印，子部，儒家類，第 6 冊）。

7. 〔元〕劉祥卿著：《新編孔子家語句解》，收入《續修四庫全書》（上海：上海古籍出版社，1997 年，據北京圖書館藏元至正廿七年清泉劉祥卿家刻本景印，第 931 冊）。

8. 〔明〕何孟春注：《孔子家語》，收入《四庫全書存目叢書》（臺南：莊嚴，1995 年，據中國歷史博物館藏明正德十六年刻本景印，子部，儒家類，第 1 冊）。

9. 〔明〕何孟春注：《孔子家語》（臺北：國家圖書館藏明末永明書院刻本）。

10. 〔明〕吳嘉謨著：《孔聖家語圖》，收入《中國古代版畫叢刊》（上海：上海古籍出版社，1994 年，據明萬曆十七年刻本景印，第 2 編，第 3 輯）。

11. 〔明〕張鼐著：《新鍥侗初張先生注釋孔子家語雋》，收入《中國子學名著集成》（臺北：中國子學名著集成編印基金會，1978 年，據明萬曆中建陽蕭世熙刊本景印，珍本初編，儒家子部，第 21 冊）。

12. 〔明〕陳際泰著：《新刻註釋孔子家語憲》，收入《四庫未收書輯刊》（北京：北京出版社，1997 年，據明末劉舜臣刻本景印，第 3 輯，第 21 冊）。

13. 〔明〕劉宗周著：《孔子家語考次》，收入《續修四庫全書》（上海：上海古籍出版社，1997 年，據北京圖書館藏明末正氣堂鈔本景印，子部，儒家類，第 931 冊）；又見戴璉璋、吳光等主編點校：《劉宗周全集》（臺北：中央研究院中國文哲所，1996 年），第 4 冊，頁 355～431。

14. 〔明〕鄒德溥著：《新鍥臺閣清謳補註孔子家語》（明萬曆中建陽喬山堂劉龍田刊本）。

15. 〔明〕楊守勤著：《鼎刻楊先生注釋孔聖家語》（明萬曆卅四年建陽存德堂陳氏刊本）。

16. 〔明〕顧錫疇著：《鼎鋟二翰林校正句解評釋孔子家語正印》（明天啓三年怡慶堂余完初刊本）。

17. 〔明〕張溥著：《新刻張天如太史評釋孔聖家語》（明末熊氏刊本）。

18. 〔明〕何棠等著：《標注家語十卷附集語》（明末刊本）。

19. 〔明〕周宗建著：《新刻注釋孔子家語衡》（明末建陽喬山堂劉大易刊本）。

20. 〔清〕姜兆錫著：《家語正義》，收入《四庫全書存目叢書》（臺南：莊嚴，1995 年，據中國科學院圖書館藏清雍正十一年寅清樓刻本景印，子部，儒家類，第 1 冊）。

21. 〔清〕任兆麟編：《家語述記》，收入《四庫未收書輯刊》（北京：北京出版社，2000 年，據清乾隆五十二年任氏映雪草堂刻本景印，第 9 輯，第 15 冊）。

22. 〔清〕范家相著：《家語證偽》，收入《續修四庫全書》（上海：上海古籍

出版社，1997 年，據浙江圖書館藏清光緒十五年徐氏刻鑄學齋叢書本景印，子部，儒家類，第 931 冊）。

23. 〔清〕陳士珂著：《孔子家語疏證》（臺北：文海出版社，1968 年，據清嘉慶廿三年刊本景印）。

24. 〔清〕孫志祖著：《家語疏證》，收入《續修四庫全書》（上海：上海古籍出版社，1997 年，據天津圖書館藏清嘉慶刻本景印，子部，儒家類，第 931 冊）。

25. 〔清〕張鈚著：《家語集註》（臺北：國家圖書館藏清光緒十五年著者手定底稿本）。

26. 〔清〕孫詒讓著：〈《孔子家語》校記〉，見〔清〕孫詒讓著、雪克輯點：《籀廎遺著輯存》（濟南：齊魯書社，1987 年），頁 253～281。

二、近人專著

（一）《孔子家語》相關

1. 楊朝明等譯注：《孔子家語通解》（臺北：萬卷樓出版社，2005 年）。

2. 陳漁、夏雨虹主編：《孔子家語》（長春：吉林人民出版社，2005 年）。

3. 北方婦女兒童出版社編：《孔子家語》（長春：北方婦女兒童出版社，2001 年）。

4. 張濤注譯：《孔子家語注譯》（西安：三秦出版社，1998 年）。

5. 王德明等譯注：《孔子家語譯注》（桂林：廣西師範大學出版社，1998 年）。

6. 廖名春、鄒新明點校：《孔子家語》（瀋陽：遼寧教育出版社，1997 年）。

7. 羊春秋譯：《新譯孔子家語》（臺北：三民書局，1996 年）。

8. 楊曉芬整理、錢杭審閱、朱維錚復審：《孔子家語》（海口：海南國際出版中心，1996 年）。

9. 劉樂賢等編：《孔子家語》（北京：燕山出版社，1995 年）。

10. 劉殿爵編：《孔子家語逐字索引》（臺北：臺灣商務印書館，1992 年）。

11. 顧頡剛：〈孔子家語五帝篇〉，見顧頡剛：《中國上古史講義》（北京：中華書局，1988 年），頁 334～355。

12. 李振興：《王肅之經學》（臺北：嘉新水泥公司文化基金會叢書，1980 年）。

13. 王重民：《敦煌古籍敘錄·孔子家語》，收入嚴靈峯編：《書目類編》（臺北：成文出版社，1978 年，第 82 冊），總頁 36727～36728。

14. 金其源：〈孔子家語〉，見金其源：《讀書管見》（上海：商務印書館，1957 年），頁 340～342。

（二）其　他

1. 吳雁南編：《中國經學史》，（福州：福建人民出版社，2001 年）。
2. 章權才：《魏晉南北朝隋唐經學史》（廣州：廣東人民出版社，1996 年）。
3. 林登順：《魏晉南北朝儒學流變之省察》（臺北：文津出版社，1996 年）。
4. 陳金木：《皇侃之經學》（臺北：國立編譯館，1995 年）。
5. 簡博賢：《今存三國兩晉經學遺籍考》（臺北：三民書局，1986 年）。
6. 戴君仁：《戴靜山先生全集》（臺北：戴顧志鵷印行，1980 年）。
7. 簡博賢：《今存南北朝經學遺籍考》（臺北：黎明文化，1975 年）。

三、碩博士論文

（一）《孔子家語》相關

1. 劉萍：《《孔子家語》與孔子弟子研究——以〈弟子行〉和〈七十二弟子解〉為中心》（曲阜：曲阜師範大學碩士論文，2006 年）。
2. 化濤：《清代《孔子家語》研究綜述》（曲阜：曲阜師範大學碩士論文，2006 年）。
3. 王政之：《王肅《孔子家語》注研究》（曲阜：曲阜師範大學碩士論文，2006 年）。
4. 南金花：《王肅《周易注》及其易學思想》（北京：中國人民大學碩士論文，2005 年）。
5. 孫海輝：《孔子與老子關係——以《孔子家語》為中心》（曲阜：曲阜師範大學碩士論文，2004 年）。
6. 張岩：《《孔子家語》之〈子路初見〉篇、〈論禮〉篇研究》（北京：清華大學碩士論文，2004 年）。
7. 姜贊洙：《《孔子家語》研究》（臺北：政治大學中國文學系碩士論文，2000 年）。

（二）其　他

1. 張寶三：《五經正義研究》（臺北：國立臺灣大學中國文學系博士論文，1992 年）。
2. 汪惠敏：《南北朝經學初探》，（臺北：輔仁大學中國文學研究所碩士論文，1976 年）。

四、期刊論文

（一）阜陽漢簡相關

1. 朱淵清：〈阜陽雙古堆 1 號木牘箚記二則〉，《齊魯學刊》2002 年，第 4 期總第 169 期，頁 17～21。

2. 胡平生：〈阜陽雙古堆漢簡與《孔子家語》〉，《國學研究》2000 年 7 月，第 7 卷，頁 515～546。

3. 阜陽漢簡整理組（文物局古文獻研究室、安徽省阜陽地區博物館）：〈阜陽漢簡簡介〉，《文物》1983 年，第 2 期總第 321 期，頁 21～23。

4. 阜陽漢簡整理組（文物局古文獻研究室、安徽省阜陽地區博物館）：〈阜陽漢簡《蒼頡篇》〉，《文物》1983 年，第 2 期總第 321 期，頁 24～34。

5. 胡平生、韓自強：〈《蒼頡篇》的初步研究〉，《文物》1983 年，第 2 期總第 321 期，頁 35～40。

6. 安徽省文物工作隊、阜陽地區博物館、阜陽縣文化局：〈阜陽雙古堆西漢汝陰侯漢墓發掘簡報〉，《文物》1978 年，第 8 期，頁 12～31。

（二）定縣漢簡相關

1. 寧鎮疆：〈八角廊漢簡〈儒家者言〉與《孔子家語》相關章次疏證〉，《古籍整理研究學刊》2004 年 9 月，第 5 期，頁 5～15。

2. 左松超：〈論《儒家者言》及其與《說苑》之關係〉，《第一屆先秦學術國際研討會論文集》（高雄：國立高雄師範大學，1992 年），頁 255～296；後收入左松超：《說苑集證》（臺北：國立編譯館，2001 年），下冊，頁 1422～1480。

3. 河北省文物研究所：〈河北定縣 40 號漢墓發掘簡報〉，《文物》1981 年，第 8 期總第 303 期，頁 1～10。

4. 定縣漢墓整理組（國家文物局古文獻研究室、河北省博物館、河北省文物研究所）：〈定縣 40 號漢墓出土竹簡簡介〉，《文物》1981 年，第 8 期總第 303 期，頁 11～12。

5. 定縣漢墓整理組（國家文物局古文獻研究室、河北省博物館、河北省文物研究所）：〈《儒家者言》釋文〉，《文物》1981 年，第 8 期總第 303 期，頁 13～19。

6. 何直剛：〈《儒家者言》略說〉，《文物》1981 年，第 8 期總第 303 期，頁 20～22。

7. 王東明、馮景昶、羅揚：〈從定縣漢墓竹簡看西漢隸書〉，《文物》1981 年，第 8 期總第 303 期，頁 23+76。

（三）上博簡相關

1. 廖名春、張岩：〈從上博簡〈民之父母〉「五至」說論《孔子家語·論禮》的眞僞〉，《湖南大學學報》（社會科學版）2005 年 9 月，第 19 卷第 5 期，頁 6～10+32。

2. 寧鎮疆：〈由出土文獻再說《孔子家語》的性質及其成書過程〉，《孔孟學報》2004 年 9 月，第 82 期，頁 131～159。

3. 劉冬穎：〈上博簡《民之父母》與孔子的「君子」觀念〉，《古籍整理研究學刊》2004 年 7 月，第 4 期，頁 16～18。

4. 姚小鷗、鄭永扣：〈論上海楚簡〈民之父母〉的「五至」說〉，《哲學研究》2004 年，第 4 期，頁 48～51。

5. 方旭東：〈二重證據法研究思想史之一例──上博簡〈民之父母〉篇論析〉，《學術月刊》2004 年，第 1 期，頁 60～67。

6. 龐樸：〈話說「五至三無」〉，《文史哲》2004 年，第 1 期總第 280 期，頁 71～76。

7. 晁福林：〈上博簡〈甘棠〉之論與召公奭史事探析──附論《尚書·召誥》的性質〉，《南都學壇》（人文社會科學學報）2003 年 9 月，第 23 卷第 5 期，頁 19～25。

（四）《孔子家語》相關

1. 寧鎮疆：〈《孔子家語》佚文獻疑及辨證〉，《中國典籍與文化》2006 年，第 4 期，頁 14～19。

2. 寧鎮疆：〈英藏敦煌寫本《孔子家語》的初步研究〉，《故宮博物院院刊》2006 年，第 2 期總第 124 期，頁 135～140。

3. 陳劍、黃海烈：〈論《禮記》與《孔子家語》的關係〉，《古籍整理研究學刊》2005 年 7 月，第 4 期，頁 59～64。

4. 謝明憲：〈「今《家語》」與「古《家語》」──《家語》在變動中的文獻意義〉，《清華中文學林》2005 年 4 月，第 1 期，頁 17～32。

5. 楊朝明：〈《禮運》成篇與學派屬性等問題〉，《中國文化研究》2005 年，春之卷，頁 24～34。

6. 楊朝明：〈出土文獻與《孔子家語》偽書案的終結〉，收入楊朝明編：《《孔子家語》通解》（臺北：萬卷樓，2005 年），頁 3～7。

7. 化濤：〈歷代《孔子家語》的流傳與研究〉，收入楊朝明編：《《孔子家語》通解》（臺北：萬卷樓，2005 年），頁 593～605。

8. 王政之：〈出土文獻與《孔子家語》研究述評〉，收入楊朝明編：《《孔子家語》通解》（臺北：萬卷樓，2005 年），頁 606～618。

9. 孫海輝：〈《孔子家語》成書問題考辨〉，收入黃懷信、李景明編：《儒家文

獻研究》(濟南：齊魯書社，2004 年)，頁 403～422；又收入楊朝明編：《《孔子家語》通解》(臺北：萬卷樓，2005 年)，頁 619～631。

10 張岩：〈《孔子家語》研究綜述〉，《孔子研究》2004 年，第 4 期，頁 112～114。

11. 李傳軍：〈《孔子家語》辨疑〉，《孔子研究》2004 年，第 2 期，頁 76～83。

12. 楊朝明：〈《論語》首章與《孔子家語·屈節》篇——孔子政治命運悲劇的兩個詮釋〉，收入黃懷信、李景明編：《儒家文獻研究》(濟南：齊魯書社，2004 年)，頁 11～26。

13. 楊朝明：〈讀《孔子家語》札記〉，收入黃懷信、李景明編：《儒家文獻研究》(濟南：齊魯書社，2004 年)，頁 381～402；又見《文史哲》2006 年，第 4 期總第 295 期，頁 43～51。

14. 劉彬：〈《孔子家語·執轡》篇易學象數發微〉，收入黃懷信、李景明編：《儒家文獻研究》(濟南：齊魯書社，2004 年)，頁 423～444。

15. 楊朝明：〈《孔子家語·執轡》篇與孔子的治國思想〉，收入楊朝明、修建軍編：《孔子與孔門弟子研究》(濟南：齊魯書社，2004 年)，頁 211～232。

16. 楊朝明：〈《孔子家語·顏回》篇與「顏氏之儒」〉，收入楊朝明、修建軍編：《孔子與孔門弟子研究》(濟南：齊魯書社，2004 年)，頁 408～418。

17. 楊朝明：〈《禮記·孔子閒居》與《孔子家語》〉，收入謝維揚、朱淵清主編：《新出土文獻與古代文明研究》(上海：上海大學出版社，2004 年)，頁 51～55。

18. 寧鎮疆：〈古書章次問題簡說——古書成書問題系列研究之一〉，收入謝維揚、朱淵清主編：《新出土文獻與古代文明研究》(上海：上海大學出版社，2004 年)，頁 312～317。

19. 劉彬：〈《孔子家語》等書中一段古資料的易學象數發微〉，收入社團法人中華民國易經學會編：《第四屆海峽兩岸青年易學論文發表會大會論文集》(臺北：社團法人中華民國易經學會，2003 年)，頁 114～127。

20. 朱淵清：〈《金人銘》研究——兼及《孔子家語》編定諸問題〉，收入饒宗頤主編：《華學》(北京：紫禁城出版社，2003 年)，第 6 輯，頁 201～216。

21. 金鎬：〈《孔子家語》版本源流考略〉，《故宮學術季刊》2002 年冬季，第 20 卷第 2 期，頁 165～201+210。

22. 王承略：〈論《孔子家語》的真偽及其文獻價值〉，《煙臺師範學院學報》(哲學社會科學版) 2001 年 9 月，第 18 卷第 3 期，頁 14～18；又收入周彥文主編：《文獻學研究的回顧與展望：第二屆中國文獻學學術研討會論文集》(臺北：臺灣學生書局，2002 年)，頁 17～26。

23. 朱淵清：〈《甘棠》與孔門《詩》傳〉，《中國哲學史》2002 年，第 1 期，頁 27～30。

24. 李傳軍：〈《孔子家語·致思篇》研究〉，《岱宗學刊》2000 年，第 4 期，頁 44〜47。

25. 項永琴：〈《孔子家語注譯》評介〉，《中國史研究動態》2000 年，第 3 期，頁 32。

26. 項永琴：〈《孔子家語注釋》出版〉，《河南大學學報》（社會科學版）1999 年，第 6 期，頁 51。

27. 張濤：〈關於《孔子家語》的一點認識〉，《山東圖書館季刊》1998 年，第 3 期，頁 36〜38。

28. 左松超：〈關於《說苑》成書的一些考察〉，《淡江大學中文學報》1997 年 12 月，第 4 期，頁 25〜35。

29. 王連生：〈從《孔子家語》看孔子思想價值的嬗變〉，《遼寧師範大學學報》（社科版）1997 年，第 1 期，頁 54〜57。

30. 王志平：〈《孔子家語》札記〉，收入王元化主編：《學術集林》（上海：上海遠東出版社，1996 年），第 9 卷，頁 119〜131。

31. 楊衛中：〈《孔子家語·七十二弟子解》考校〉，收入王叔岷先生八十壽慶論文集編輯委員會編：《王叔岷先生八十壽慶論文集》（臺北：大安出版社，1993 年），頁 115〜151。

32. 那薇：〈《孔子家語》中儒道兼綜的傾向〉，《孔子研究》1987 年，第 2 期，頁 65〜69+128。

（五）《孔叢子》相關

1. 楊軍：〈《孔叢子》考證〉，《蘇州科技學院學報》（社會科學版）2005 年 11 月，第 22 卷第 4 期，頁 49〜54。

2. 李健、孫少華：〈《孔叢子》的真偽問題〉，《渤海大學學報》（哲學社會科學版）2005 年 7 月，第 27 卷第 4 期，頁 31〜36。

3. 楊朝明：〈上博竹書〈從政〉篇與《子思子》〉，《孔子研究》2005 年，第 2 期，頁 17〜24+126。

4. 孔德立：〈《孔叢子》與子思生年問題〉，《齊魯學刊》2004 年，第 2 期總第 179 期，頁 26〜30。

5. 李存山：〈《孔叢子》中的「孔子詩論」〉，《孔子研究》2003 年，第 3 期，頁 8〜15。

6. 付亞庶：〈《孔叢子》偽書辨〉，《東北師大學報》（哲學社會科學版）1994 年，第 5 期，頁 80〜81。

（六）王肅相關或其他

1. 徐山：〈釋「丘頤」〉，《河南教育學院學報》（哲學社會科學版）2006 年，第 3 期，頁 112。

2. 連登崗：〈「望羊」補義〉，《辭書研究》2005 年，第 3 期，頁 200～202。

3. 黃少英：〈魏晉禮法之士的「德行」觀〉，《東方論壇》2005 年，第 3 期，頁 45～51。

4. 李傳軍：〈魏晉禪代與「鄭王之爭」——政權更迭與儒學因應關係的一個歷史考察〉，《孔子研究》2005 年，第 2 期，頁 78～85。

5. 任懷國：〈試論王肅的經學貢獻〉，《管子學刊》2005 年，第 1 期，頁 70～73。

6. 楊天宇：〈西周郊天禮考辨二題〉，《文史哲》2004 年，第 3 期總第 282 期，頁 91～96。

7. 樂勝奎：〈王肅禮學初探〉，《孔子研究》2004 年，第 1 期，頁 53～59。

8. 孫麗：〈琅琊王氏與南北文化交流〉，《臨沂師範學院學報》2003 年 10 月，第 22 卷第 5 期，頁 19～22。

9. 郝虹：〈王肅反鄭是經今古文融合的繼續〉，《孔子研究》2003 年，第 3 期，頁 83～88。

10. 張可禮：〈三國時期《詩經》學者著述敍錄及其啟示〉，《山東大學學報》（哲學社會科學版）2003 年，第 2 期，頁 60～66。

11. 郝虹：〈王肅《周易注》、王弼《周易注》與荊州學派關係初探〉，《大連大學學報》2003 年 2 月，第 24 卷第 1 期，頁 47～49。

12. 楊華：〈論《開元禮》對鄭玄和王肅禮學的擇從〉，《中國史研究》2003 年，第 1 期，頁 53～67。

13. 樂勝奎：〈王肅易學芻議〉，《周易研究》2002 年，第 4 期總第 54 期，頁 66～70。

14. 陳中浙、劉釗：〈儒家「六天」說辨析〉，《孔子研究》2002 年，第 3 期，頁 107～111。

15. 郭善兵：〈就宗廟制度的損益看魏晉時代之特徵〉，《許昌師專學報》2001 年，第 20 卷第 3 期，頁 39～43。

16. 郝虹：〈王肅與魏晉禮法之治〉，《東嶽論叢》2001 年 1 月，第 22 卷第 1 期，頁 44～47。

17. 韓崢嶸：〈鄭玄《毛詩傳箋》置疑〉，《吉林大學社會科學學報》1998 年，第 3 期，頁 26～32。

18. 王清淮：〈「子不語怪力亂神」正讀〉，《四川師範大學學報》（哲學社會科學版）1996 年 10 月，第 23 卷第 4 期，頁 36～39。

19. 王一鳴：〈古籍注釋質疑三則〉，《邢臺師範高專學報》1996 年，第 3 期，頁 30～33+58。

五、日人著述

（一）專　著

1. 宇野精一：《孔子家語》（東京：明治書院，2000 年）。

2. 藤原正校譯：《孔子家語》（東京：岩波書局，1933 年）。

3. 西嶋蘭溪著：《孔子家語考》，收入東京圖書刊行會編：《續日本儒林叢書》
   （東京：東京圖書刊行會，1931 年，第 2 冊）。

（二）期刊論文

1. 福田哲之：〈阜陽漢墓一號木牘章題と定州漢墓竹簡〈儒家者言〉：《新序》、
   《説苑》、《孔子家語》との関係〉，《中國研究集刊》2005 年 12 月，第 39
   號，頁 64～84。

2. 福田哲之：〈阜陽漢墓出土木牘章題考：一號二號木牘を中心として〉，《中
   國研究集刊》2005 年 6 月，第 37 號，頁 37～53。

3. 松本節子：〈大英図書館蔵《孔子家語》について〉，《いずみ通信》2004
   年 8 月，第 31 號。

4. 林啓屏著、上野洋子訳：〈《民之父母》における「五至」について〉，《中
   國研究集刊》2004 年，第 36 號，頁 98～112。

5. 高橋良政：〈《孔子家語》の文獻學的考察——寬永刻本の意義〉，《桜文論
   叢》2000 年，第 50 期，頁 159～180。

6. 伊東倫厚：〈孔安國に至るまでの孔氏の家系：《孔子家語》後序と《孔叢
   子》と《尚書》序と〉，收入日本中國學會創立五十年記念論文集編集小
   委員會編：《日本中國學會創立五十年記念論文集》（東京：汲古書院，1998
   年），頁 179～195。

7. 桂五十郎〔湖邨〕：〈《孔子家語》解題〉，收入桂五十郎編：《漢籍解題》
   （東京：東出版，1997 年），頁 124～126。

8. 長澤規矩也：〈《孔子家語》解題〉，收入長澤規矩也先生喜壽紀念會編：《長
   澤規矩也著作集》「和刻本諸子大成解題」（東京：汲古書院，1987 年），
   第 10 卷，頁 62～63。

9. 武內義雄：〈読家語雜識〉，收入《武內義雄全集》（東京：角川書院，1979
   年），第 4 卷，「儒教篇三」，頁 343～350。

10. 尼子昭彥：〈《孔子家語》補注稿（四）〉，《北の丸——國立公文書館報》
    2002 年 11 月，第 35 號，頁 36～61。

11. 尼子昭彥：〈《孔子家語》補注稿（三）〉，《北の丸——國立公文書館報》
    2001 年 11 月，第 34 號，頁 3～30。

12. 尼子昭彥：〈《孔子家語》補注稿（二）〉，《北の丸——國立公文書館報》

2000 年 11 月，第 33 號，頁 3〜23。

13. 尼子昭彦：〈《孔子家語》補注稿（一）〉，《北の丸——國立公文書館報》1999 年 10 月，第 32 號，頁 3〜17。

14. 山城喜憲：〈知見《孔子家語》諸本提要（三）〉，《斯道文庫論集》1990 年 3 月，第 24 輯，頁 1〜142。

15. 山城喜憲：〈知見《孔子家語》諸本提要（二）〉，《斯道文庫論集》1988 年 3 月，第 22 輯，頁 1〜142。

16. 山城喜憲：〈知見《孔子家語》諸本提要（一）〉，《斯道文庫論集》1985 年 3 月，第 21 輯，頁 187〜269。